디지털 포용 사회론

디지털 포용 사회로 가는 이론적 기초와 실천적 가능성

송민호 · 김원제 지음

KYOWOO

머리말

디지털 인공지능 전환 시대, 누구도 배제되지 않는 사회를 위한 새로운 제안

– '디지털 포용 사회론'의 이론적 기초와 실천적 가능성

우리는 지금, 기술이 인간 사회의 규칙과 질서를 다시 쓰고 있는 전환의 시기를 지나고 있다.

수천 년 동안 인간은 도구를 만들어 환경에 적응했고, 산업혁명 이후 기계와 시스템을 통해 사회를 조직해 왔다. 그러나 21세기의 디지털 전환은 단순히 도구의 발달이나 효율성 향상의 문제가 아니다. 그것은 인간 존재의 조건, 사회 구조의 작동 원리, 공공성과 권력의 배분 방식까지 다시 묻고, 다시 설정하게 만든다.

인공지능, 빅데이터, 사물인터넷, 클라우드 컴퓨팅, 블록체인, 로봇자동화. 이 모든 기술은 '4차 산업혁명'이라는 이름으로 불리지만, 그것이 가져오는 사회적 함의는 혁명적일 만큼 근본적이다. 행정서비스는 점점 무인화되고, 일자리는 자동화되며, 교육은 디지털 플랫폼을 중심으로 재구성되고 있다. 시민의 권리는 알고리즘을 통해 관리되며, 여론은 디지털 네트워크를 타고 재구성된다.

이제 디지털은 선택이 아니라 전제가 되었고, 그 안에 있는 사람과 그렇지 못한 사람의 격차는 날이 갈수록 벌어지고 있다. 이러한 맥락 속에서 우리가 가장 주목해야 할 과제는, 기술의 발전이 모두에게 이로운 사회를 만들고 있는가 하는 질문이다. 기술은 그 자체로 선하지도, 악하지도 않다. 그것은 우리가 설계하고 사용하는 방식에 따라, 누군가에게는 기회가 되고 누군가에게는 장벽이 된다.

그래서 묻는다.

기술은 누구를 중심에 두고 만들어지고 있는가?

그 혜택은 누구에게 돌아가고 있는가?

그리고 우리는 기술 발전의 이면에서 소외되고 있는 사람들의 존재를 충분히 인식하고 있는가?

이 책은 이러한 질문을 바탕으로 '디지털 포용 사회론(Digital Inclusion Society Theory)'이라는 개념을 정립하고자 한다. 단순한 정책의 제안이 아니라, 기술과 사회, 인간을 잇는 새로운 사회계약의 틀을 고민하려는 시도이다.

디지털 포용은 단지 '접속의 권리'를 보장하는 수준을 넘어, 정보를 읽고 해석하고 활용할 수 있는 역량(Literacy), 공정하고 설명 가능한 알고리즘의 구조(Transparency and Accountability), 디지털 서비스로의 전환 속에서도 누구도 배제되지 않도록 하는 사회적 설계(Accessibility)를 포함한다. 나아가 디지털 공간에서의 존엄과 권리, 디지털 거버넌스의 참여, 기술 윤리의 민주화까지 아우르는 광범위한 담론적 지평을 갖고 있다.

이 책은 기술 중심이 아니라 사람 중심의 전환을 강조한다.

'키오스크 앞에서 서성이는 어르신', '비대면 행정서비스에 접근하지 못하는 장애인', '인터넷 기반 학습에 익숙하지 않은 청소년', '데이터로만 해석되는 노동자', '플랫폼에 의해 통제되는 소상공인' 등은 모두 디지털 전환의 음영 속에 놓여 있는 이들이다. 이들을 단지 '적응이 느린 사람'으로 간주해서는 안 된다. 이들은 새로운 기술 사회에서 배제의 위험에 놓인 '정치적 타자'이다. 그리고 이들의 존재는, 기술을 둘러싼 새로운 공공성과 윤리의 기반을 구축할 때 반드시 중심에 놓여야 한다.

이 책의 목적은 명확하다. 디지털 전환이 불가피한 흐름이라면, 디지털 포용은 반드시 선택되어야 할 가치임을 제시하는 것이다.

우리는 기술의 속도를 따라가는 데에만 몰두할 것이 아니라, 그 속도에 어떤 방향성과 목적을 부여할 것인가를 고민해야 한다. 디지털 포용사회는 바로 그 방향성을 정립하는 일이다.

이 책은 사유를 이끄는 주제 중심 메시지와 함께, '디지털 포용 사회론'의 서사적 흐름을 따라 구성되어 있다.

프롤로그. 기술의 진보는 모두에게 이로운가?

디지털 기술은 이제 일상의 조건이자 공공의 전제가 되었다. 하지만 기술은 모두에게 평등하게 다가오지 않는다. 고령자, 저소득층, 장애인, 비문해자 등 사회적 약자는 디지털 전환 속에서 보이지 않는 벽 앞에 서 있다. 프롤로그는 이 책이 '디지털 포용 사회'를 단지 하나의 정책이 아닌, 새로운 사회적 윤리이자 철학적 선언으로 제안하게 된 배경을 서술하며, "기술은 누구를 중심에 두고 작동하는가?"라는 근본 질문을 던진다.

제1장 왜 지금 디지털 포용인가?

이 장에서는 기술 발전이 만들어낸 사회적 격차의 실태를 조명한다. 디지털 인프라를 갖추었음에도 불구하고, 정보 접근, 이해, 활용, 참여의 차원이 매우 불균등하게 작동하고 있음을 드러낸다. 디지털 기술은 이전보다 더 정교하게 인간을 분류하고, 자동화된 배제를 생산한다. 이 장은 디지털 격차의 본질이 사회 구조의 불균형과 제도의 설계 오류에 있다는 점을 강조한다.

제2장 디지털 포용은 어떻게 가능한가?

디지털 포용은 '누구든 사용할 수 있는가'가 아니라, '누구도 배제되지 않는가'에 달려 있다. 이에 디지털 포용을 구성하는 핵심 요소들을 중심으로 다층적인 포용의 개념을 확립한다. 또한 키오스크, 모바일 서비스 등 실생활의 사례를 통해 포용 설계의 기준이 '사람 중심'의 설계에 있다는 점을 제시한다. 기술은 사용자 편의를 넘어서, 사회적 약자를 기준으로 설계될 때 포용이 가능해지기 때문이다.

제3장 디지털 포용은 어떻게 설계되어야 하는가?

디지털 포용은 철학이지만, 동시에 기술적·공간적·정치적 설계다. 이에 국내외 포용 정책 사례를 실증적으로 분석한다. 국내외 다양한 정책 사례를 통해 디지털 포용이 정책 설계의 문제이자 공간적 배치, 시민 감수성의 문제임을 보여준다. 성공 사례의 조건과 시행착오의 함의를 함께 분석하면서, 포용은 추상적 가치가 아닌 구체적 설계와 제도의 문제임을 강조한다.

에필로그. 기술의 시대, 인간은 어떻게 존엄할 수 있는가?

기술의 진보는 피할 수 없지만, 그 기술이 어떤 인간상을 전제로 설계되는가는 우리 사회가 선택할 문제다. 디지털 포용 사회는 기술을 통해 인간을 향해 나아가는 사회이다. 이에 '디지털 포용 사회론'을 하나의 실천적 선언으로 재확인하며, 이 책이 단지 분석서가 아닌, 더 나은 사회로 나아가기 위한 공적 대화의 출발점임을 독자에게 다시 환기시킨다.

디지털 포용 사회론은, 궁극적으로 기술을 둘러싼 새로운 사회 윤리의 선언이다.

이 책은 그 선언을 구체화하려는 작은 시도이며, 더 많은 연구자, 정책가, 실천가, 시민들과 함께 고민하고 토론하기 위한 초대장이기도 하다. 기술은 계속 발전할 것이다. 그러나 그 기술이 만들어갈 사회의 모습은 우리 스스로 결정할 수 있다.

디지털 포용 사회는 자동으로 구현되지 않는다. 그것은 의지를 통해 설계되고, 실천을 통해 구축되며, 상호 신뢰를 통해 지속되는 새로운 사회의 약속이다.

이 책이 그 사회를 상상하고 실현해 나가는 길 위에서, 작지만 의미 있는 이정표가 되기를 바란다. 모든 독자들이 각자의 자리에서 디지털 포용을 다시 생각하고, 자기만의 언어로 말하고 행동할 수 있는 계기가 된다면, 이 책은 제 역할을 다한 셈일 것이다.

2026. 1

저자 일동

목 차

제2장 디지털 포용은 어떻게 가능한가?

제3장 디지털 포용은 어떻게 설계되어야 하는가?

에필로그 기술의 시대, 인간의 존엄은 어떻게 유지되는가?

프롤로그

기술의 진보는 모두에게 이로운가?

1 인공지능 시대, 우리는 어디로 가고 있는가?

인공지능(AI)은 이제 국가 경쟁력의 핵심이 되었고, '초격차'는 기술을 선점한 소수만의 특권처럼 회자된다.

그러나 기술의 눈부신 발전이 곧 사회의 발전을 뜻하는 것일까? '초격차 시대'라는 새로운 국면 앞에서 학자들의 해석은 분분하다. 누군가는 이를 인류 역사상 가장 강력한 도약이라 말하고, 또 다른 누군가는 그 이면의 불균형과 불안을 경고한다.

기술 낙관론은 초격차 시대를 진보의 정점으로 본다. 대표적인 미래학자 레이 커즈와일(Ray Kurzweil)은 인공지능이 인간의 한계를 넘어설 열쇠가 될 것으로 전망하며, 초지능이 인류의 삶을 혁신적으로 증폭시킬 것이라고 본다. 기술의 속도가 문명을 이끌어간다는 관점이다.

경제학자 에릭 브린욜프슨(Erik Brynjolfsson) 역시 AI와 자동화 기술이 생산성을 비약적으로 높이며, 사회 전체의 부를 증가시킬 수 있다고 본다. 단, 기술 자체보다 그것이 어떤 방식으로 분배되고 활용되는가에 따라 사회 발전의 방향이 결정된다는 점도 강조한다. 초격차 기술은 기회일 수 있지만, 사회구조와 정책이 이를 뒷받침하지 않으면 분열로 이어질 수 있다는 경고다.

반면, 사회학자와 인류학자들은 기술의 파괴력이 가져오는 사회적 불균형에 더 집중한다.

영국의 인류학자 대니얼 밀러(Daniel Miller)는 디지털 기술이 사람들의 관계망과 일상생활을 어떻게 재구성하는지를 탐구해 왔다. 그는 기술이 사람들의 삶에 밀착되어 있지만, 문화적 맥락 없이 기술만 공급되면 오히려 소외감을 확산시킬 수 있다고 지적한다. 초격차 기술은 지역, 세대, 계층 간의 단절을 심화시킬 가능성이 있다는 것이다.

미디어학사 닐 포스트먼(Neil Postman)은 기술 중심의 사회가 결국 인간의 의미 있는 사고와 공적 담론을 약화시킨다고 본다. 그는 기술이 문제를 해결하기보다는 문제의 방식 자체를 바꿔버리는 위험을 경계했다. 초격차 AI가 인간의 결정권을 대체하기 시작할 때, 사회적 책임과 윤리의 기준도 흐려질 수 있다.

사회학자 지그문트 바우만(Zygmunt Bauman)은 현대 사회를 유동적이라고 정의하며, 기술 변화의 속도에 적응하지 못한 개인이 배제되는 구조적 위험을 강조했다. 그에게 초격차는 일부의 선택이 아니라 다수의 불안을 의미한다.

프랑스 사회학자 브루노 라투르(Bruno Latour)는 기술은 사회로부터 독립된 것이 아니며, 항상 인간의 권력관계 속에서 작동한다고 분석했다. 그는 기술이 중립적이라는 신화를 경계하며, 기술의 배치와 설계 자체가 특정 집단의 이익을 반영한다는 점을 강조한다. 초격차 기술이 사회를 발전시키려면, 그것이 누구의 목소리를 담고 누구의 필요를 반영했는지를 먼저 따져야 한다는 의미다.

MIT의 사회학자 셰리 터클(Sherry Turkle)은 기술이 인간관계와 자아에 미치는 영향을 꾸준히 연구해 왔다. 그녀는 기술이 인간을 연결시키는 동시에 고립시킨다고 말한다. 초격차 AI가 만들어내는 효율성은 환상일 수 있으며, 정작 인간은 기술을 통해 더욱 외로워지고 있다고 진단한다.

이런 맥락에서 캐나다 미디어 이론가 마셜 매클루언(Marshall

McLuhan)은 미디어가 인간의 확장이자 감각의 연장이지만, 그것이 지나치게 확장될 때 인간의 현실감은 오히려 무뎌진다고 보았다. 초거대 기술은 인간의 판단력과 감각을 대체하고, 결국 인간다움 자체를 마모시킬 수 있다는 것이다.

초격차 시대가 사회를 발전시키는가에 대한 대답은, 기술 그 자체보다는 사회가 어떤 기준으로 발전을 정의하는가에 달려있다. 만약 발전이 산업경쟁력과 속도, 효율성을 의미한다면 초격차는 충분히 '발전'이라 말할 수 있다. 그러나 발전이 포용성과 공정성, 인간의 존엄과 사회의 지속 가능성까지 포함하는 개념이라면, 기술만으로는 부족하다.

이제 중요한 것은 기술이 어디까지 왔느냐가 아니라, 그 기술이 누구에게 어떤 방식으로 도달하고 있는가이다. 초격차 시대에 필요한 것은 기술의 진보와 함께, 사회적 상상력과 공동체적 대응 능력의 진보다.

초격차 기술은 문명을 한 단계 끌어올릴 수 있는 잠재력을 가지고 있다. 그러나 그 잠재력이 모두의 삶을 나아지게 만들 것인지 여부는 기술의 속도가 아니라, 그 기술을 둘러싼 사회의 결정에 달려있다.

학자들은 저마다 다른 언어로 말하고 있지만, 기술이 결코 독립적이지 않다는 점에서는 입을 모은다. 기술은 사회의 거울이자 설계물이기 때문이다.

결국 초격차 시대를 진보의 시대로 만들 수 있을지 여부는 사회가 어떤 선택을 하느냐에 달려 있다. 지금 필요한 것은 더 빠른 기술이 아니라, 더 넓은 시야로 기술을 다룰 수 있는 사회의 의지와 철학이다.

우리는 지금 '초격차 AI 시대'의 문턱을 넘어서고 있다. 기술의 중심에 선 일부 국가와 기업은 인공지능을 통해 경쟁자와의 격차를 벌리고 있으며, 그 간극은 따라잡기 힘들 만큼 깊고 넓어지고 있다.

그러나 기술이 빠르게 나아갈수록 우리는 한 가지 질문에 직면하게 된다. 이 기술의 진보는 과연 모두를 위한 것인가?

AI 기술은 우리의 일상과 산업 전반을 혁신하며 삶을 편리하게 만든다. 하지만 이러한 발전은 동시에 사회 내부의 디지털 격차를 심화시키고 있다. 기술을 선점한 소수의 기업과 국가는 데이터와 자본을 기반으로 영향력을 강화하고 있고, 그 밖의 다수는 점점 그 시스템에 종속되거나 배제되고 있다.

결과적으로 이 초격차는 단순한 경쟁력의 문제가 아니라 사회 구조 자체를 재편하는 수준의 양극화를 초래한다. 기술 중심의 미래가 특정 계층과 지역, 집단에게만 열려 있는 현실은 디지털 포용이라는 개념을 더욱 절실하게 만든다.

AI가 인간의 판단을 대신하고 노동의 상당 부분을 대체하게 되면서, 우리는 점점 자기 삶에 대한 통제력을 잃어가고 있다. 인간은 생각하고 판단하며 책임지는 존재이지만, 기술의 개입이 늘어날수록 인간의 자율성과 주체성은 축소된다. 철학자 한나 아렌트가 말한 '행동하는 인간'은 이제 알고리즘 앞에 점점 침묵하게 되는지도 모른다.

디지털 포용이 중요한 이유는 단순한 기술 접근을 넘어, 인간이 기술 사회 속에서도 스스로를 주체로서 인식하고 행동할 수 있도록 돕기 때문이다. 인간 존엄의 기반을 지키는 일은 기술 개발 이상으로 중요한 과제가 되고 있다.

기술이 발전할수록 모두가 그 혜택을 누리는 것은 아니다. 특히 고령자, 저소득층, 장애인, 농어촌 주민 등은 빠르게 변하는 디지털 환경에 적응하기 어렵고, 이로 인해 점점 사회로부터 소외된다.

기술을 사용할 수 있는지의 여부가 곧 참여 자격을 좌우하게 되고, 이는 곧 사회통합의 기반을 위협하게 된다. 정보의 접근권, 기술 활용 능력, 교육의 기회 등이 고르게 주어지지 않으면 사회는 점차 두 층으로 나뉘게 된다. 디지털 포용은 이 같은 격차를 해소하고, 누구나 기술사회 안에서 의미 있게 존재할 수 있도록 하는 최소한의 사회적 장치다.

AI 기술은 빠르게 발전하고 있지만, 정책과 제도는 여전히 그 속도를 따라가지 못하고 있다. 데이터 보호, 알고리즘의 투명성, 책임 소재에 대한 기준은 여전히 불충분하거나 각국의 법제가 엇갈리면서 실효성이 떨어지는 경우도 많다.

문제는 기술이 단순히 개인의 도구를 넘어 사회 전반에 영향을 미친다는 점이다. 기업이 만든 알고리즘이 채용, 교육, 복지 등 공공 분야까지 작동하고 있음에도, 이를 사전에 설계하고 조율할 법·제도적 장치는 미비하다.

디지털 포용 정책 역시 단순한 기술 교육이나 기기 보급을 넘어서야 한다. 시민들이 디지털 환경 속에서 권리를 갖고, 그 기술을 주도적으로 활용할 수 있도록 제도적 기반을 보장하는 방향으로 진화해야 한다. 예를 들어, 디지털 접근권 보장, AI의 설명 가능성 확보 의무, 사회적 약자를 위한 맞춤형 기술 설계 기준 등이 제시될 수 있다.

초거대 AI는 엄청난 데이터 처리와 연산 능력을 필요로 하며, 이는 곧 막대한 에너지 소비와 탄소 배출을 수반한다. 기술의 발전이 자연 생태계에 직접적인 부담을 준다는 점에서, 디지털 포용은 인간만이 아닌 지속 가능한 기술 생태계 전체를 위한 고민으로 확장되어야 한다.

또한 AI 알고리즘은 인간이 만든 데이터를 학습하기 때문에, 그 안에는 사회의 편견과 불균형이 고스란히 반영될 수 있다. 기술은 결코 중립적이지 않으며, 오히려 잘못 설계된 알고리즘은 기존의 차별 구조를 더욱 강화할 수도 있다.

이런 문제를 해결하기 위해서는 기술 그 자체보다, 그 기술을 만들어내는 방식과 사용하는 문화에 대한 윤리적 접근이 필요하다. 기술 윤리는 단지 옵션이 아닌, 사회 전반의 신뢰를 유지하기 위한 필수 조건이다.

공존과 협력, 인간 중심의 기술을 도모해야 한다.

초격차 AI 시대는 이미 시작되었다. 문제는 이 흐름이 누구를 중심으로, 어떤 가치를 향해 흘러가고 있느냐다. 기술은 도구일 뿐이다. 그것이 독점과 배제의 수단이 될 수도 있고, 공존과 협력의 기반이 될 수도 있다.

디지털 포용은 철학적 질문인 '나는 누구인가', 사회적 질문인 '누가 배제되는가', 제도적 질문인 '어떻게 보장할 것인가', 그리고 윤리적 질문인 '이 방식은 지속가능한가'에 대한 통합적인 해답이다.

기술이 아무리 정교하고 빠르더라도, 그 안에 사람이 없다면 그것은 진보가 아니다. 지금 필요한 것은 기술을 넘어 사람을 중심에 두는, 진정한 디지털 사회의 재설계이다.

2 포용, 다름을 껴안는 용기이자 인간 존엄을 향한 사회적 실천

오늘날의 세계는 그 어느 때보다 빠르게 변화하고 있다. 인공지능과 디지털 기술은 우리의 일상과 산업 구조를 근본적으로 바꾸고 있고, 전 세계는 팬데믹, 기후위기, 인구 고령화, 이주민 증가와 같은 복합적인 사회문제에 직면하고 있다. 이러한 변화는 우리에게 선택지를 제시한다. 더 협소하고 닫힌 사회로 퇴보할 것인가, 아니면 더 개방적이고 서로를 인정하는 방향으로 나아갈 것인가.

'포용(包容, Inclusion)'이라는 말은 이러한 기로에서 등장하는 가장 인간적인 대답이다. 그것은 단지 '선한 사람'이 되자는 윤리적 권고가 아니라, 우리 사회가 생존하고 지속가능하게 발전하기 위한 전략이자 원칙이다. 배제를 줄이고 공존의 기반을 넓히는 일은, 더는 소수자만의 문제가 아니다. 사회 전체의 안정과 연대, 그리고 미래의 가능성을 확보하는 길이다.

'포용'은 라틴어 'includere'에서 유래했으며, "안에 포함시키다"는 뜻을 지닌다. 하지만 오늘날의 포용은 단순한 포함이 아니다. 그것은 존재의 동등성, 기회의 공정성, 다름의 존중을 전제로 한다.

철학자 마르틴 부버는 "인간은 '나-너'의 관계를 통해 비로소 완성된다"고 보았다. 여기서의 '너'는 타자이며, 포용은 타자를 단지 '받아들이는 것'이 아닌, 존재의 깊이로 받아들이고 함께 살아가는 결단이다.

포용은 단순한 수용이나 허용이 아니다. 그것은 타인의 다름을 인정하고, 다름이 가진 고유한 가치를 존중하며, 사회 구성원으로서 함께 살아갈 수 있도록 조건과 구조를 마련하는 행위이자 태도이다. 포용은 본질적으로 '배제(Exclusion)'의 반대말이며, 사회 안의 경계선을 지우고, 중심과 주변의 구분을 허무는 일이다.

오늘날 '포용'이라는 개념은 다양성과 밀접하게 연관되어 사용된다. 성별, 인종, 장애, 문화, 신념, 경제적 지위, 디지털 접근성 등 다양한 요소에서 차이를 인정하고, 이질성을 껴안는 것이 포용의 출발점이다.

'포용'이라는 단어는 우리말로는 '껴안는다'는 뜻을 내포한다. 하지만 그것은 물리적으로 누군가를 감싸는 행위를 넘어서, 존재 자체를 수용하고 인정하는 태도와 실천을 말한다. 포용은 어떤 이가 기존의 질서나 규범에 맞춰 '변화'해서 들어오는 것이 아니라, 그 사람이 가진 고유한 차이와 다양성을 그대로 인정하고, 그러한 차이마저 사회의 일부로 받아들이는 깊은 수준의 수용이다. 예를 들어, 한 사람이 신체적 장애를 가지고 있다고 할 때, 포용은 그 사람이 장애를 '극복'해야 공동체에 들어올 수 있게 만드는 것이 아니라, 사회가 먼저 그를 받아들이기 위해 물리적·사회적 조건을 재조정하는 것이다. 그것은 경사로를 설치하는 것, 정보에 대한 접근성을 높이는 것, 제도와 법률에서 차별 요소를 제거하는 것이기도 하다. 이처럼 포용은 특정한 사람을 위한 시혜나 배려가 아니라, 사회 전체의 구조와 문화를 바꾸는 일이다.

이처럼 포용은 단순히 타인을 받아들이는 것이 아니라, 차이를 인정하고 존중하며 공동체의 구성원으로 함께 살아갈 수 있도록 구조를 바꾸는 일이다. 이는 단지 선의의 문제가 아니라, 사회적 정의와 윤리, 정치적 실천의 핵심이다. 포용은 다름을 제거하는 동화(同化)

와는 다르다. 오히려 다양성(diversity)을 사회의 근간으로 삼아, 서로의 존재를 동등하게 인정하고 상호 책임을 나누는 과정이다.

오늘날 포용은 지속 가능한 사회의 전제 조건이다. 경제적 양극화, 정보 격차, 문화적 혐오, 고령화와 장애 문제, 젠더와 인종 차별 등 복합적 위기 상황 속에서 포용은 모든 구성원이 사회의 일원으로 기능하도록 돕는 시민적 인프라이자 윤리적 기준이다.

특히 디지털 시대에 포용은 기술 접근성과도 밀접하게 연결된다. 디지털 포용(Digital Inclusion)은 정보 접근성, 디지털 리터러시, 공정한 기술 분배를 포함하며, 소외계층을 배제하지 않는 혁신 생태계를 구축하는 핵심 축이다.

한편, 21세기의 세계는 갈등과 차별, 혐오와 소외의 역설로 가득 차 있다. 정치적 양극화, 인종적 편견, 젠더 혐오, 디지털 격차, 난민과 이주민 문제까지, 우리는 날마다 '다름'과 마주하며 살아간다. 이러한 시대에 '포용'은 더 이상 선택이 아니라, 사회 존속을 위한 조건이다.

많은 사람들이 포용을 말할 때, 종종 '관용'이라는 개념과 혼동한다. 관용(tolerance)은 타인의 다름이나 불편함을 '견뎌주는' 태도이다. 이는 매우 중요한 시민적 덕목이지만, 그 바탕에는 자신과 타인의 위계가 깔려 있는 경우가 많다. 즉, '나는 너를 받아줄 수 있지만, 너는 나와 같지 않다'는 인식이 작동한다. 따라서 관용은 다름을 일시적으로 참아내는 태도일 수는 있지만, 근본적인 관계 평등을 이루기는 어렵다.

비슷하게 '통합(integration)'이라는 말도 소수자가 다수자의 규범과 문화에 편입되기를 전제로 한다. 여기서 소수자는 자신이 가진 문화를 어느 정도 희생하거나 변화시켜야 하며, 다수자의 세계에 적응하는 방식으로 수용된다. '동화(assimilation)'는 그보다 더 나아가, 차이를 없애고 동일한 정체성을 부여하는 방향으로 나아간다. 문화적, 정체성적 차이를 지우고 하나의 기준으로 끼워 맞추는 것이다.

하지만 포용은 이들과 다르다. 포용은 차이를 제거하거나 흡수하지 않는다. 오히려 그러한 차이야말로 사회를 더욱 풍부하고 건강하게 만드는 요소로 간주한다. 그것은 다름을 존중하고, 다수-소수의 구도를 허물며, 누구나 동등한 사회 구성원으로 참여하고 발언할 수 있도록 하는 것이다. 포용은 겉으로만 '함께 있음'을 꾸미는 것이 아니라, 내면에서부터 권력 관계를 재구조화하고, 모두가 영향을 줄 수 있는 사회로 나아가는 방향이다.

포용은 단지 사회정책의 문제만이 아니다. 그것은 인문학적으로 깊은 뿌리를 가지고 있다. 철학자 에마뉘엘 레비나스는 "타자의 얼굴을 마주하는 순간, 나는 책임을 느끼게 된다"고 말한다. 타자는 단순히 나와 다른 존재가 아니라, 내 존재를 구성하는 근거이자, 나를 윤리적으로 각성시키는 존재이다. 레비나스에게 타자란 내가 '무시해도 되는 존재'가 아니라, 오히려 나의 삶이 그 앞에서 시험받는 존재이다.

한나 아렌트는 정치의 본질을 '함께 있음'이라고 설명했다. 인간은 본질적으로 혼자가 아니라, 다양한 타인들과 함께 살아가는 존재이며, 정치는 바로 그 다름이 충돌하고 협상되는 공간이다. 따라서 포용은 단지 다정함이 아니라, 정치적 성숙함이다. 타인과 공존하기 위해 우리는 우리 자신의 기준을 수정하고, 새로운 형태의 공동체를 상상해야 한다.

마르틴 부버 역시 인간은 '나–너'의 관계를 통해 완성된다고 주장한다. 이 관계는 도구적으로 상대를 사용하는 것이 아니라, 상대를 하나의 인격체로 마주보는 태도를 말한다. 포용은 바로 이 '너를 너로서 받아들이는 태도'에서 출발한다.

포용은 공동체 지속 가능성의 핵심 가치이다. 포용성(Inclusiveness)이 높은 사회는 구성원 모두에게 기회와 참여를 보장함으로써 사회적 긴장과 갈등을 줄이고, 집단 간 신뢰를 높이며, 협력의 기반을 만든다. 이것은 단지 도덕적 당위의 차원을 넘는다. 포용적인 조직과 사회는 더 높은 생산성과 창의성, 혁신성을 발휘한다. 특히 디지털 전환 시대에 '디지털 포용'은 새로운 교육, 경제, 정치 참여의 전제가 된다.

포용은 선언만으로 실현되지 않는다. 사회적 구조, 제도, 언어, 교육, 기술, 문화 전반을 변화시키는 노력이 필요하다.

우선, 제도적 장벽을 제거해야 한다. 행정서비스나 교육 제도는 모든 사람이 접근 가능해야 하며, 이를 위해 다언어 행정, 장애 접근성 확보, 디지털 격차 해소와 같은 정책이 동반되어야 한다. 당사자 참여도 중요하다. 장애인 정책을 논의하면서 장애인의 목소리가 배제되면, 그것은 이미 포용이 아니다. 모든 정책은 그 영향을 받는 사람들이 직접 참여하고 결정할 수 있도록 해야 진정한 포용이 된다.

교육은 포용성 증진의 가장 강력한 도구이다. 어린 시절부터 다양성과 차이에 대한 존중을 배우고, 혐오 표현이나 편견을 재생산하지 않는 감수성을 키워야 한다. 미디어도 이에 대한 책임이 크다. 다문화나 젠더 문제를 다룰 때 선정적이거나 단순화된 프레임을 사용하는 것은 포용을 가로막는 대표적 장애물이다.

기술적 측면에서도 포용은 매우 중요하다. 디지털 서비스와 알고리즘은 종종 특정 집단을 배제하거나 차별하는 방식으로 작동할 수 있다. 이를 감시하고 조정하는 체계가 없다면, 디지털은 포용이 아니라 새로운 배제의 기제가 될 수 있다.

마지막으로, 일상의 언어와 문화부터 바뀌어야 한다. '정상'이라는 단어가 누구를 중심으로 설정되었는지, '비정상'은 누구를 소외시키는지를 묻는 감수성이 필요하다. 포용은 거창한 구호가 아니라, 버스 정류장의 설계, 뉴스 자막의 존재, 어린이 책의 등장인물까지 사회 모든 층위에서 실현되어야 할 생활의 철학이다.

포용은 흔히 약자를 위한 일이라고 여겨지지만, 실상은 전혀 그렇지 않다. 그것은 모두가 안전하고 존엄한 삶을 살 수 있는 조건을 만들기 위한 일이다. 오늘의 소수자는 내일의 나일 수 있다. 어느 누구도 완전히 중심에 있지는 않으며, 우리는 모두 다름의 한 형태로 살아간다.

그래서 포용은 나의 자유를 위해서도 필요하다. 사회가 포용적일수록 우리는 더 자유롭게 말하고, 존재하고, 꿈꿀 수 있다. 인간의 품격은 얼마나 많은 사람을 배제했느냐가 아니라, 얼마나 많은 사람을 동등하게 인정했느냐로 결정된다.

포용은 우리 사회가 진정으로 성숙했는지를 보여주는 지표이다. 혐오와 배제의 언어가 흔들리는 지금, 우리는 더 깊고 조용한 목소리로 이렇게 말할 수 있어야 한다. "당신이 있어 나는 인간이며, 우리가 함께여야 진정한 사회가 된다."

포용은 단지 배려나 시혜가 아니다. 그것은 모두를 위한 자유의 확장이며, 공동체 지속가능성의 조건이다. 타자를 껴안을 수 없을 때, 우리는 결국 스스로도 보호받을 수 없다.

기후위기, 팬데믹, 디지털 전환, 전쟁과 난민 문제, 고령화 사회 등 우리가 맞이하고 있는 복합적 위기들은 구성원 간의 단절과 배제를 더욱 심화시킨다. 이러한 시대에 포용은 단지 이상적 가치가 아니라 생존을 위한 조건이며, 공존을 위한 전략이다.

포용은 시대정신이다. 갈등의 시대, 혐오의 언어가 넘쳐나는 지금, 우리는 누구를 중심에 놓고 어떤 사회를 지향할 것인가를 다시 묻게 된다. 포용은 약자의 문제가 아니라, 우리 모두의 미래에 대한 해답이다. 포용은 사회의 품격이며, 민주주의의 깊이이자, 공동체가 생존하는 방식이다. 그리하여 우리는 모든 이가 다름 없이 소중하고, 누구도 배제되지 않는 사회, 그 불완전하지만 따뜻한 공동체를 꿈꾸며 살아가야 한다.

3 배제 없는 번영을 위한 시대의 요청, 포용적 성장

21세기에 접어든 지금, 경제성장은 단순히 '얼마나 빨리, 얼마나 크게 성장했는가'라는 양적인 지표만으로는 충분히 설명될 수 없다. 오늘날 세계는 성장의 규모만큼이나 그 성장의 '분배 구조'와 '참여 범위'에 주목하고 있다. 다시 말해, 누가 성장을 이끌고 있으며, 누가 그 혜택을 누리고 있는지를 묻는 것이다.

포용적 성장(Inclusive Growth)은 이러한 시대적 배경에서 등장한 개념으로, 성장의 과실을 특정 계층이나 지역에 국한시키지 않고 사회 전반에 걸쳐 균등하게 나누는 방식의 경제 발전 모델을 의미한다. 특히 2008년 글로벌 금융위기 이후 전 세계적으로 불평등이 심화되면서, 경제성장의 속도뿐 아니라 그것이 얼마나 공정하게 분배되는지가 각국 정부와 국제기구의 핵심 과제로 부상하였다. 이 같은 흐름 속에서 포용적 성장은 단지 이상적인 구호가 아니라 지속가능하고 안정적인 사회 운영을 위한 현실적 전략으로 주목받고 있다.

포용적 성장은 '누구도 배제되지 않는 성장'을 지향한다. 이 성장 모델은 단순히 국민소득을 늘리는 것을 넘어, 국민 개개인이 성장의 주체로 참여하고 그 결과를 공유할 수 있는 구조를 만들어가는 데 중점을 둔다.

포용적 성장의 첫 번째 특징은 기회에의 접근성을 제고하는 것이다. 교육, 의료, 금융, 디지털 인프라 등 삶의 기반이 되는 주요 영역에서 모든 시민이 동등하게 접근할 수 있도록 해야 한다. 이는 단순히 물리적인 시설이나 제도의 제공을 넘어, 정보 접근, 사회적 신뢰, 문화적 장벽 제거 등 다양한 요소를 포함한다.

두 번째 특징은 불평등의 구조적 해소에 있다. 성장이 특정 계층에 집중될 경우 사회적 긴장과 갈등이 심화되므로, 조세 정책, 복지 확대, 고용 안전망 구축 등을 통해 경제적 불균형을 조정해야 한다. 이는 일회성 지원이 아니라 성장의 과정 전반에서 공정한 기회를 보장하는 지속적 구조개선으로 이어져야 한다.

세 번째 특징은 정책 설계와 실행 과정에서 시민 참여를 확대하는 것이다. 소외된 집단의 의견을 반영하고, 지역사회 주도의 경제 프로그램을 장려함으로써 성장이 중앙정부 주도의 일방향 흐름이 아닌, 다양한 주체가 협력하는 다방향 네트워크로 전환된다.

또한, 포용적 성장은 성장의 질과 지속가능성을 중시한다. 단기적인 경제성과보다 환경, 노동, 건강, 사회통합 등 삶의 질 전반을 고려하는 '지속 가능한 번영'을 지향한다는 점에서 기존의 성장 패러다임과는 본질적으로 다르다.

포용적 성장에 대한 논의는 국제기구를 중심으로 점차 구체화되고 있다. OECD는 2012년부터 포용적 성장 프레임워크를 도입하여 GDP 외에도 삶의 질, 공정성, 기회 형평성 등을 주요 정책 지표로 제시하고 있다. 세계은행은 특히 개발도상국을 대상으로 포용적 성장을 빈곤 퇴치의 핵심 수단으로 강조하며, 여성의 경제활동 참여 확대, 금융 서비스 접근성 강화, 교육의 보편화를 주요한 과제로 설정하고 있다. 유럽연합은 지역 간 불균형 해소, 청년 고용 지원, 사회안전망 강화를 통해 '사회적 유럽'을 실현하겠다는 비전을 추진하고 있다.

한국의 경우, 포용적 성장이라는 표현이 본격적으로 정부 정책에 반영된 것은 문재인 정부 시기였다. 당시 정부는 '소득주도 성장', '혁신 성장', '공정 경제'를 세 축으로 삼아, 고용 안정, 최저임금 인상, 비정규직의 정규직화, 플랫폼노동자 보호 등 다양한 제도를 도입했다. 이는 기존의 공급 중심 경제정책에서 수요와 분배 구조 개선을 병행하는 새로운 접근이었다.

이후 코로나19 팬데믹과 디지털 전환의 가속화로 인해 사회적 격차가 더욱 뚜렷해지면서, '디지털 포용'이라는 개념이 새롭게 주목받고 있다. 디지털 기반의 복지서비스, 원격 교육, 비대면 고용서비스 등 기술을 기반으로 한 포용적 접근은 한국뿐 아니라 전 세계적으로 주요한 정책 방향이 되고 있다.

포용적 성장은 단지 경제시스템의 조정만을 의미하지 않는다. 이는 근본적으로 '성장'의 의미 자체를 재정립하는 철학적 전환을 요구한다. 기존의 성장 모델이 수치로 측정되는 양적 성장을 강조해왔다면, 포용적 성장은 인간의 존엄, 사회적 신뢰, 공동체의 연대 등을 포함하는 질적 지표를 중심으로 구성된다.

이러한 관점은 인간을 경제적 수단이 아닌, 목적 그 자체로 바라보는 접근과 연결된다. 성장의 목적은 경쟁에서의 승리가 아니라, 모두가 더 나은 삶을 살 수 있는 조건을 만드는 데 있다는 것이다. 따라서 포용적 성장은 인간 중심적 경제철학이자 민주주의적 이상에 기반한 실천 전략으로 해석된다.

또한, 이 개념은 사회적 연대와 정의에 대한 질문을 던진다. 경쟁이 아닌 협력, 배제가 아닌 참여, 효율이 아닌 공정성의 가치가 강조된다. 이는 아마르티아 센이나 마르타 누스바움과 같은 복지경제학자들이 제시한 '역량(capability)' 기반 발전론과도 맥을 같이 한다. 인간이 자신의 삶을 선택할 수 있는 자유와 능력을 갖추는 것이 진정한 성장이라는 철학은, 오늘날 포용적 성장 담론의 이론적 토대가 되고 있다.

한국 사회에서 포용적 성장은 단지 복지 확대나 소득 재분배에 그치지 않는다. 이는 저출산, 고령화, 지방소멸, 청년 불안정 노동 등 구조적 위기에 대응하는 핵심 전략이자, 지속가능한 경제 질서를 설계하기 위한 장기적 비전이다.

특히 디지털 전환과 기후 위기 등 새로운 글로벌 변화 속에서 포용의 의미는 더욱 확대되고 있다. 디지털 기술의 혜택이 특정 계층에만 집중되지 않도록 디지털 문해력 교육, 지역 정보격차 해소, 접근성 보장 정책이 강화되어야 한다. 또한 탄소중립 전환 과정에서 산업구조 재편에 따른 일자리 충격에 대응하기 위해 녹색 일자리 교육과 사회안전망 재설계가 요구된다.

이와 함께, 포용적 성장은 사회통합의 기반이자 정치적 안정의 조건으로 작용한다. 극단적인 이념 대립과 지역 간 갈등을 넘어서 공통의 미래를 설계하기 위해서는, 성장의 방향이 누구나 공감할 수 있는 '공정한 성장'이어야 한다. 다시 말해, 포용적 성장은 단지 경제정책이 아니라, 국가 운영의 철학이자 사회적 계약의 갱신이다.

포용적 성장은 더 이상 선택이 아닌 필수이다. 배제를 통해 이루어진 성장은 결국 사회적 불만과 갈등을 낳고, 장기적으로는 성장 그 자체를 위협한다. 반면, 포용을 기반으로 한 성장은 구성원 간의 신뢰를 회복하고, 미래 세대에게 안정된 사회적 기반을 물려주는 방식으로 작동한다.

진정한 성장은 숫자가 아니라 사람으로 평가되어야 한다. 성장의 속도보다 중요한 것은 그 길 위에 누가 함께 걷고 있는가이다. 우리가 포용적 성장을 실현할 수 있을 때, 한국 사회는 단지 '부유한 나라'가 아니라 '함께 살아가는 나라'로 나아갈 수 있을 것이다.

4 디지털 포용 사회 개념 및 비전

"기술이 인간을 배제하지 않을 때, 사회는 진짜 진보한다"

오늘날 우리는 디지털 기술 없이는 일상을 상상하기 어려운 시대에 살고 있다. 스마트폰, 인공지능, 키오스크, 온라인 플랫폼은 삶의 필수 조건으로 자리잡았다. 그러나 기술이 발전할수록 그 그림자도 점점 짙어지고 있다. 바로 '디지털 배제'와 '디지털 격차'의 문제다.

이러한 배경에서 우리가 주목해야 하는 키워드가 바로 '디지털 포용 사회'이다. 디지털 포용 사회는 단순히 기술을 잘 사용하는 사회가 아니다. 기술이 모든 사람을 배려하고, 모두가 기술 덕분에 삶의 기회를 확장할 수 있는 사회를 의미한다. 기술 발전 그 자체보다 '누가 그 혜택을 누릴 수 있는가'에 주목하는 개념이다. 특정한 사람들만 기술을 이용할 수 있는 세상이 아니라, 누구나 디지털 기술을 통해 자신의 삶을 편리하게 만들고, 필요하다면 기술을 사용하지 않는 선택 또한 존중받는 사회이다.

디지털 포용 사회는 전 국민 누구나 디지털 기술로부터 소외되거나 배제되지 않고, 디지털 역량을 갖추어 자유롭게 이용하며, 필요시 비(非)디지털 방식의 선택권까지 보장받아 인간다운 삶을 유지할 수 있도록 제도적·사회적 기반이 마련된 사회를 의미한다. 기술이 인간을 통제하는 것이 아니라, 인간이 기술을 활용할 수 있도록 하는 환경, 그것이 디지털 포용 사회다.

왜 지금, 디지털 포용 사회인가?

기술은 삶을 편리하게 하지만, 그것이 모두에게 똑같이 작동하지 않는다. 기술 발전은 혜택과 함께 새로운 배제와 차별을 낳기도 한다. 예를 들어, 스마트폰으로 티켓을 예매하고, AI 챗봇으로 문제를 해결하는 사람들에게는 디지털 사회가 편리함 그 자체일 수 있다. 반면, 키오스크를 사용할 줄 몰라 식당이나 카페를 이용하지 못하는 사람들, 온라인 예매가 어려워 대중교통이나 병원 예약조차 쉽지 않은 사람들에게는 기술이 오히려 장벽이 된다. 이제 디지털 격차는 단순히 '기기나 인터넷이 없어서 생기는 문제'를 넘어, '기술을 어떻게 잘 활용할 수 있는가'의 문제로 확장되고 있다. 이를 '디지털 격차 2.0'이라 할 수 있다.

디지털 포용 사회는 "누구도 디지털 기술로부터 소외되지 않고, 모두가 디지털을 통해 삶을 개선할 수 있도록 돕는 사회적 시스템"을 의미한다. 이를 위해 세 가지 조건이 요구된다.

첫째, 누구나 디지털 기술을 배울 기회가 보장되어야 한다.
디지털 포용 사회의 첫걸음은 역량 강화다. 단순히 고령층이나 취약계층에게만 교육을 제공하는 것을 넘어, 모든 세대, 모든 계층이 기술을 이해하고 활용할 수 있도록 돕는 교육과정과 지원이 필요하다.

둘째, 기술 설계 단계부터 모든 사람을 배려해야 한다.
디지털 포용 사회는 접근성을 높이는 사회다. 장애인이나 고령자만을 위한 별도의 장치가 아니라, 처음부터 누구나 쉽고 직관적으로 이용할 수 있는 서비스와 제품을 설계하는 것이 중요하다. 일종의 '유니버설 디자인'이다.

셋째, 기술을 사용하지 않을 권리도 존중해야 한다.
디지털 포용은 '기술 강요 사회'가 아니다. 온라인 예매만 가능하거나 키오스크만 운영되는 환경이 아니라, 여전히 아날로그 방식이 유지되고, 사람을 통한 서비스가 남아있는 사회를 지향해야 한다. '디지털 대체수단권' 또는 '디지털프리존'이 그 예이다.

기술을 사용하는 것도, 사용하지 않는 것도 권리이다. 디지털 포용 사회는 기술 중심 사회를 넘어 인간 중심 사회를 지향한다. 기술이 인간을 편리하게 만들지만, 그것이 모두에게 유익한가를 묻는다.

키오스크 옆에는 사람이 있고, 온라인 예매가 어렵다고 기회가 차단되지 않는다. 스마트폰 없이도 공공서비스를 이용할 수 있고, 데이터나 알고리즘으로부터 보호받을 권리가 보장된다. 기술에 지쳤을 때는 잠시 디지털 기기에서 벗어나 쉴 수 있는 권리도 인정된다.

그리고 무엇보다 중요한 점은, 이런 디지털 포용 사회는 누구에게나 필요한 사회라는 것이다. 단지 노년층, 장애인, 정보취약계층만을 위한 사회가 아니다. 오늘의 '디지털 약자'가 내일의 '나'일 수 있기 때문이다. 결국, 디지털 포용 사회란 기술이 인간을 통제하는 사회가 아니라, 인간이 기술을 선택하고 활용할 수 있는 사회를 말한다.

기술은 빠르게 진화하고 있지만, 그 안에서 인간은 여전히 느리고, 불완전하며, 다양한 존재다. 그 다양성과 불완전함을 존중하고, 이를 사회 시스템이 함께 책임지는 사회. 그게 바로 디지털 포용 사회다.

기술은 도구일 뿐이다. 인간을 편리하게 할 때 기술은 진짜 가치가 있다. 그러나 인간을 소외시키고 배제할 때 기술은 또 하나의 장벽이 된다. 디지털 포용 사회. 그것은 기술의 시대에 인간의 자리를 지켜내는 사회적 약속이다. 디지털 포용 사회는 기술적 문제가 아니라 인간에 대한 철학적 태도다. 기술을 잘 아는 사람이든, 기술에 익숙하지 않은 사람이든 모두가 함께 살아갈 수 있는 사회, 그것이 진짜 디지털 사회의 완성이다.

5 디지털 포용 도시, 모두를 위한 디지털 사회의 기반

우리가 바라는 디지털 도시는 디지털 전환이 가져오는 혜택을 모든 계층과 시민이 평등하게 누릴 수 있도록 하는 도시이다. 디지털 격차를 해소하고, 고령자, 장애인, 저소득층, 이주민 등 디지털 취약계층이 배제되지 않고 도시 사회에 완전히 참여할 수 있도록 설계된 도시, 우리에겐 그런 도시 공동체가 필요한데, 그러한 개념이 바로 '디지털 포용 도시'이다.

'디지털 포용 도시(Digital Inclusive City)'는 단순히 디지털 기술을 활용하는 스마트시티와는 구분되는 개념으로, 디지털 기술을 통해 모든 시민이 차별 없이 도시 자원과 서비스에 접근할 수 있도록 보장하는 도시를 의미한다.

디지털 포용 도시는 단순히 첨단 기술을 도입한 도시가 아니라, 모든 시민이 기술의 혜택을 차별 없이 누릴 수 있도록 설계된 도시이다. 이 개념은 특히 정보 격차로 인해 사회적 배제를 경험하고 있는 고령자, 장애인, 저소득층, 이주민 등 디지털 취약계층을 포함해, 누구도 소외되지 않는 도시를 만들자는 취지에서 등장했다. 디지털 포용 도시는 기술이 소수의 이익을 위해 존재하는 것이 아니라, 시민 전체의 삶의 질을 향상시키는 공공 자산으로 기능해야 한다는 인식을 기반으로 한다.

디지털 포용 도시는 도시 공간과 시민 권리의 개념을 다시 정의하는 데서 출발한다. 도시가 물리적인 공간을 넘어 디지털 공간이 공존하는 하이브리드 환경으로 전환되면서, 디지털 기술에 대한 접근

권리는 더 이상 선택이 아니라 사회적 기본권으로 여겨지게 되었다. 예를 들어 공공 행정, 교통, 교육, 의료, 금융 등 거의 모든 도시 서비스가 디지털화되는 과정에서, 디지털 기기나 인터넷을 제대로 사용하지 못하는 시민은 실질적으로 사회 활동에서 배제될 수밖에 없다. 따라서 디지털 포용 도시는 모든 시민이 동등하게 공공서비스에 접근하고, 도시에 참여할 수 있는 기반을 마련해야 한다. 또한, 디지털 기술이 공동체를 분열시키는 도구가 아니라, 오히려 사회적 연대를 회복하고 공동체성을 강화하는 매개체가 될 수 있도록 설계되어야 한다. 이를 통해 디지털 포용 도시는 시민 간 신뢰, 상호작용, 공감 능력을 회복하는 사회적 환경으로 나아가야 한다.

국가적 차원에서 디지털 포용 도시는 매우 전략적인 의미를 가진다. 이는 단순한 도시 관리 혁신이 아니라, 국가의 디지털 전환 정책이 시민 누구에게나 혜택을 제공하는 구조로 운영되어야 한다는 방향성을 담고 있다.

우선, 지방정부와 중앙정부는 도시 거버넌스에 디지털 도구를 접목하면서도, 시민의 목소리를 반영할 수 있는 참여형 구조를 강화하고 있다. 단순히 기술을 공급하는 것을 넘어, 시민이 직접 디지털 정책 수립 과정에 참여하고, 자신들의 데이터가 어떻게 사용되는지를 이해하고 통제할 수 있어야 한다.

또한, 디지털 포용 도시 모델은 수도권 집중 현상을 완화하고, 지방 중소도시의 경쟁력을 높이는 수단으로도 활용될 수 있다. 디지털 인프라 확충과 교육을 통해 지방 도시도 동일한 정보 접근성과 기술 역량을 확보할 수 있으며, 이는 국가 전체의 균형 발전에도 기여하게 된다.

유엔 지속가능발전목표(SDGs) 중 특히 '불평등 해소'(SDG 10)와 '지속가능한 도시 조성'(SDG 11)이라는 목표와도 긴밀히 연결되어 있다. 디지털 포용 도시는 기술을 통해 이러한 글로벌 아젠다를 실현하는 가장 구체적인 실행 모델 중 하나로 평가된다.

디지털 포용 도시가 기능하기 위해서는 다음과 같은 요소들이 반드시 통합적으로 구축되어야 한다.

- 보편적 디지털 인프라

디지털 포용은 모든 시민이 인터넷, 디지털 기기, 공공 플랫폼에 접근할 수 있는 물리적 조건이 마련되어야 가능하다. 공공 와이파이 확대, 디지털 기기 대여 또는 보조 정책, 데이터요금 감면 등이 포함된다.

- 디지털 역량 강화 교육

단순히 기기를 제공하는 것만으로는 충분하지 않다. 시민이 기술을 이해하고 활용할 수 있는 역량을 키우는 것이 핵심이다. 특히 고령자, 이주민, 장애인 등 취약계층 맞춤형 교육 프로그램이 중요하며, 생활 밀착형 실습 중심의 교육이 필요하다.

- 접근성과 포용성을 고려한 서비스 디자인

공공 웹사이트, 민원 시스템, 공공앱 등은 시각·청각 장애인, 고령자 등을 고려해 '직관적이고 접근 가능한 사용자 인터페이스(UI/UX)'로 설계되어야 한다. 화면 낭독기 호환성, 큰 글자 모드, 쉬운 언어 설명 등이 포함된다.

● 데이터 기반 도시 운영과 공정성

도시 문제 해결에 데이터가 적극 활용되고 있지만, 데이터 수집·분석 과정에서도 취약계층의 생활이 반영될 수 있도록 설계되어야 한다. 예를 들어, 대중교통, 복지 수요 분석에 저소득층·노인·장애인의 이동 데이터를 반영함으로써 보다 공정한 정책 수립이 가능해진다.

● 시민참여 기반의 디지털 거버넌스

디지털 포용 도시는 시민이 단순한 소비자가 아닌, 도시 운영의 주체가 되도록 설계되어야 한다. 시민 제안형 앱, 리빙랩 프로젝트, 온라인 투표·공론장 시스템 등을 통해 도시 문제 해결에 직접 참여할 수 있는 구조를 갖추는 것이 필수이다.

디지털 포용 도시의 개념은 전 세계 주요 도시들에서 다양한 방식으로 실현되고 있으며, 각국의 사회·문화적 맥락에 따라 고유한 전략이 적용되고 있다.

서울시는 빠르게 디지털화되는 도시 환경 속에서 정보 접근에 제약을 받는 시민들, 특히 고령층, 장애인, 저소득층, 이주민 등을 위한 포용 전략을 수립했다. 2022년부터 본격적으로 추진된 '디지털 약자와의 동행' 정책은 서울시가 디지털 포용 도시로 나아가기 위한 핵심 전략으로 자리 잡고 있다. 이 정책의 중심에는 '찾아가는 디지털 교육'이 있다. 서울시는 고령층 인구 비중이 높은 지역을 중심으로 디지털 교육버스를 운행하여, 스마트폰 활용법, 공공앱 이용법, 키오스크 주문 방법 등을 직접 가르치고 있다. 이 교육은 일방적인 강의가 아니라 1:1 맞춤형 지도 방식을 택해 교육 효과를 높이고,

교육이 끝난 후에도 후속 지원이 가능하도록 '디지털 배움터'를 운영하며 지속적인 학습 기회를 제공한다. 또한, 민간과 협력하여 공공 및 상업시설에 설치된 무인 키오스크의 접근성을 개선하고 있다. 시범사업에서는 화면 글씨 크기를 키우고, 음성 안내 기능을 추가하며, 사용자 인터페이스(UI)를 간소화하여 디지털 기기 이용에 어려움을 겪는 시민들의 접근 장벽을 낮추는 데 주력했다.

그 결과, 서울시는 2024년까지 약 10만 명 이상의 시민에게 디지털 기초 교육을 제공하였고, 키오스크 개선 시범지역에서는 사용자 만족도가 30% 이상 상승한 것으로 조사되었다. 그러나 이러한 노력에도 불구하고, 복잡한 공공앱 사용이나 민간 플랫폼 접근성의 문제는 여전히 남아 있다. 특히 키오스크 접근성 개선은 민간 기업의 자율적 참여에 의존하고 있어, 법적 기준 마련과 제도화가 향후 정책의 지속가능성을 담보할 열쇠로 지목된다.

서울의 사례는 지방정부 차원의 디지털 포용 정책이 구체적 실행력을 가질 수 있음을 보여주는 동시에, 국가적 차원의 통합 정책과 제도 정비가 병행되어야 실질적인 포용 효과를 낼 수 있다는 점을 시사한다.

핀란드 헬싱키시는 디지털 포용 도시 모델을 매우 체계적으로 추진하고 있는 대표적인 북유럽 도시이다. 핀란드 정부는 정보 접근을 단순한 기술 문제가 아닌 시민의 권리로 정의하고 있으며, 헬싱키는 이러한 철학을 바탕으로 도시 행정을 설계하고 있다.

가장 핵심적인 정책은 'Helsinki Digital Skills Programme'이다. 이 프로그램은 시민이라면 누구나 나이, 국적, 배경에 상관없이 무료로 디지털 교육을 받을 수 있도록 보장한다. 특히 이민자, 난민, 외국인 노동자, 고령자 등을 교육의 주요 대상으로 삼아, 사회적 소수자들이 디지털 사회에 편입될 수 있도록 지원한다. 교육 내용은 단순한 기기 사용법을 넘어, 전자정부 서비스 이용법, 온라인 금융, 개인정보 보호 등 실생활과 연결된 실용 교육이 중심이다.

헬싱키는 또한 시민 누구나 도시 데이터를 활용할 수 있도록 'Open Helsinki' 플랫폼을 통해 공공 데이터를 실시간으로 개방하고 있다. 교통 정보, 보건 자원, 에너지 사용량 등의 데이터를 시각화하여 제공하며, 시민은 이를 바탕으로 앱을 개발하거나, 도시 문제 해결에 직접 참여할 수 있다. 이러한 데이터 개방은 단순한 정보 제공을 넘어, 시민이 도시의 공동 설계자(co-designer)가 될 수 있도록 하는 디지털 거버넌스의 실현 방식이다.

이와 함께, 모든 공공 디지털 서비스는 'Design for All' 철학을 기반으로 설계된다. 시각장애인을 위한 앱, 다국어 행정 포털, 직관적인 내비게이션 시스템 등은 취약계층의 독립적 서비스 이용을 전제로 한 공공설계의 전형이라 할 수 있다.

헬싱키의 이러한 접근은 기술 친화적 도시 모델을 넘어서, 디지털을 통한 민주주의 확장과 공동체 통합이라는 관점에서 매우 선진적인 사례로 평가받고 있다. 특히 '기술은 공공을 위한 수단'이라는 북유럽 특유의 사회적 가치가 정책에 깊이 반영되어 있다는 점에서 주목할 필요가 있다.

서울과 헬싱키의 사례는 디지털 포용 도시가 어떤 방향으로 설계되고 운영될 수 있는지를 잘 보여준다. 서울은 빠른 도시 변화 속에서 디지털 격차를 지역 밀착형 정책으로 해결하고자 하는 실용적 접근이 돋보이며, 헬싱키는 시민의 디지털 권리를 헌법적 수준에서 보장하는 제도적이고 철학적인 정책 구조를 구현하고 있다.

두 도시의 차이는 기술 자체의 도입 수준이 아니라, 기술을 바라보는 관점의 차이에 기인한다. 서울은 여전히 '접근성 해소' 중심의 정책에 머물고 있는 반면, 헬싱키는 디지털 포용을 사회 전체의 민주성 회복과 연결 짓고 있다.

한국이 보다 진화된 디지털 포용 도시를 지향하고자 한다면, 헬싱키처럼 시민의 권리로서의 디지털 접근 보장, 데이터 민주주의 실현, 그리고 디지털 공공성 강화를 위한 제도적 기반 마련이 필수적이다. 기술은 효율을 넘어서 사람을 위한 것이며, 디지털 포용 도시는 바로 그 철학을 도시 공간에 실현하는 새로운 모델이 되어야 할 것이다.

디지털 포용 도시가 지향하는 미래는 단순히 기술 중심의 도시가 아니라, 인간 중심의 지속가능한 공동체로의 진화를 목표로 한다. 이러한 도시는 다음과 같은 방향으로 나아가고자 한다.

① 모든 시민이 디지털 혜택을 공평하게 누리는 도시

디지털 포용 도시는 고령자, 장애인, 저소득층, 이주민 등 사회적 취약계층이 동등하게 디지털 자원에 접근하고, 이를 실생활에서 효과적으로 활용할 수 있도록 보장한다. 공공정보, 디지털 행정, 교통 서비스, 온라인 교육 등의 영역에서 차별 없는 접근권을 실현함으로써, 시민 누구나 디지털 시대의 혜택을 함께 누릴 수 있는 기반을 마련한다.

② 사회적 약자도 배제되지 않는 공동체 구현

기술이 모든 사람에게 편리함을 제공해야 한다는 철학을 바탕으로, 디지털 포용 도시는 특히 배제 위험에 놓인 시민이 도시에 온전히 포함될 수 있도록 설계된다. 이를 위해 포용적 UI/UX 설계, 키오스크 보완 정책, 보조기술의 통합 등을 통해 누구나 불편 없이 도시 서비스에 접근할 수 있도록 하는 것이 목표이다.

③ 데이터와 기술이 공공의 이익을 위해 활용되는 구조 정착

도시 내에서 수집되는 데이터는 단순한 효율성 추구를 넘어, 사회적 약자를 위한 정책 설계, 지역사회 문제 해결, 공공자원의 공정한 배분 등 공동체 전체의 이익을 위한 도구로 사용되어야 한다. 디지털 포용 도시는 기술의 상업적 활용에 앞서, 공익적 가치 실현을 중심으로 데이터 거버넌스를 설계한다.

④ 시민 참여가 일상화된 민주적 도시 운영 실현

디지털 포용 도시는 시민이 단지 정책 수혜자가 아니라 도시 운영의 공동 생산자가 되기를 지향한다. 디지털 플랫폼을 통한 참여 예산제, 온라인 공론장, 리빙랩, 디지털 시민제안 등 다양한 채널을 통해 시민의 의견이 실시간으로 정책에 반영되며, 이러한 참여는 정책의 수용성과 지속 가능성을 높이는 핵심 요인이 된다.

⑤ 연대와 신뢰, 공동체 회복이 중심이 되는 도시

디지털 포용 도시는 기술을 통해 공동체를 회복하고, 고립된 개인을 사회적 네트워크 안으로 다시 끌어들일 수 있는 도시를 지향한다. 이웃과의 연결, 커뮤니티 플랫폼 활성화, 상호 도움 기반 서비

스 등을 통해 디지털 환경 속에서도 공동체성과 사회적 연대가 살아 있는 도시를 만들어 가는 것이 궁극적인 목표이다.

⑥ 지속가능성과 형평성을 함께 실현하는 미래지향적 도시

궁극적으로 디지털 포용 도시는 경제적 성장, 환경적 지속 가능성, 사회적 통합이 조화를 이루는 구조를 목표로 한다. 기술은 효율성과 성장만을 추구하는 것이 아니라, 기후 변화 대응, 에너지 절감, 복지 확장, 교육 평등 실현 등 다양한 공공 문제 해결에 적극적으로 기여해야 한다.

디지털 포용 도시는 기술의 진보만으로 완성되지 않는다. 그것은 정치적 의지, 제도적 설계, 시민 참여, 사회적 감수성, 그리고 공공성을 우선하는 가치 체계가 함께 작동할 때 실현 가능한 미래이다.

이러한 도시를 구현하기 위해서는 다음과 같은 시사점을 고려해야 한다.

- 디지털 전환 정책은 '기술 도입'에 앞서 '인간 중심 설계'를 우선시해야 한다는 점
- 도시 행정과 시민 삶의 접점에서 디지털 포용 관점이 기본 조건으로 통합되어야 한다는 점
- 시민 참여가 단발성 이벤트가 아니라, 일상화된 구조로 내재화되어야 한다는 점
- 국가와 지방정부가 협력하여 디지털 포용 도시의 법적·재정적 기반을 마련해야 한다는 점
- 디지털 기술의 윤리적 사용, 프라이버시 보호, 알고리즘 공정성 확보 등 포괄적 디지털 권리 개념을 정책화해야 한다는 점

결국 디지털 포용 도시는 미래도시의 이상형이자, 기술과 인간, 효율과 공공성, 성장과 형평성 사이의 균형을 모색하는 새로운 도시 모델이다. 단순히 '스마트'한 도시가 아닌, '따뜻한 기술', '참여하는 시민', '배제 없는 공동체'를 품은 도시가 되어야 진정한 의미의 디지털 포용 도시라고 할 수 있다고 하겠다.

6 디지털 격차 2.0과 디지털 포용의 상관관계

디지털 기술이 삶의 모든 영역을 관통하게 된 오늘날, 정보격차는 더 이상 단순히 '인터넷에 접속할 수 있는가'의 문제가 아니다. 초기의 디지털 격차, 이른바 디지털 격차 1.0이 하드웨어 접근성(컴퓨터 보유 여부, 인터넷 접속 가능성)과 기본 사용 역량을 중심으로 논의되었다면, 오늘날 우리는 디지털 격차 2.0이라는 전혀 새로운 차원의 격차를 마주하고 있다.

디지털 격차 2.0은 접속을 넘어서 활용의 격차, 기술 이해력의 격차, 그리고 무엇보다 데이터와 알고리즘에 의해 누적되는 사회적 배제의 격차를 의미한다. 스마트폰을 보유하고 인터넷을 사용할 수 있는 사람이 많아졌음에도 불구하고, 기술을 통해 무엇을 할 수 있는지, 어떤 정보에 접근할 수 있는지, 그 정보가 내 삶을 어떻게 변화시키는지를 이해하고 활용하는 데에는 극심한 차이가 발생한다. 더 나아가 인공지능 알고리즘이 생산한 결과물의 해석 능력, 데이터 주권에 대한 인식, 디지털 시민으로서의 권리 의식 등에서 또 다른 형태의 소외가 등장하고 있다.

이러한 새로운 격차는 기술의 발전 속도에 사회적 감수성과 제도적 대응이 따라가지 못할 때 발생한다. 다시 말해, 디지털 혁신이 모두를 위한 혁신이 되지 못할 때, 격차는 이전보다 더 은밀하게, 더 심각하게, 그리고 더 회복 불가능한 방식으로 벌어진다.

이처럼 고도화된 격차를 마주한 사회가 선택해야 할 핵심 개념은 바로 '디지털 포용'이다. 디지털 포용은 단순히 더 많은 사람에게 인터넷을 연결해주는 것 이상의 의미를 갖는다. 그것은 모든 사람이 디지털 사회에 의미 있게 참여하고, 기술의 혜택을 공정하게 나눌 수 있도록 보장하는 사회적 조건을 만드는 일이다.

디지털 포용은 크게 네 가지 축으로 이해할 수 있다.

첫째, 물리적 접근권의 보장이다. 여전히 디지털 기기나 통신 인프라에 대한 접근이 어려운 농어촌 지역, 저소득 가구, 고령층이 존재한다.

둘째, 기초적 디지털 역량 교육이다. 사용법을 익히는 것을 넘어서, 검색과 판단, 개인정보 보호, 미디어 리터러시 등을 포함한 포괄적 역량을 길러야 한다.

셋째, 콘텐츠와 서비스의 접근성 향상이다. 장애인, 이주민, 저학력자 등 정보소외계층도 이용 가능한 포맷과 인터페이스 설계가 중요하다.

넷째, 디지털 참여의 보장이다. 누구나 온라인에서 자신의 목소리를 내고, 공공 서비스에 참여하며, 데이터를 기반으로 한 사회적 결정에 영향을 미칠 수 있어야 한다.

이러한 포용은 기술의 발전 자체보다도 훨씬 복잡하고 섬세한 사회적 노력이다. 그리고 그 노력은 단순히 소수자에 대한 배려가 아니라, 디지털 사회의 정당성과 지속가능성을 위한 전제 조건이다.

오늘날 디지털 기술은 단순한 도구를 넘어서, 사회 참여의 통로, 경제 활동의 기반, 시민 권리의 실현 수단이 되었다. 이는 곧 디지털 소외가 곧 사회적 소외로 직결된다는 것을 의미한다. 예를 들어, 공공기관의 서비스가 점차 비대면·온라인 중심으로 전환될수록, 이에 접근하지 못하는 사람은 행정 서비스에서조차 배제된다. 채용과 학습, 금융 활동도 디지털 기반으로 이동하고 있으며, 이는 기술에 익숙한 사람과 그렇지 못한 사람 간의 경제적 격차를 확대시키고 있다.

더 나아가, 인공지능 기술의 확산은 '보이지 않는 차별'을 낳는다. 학습 데이터의 편향, 알고리즘의 설계 오류, 자동화된 결정 과정 속의 불투명성은 정보약자에게 일방적인 손해를 전가할 수 있다. 데이터 경제 시대에 '읽히는 자'로만 존재하고, '말할 수 없는 자'로 전락하는 순간, 우리는 자유롭지 않다. 디지털 포용은 바로 이 위협에 대한 사회적 해명이며, 공동체의 윤리적 응답이다.

디지털 포용은 단지 기술 정책이 아니라 존재의 윤리를 묻는 물음이기도 하다. 철학자 레비나스는 타자의 얼굴을 마주하는 순간 우리는 그에 대한 윤리적 책임을 느낀다고 말했다. 오늘날의 타자는 얼굴이 아닌 프로파일로, 신호가 아닌 데이터로 변환되어 존재한다. 그렇다면 이 디지털 타자에 대해 우리는 어떤 윤리적 책임을 져야 하는가?

디지털 포용은 '기술을 누구에게 주었는가'가 아니라, 누구를 사회의 구성원으로 인정하는가를 묻는 작업이다. 누군가를 알고리즘의 사용자가 아니라 설계자이자 비평가로 참여시키는 일, 그것이 진정한 포용의 시작이다. 이는 기술을 중심에 놓고 인간을 주변화하는 시대에, 인간을 다시 중심으로 돌려놓는 실천이다.

디지털 포용을 실현하기 위한 정책은 단순히 기기를 나눠주거나 인터넷을 연결해주는 방식만으로는 충분하지 않다. 겉보기에 기술 인프라가 확충되었다고 해서 모두가 평등하게 디지털 세계에 참여하고 있는 것은 아니기 때문이다. 진정한 포용은 하드웨어와 같은 기술적 조건만으로 이뤄지지 않는다. 오히려 우리가 놓치기 쉬운 부분은, 사회적 구조, 교육, 문화, 제도 전반에 걸쳐 이루어져야 할 변화의 필요성이다.

무엇보다 우선되어야 할 것은, 모든 사람이 기술을 평등하게 사용할 수 있는 조건을 만드는 것이다. 이 조건에는 단지 '기술을 사용하는 능력'뿐 아니라, 기술이 설계되는 방식 자체가 누구에게나 열려 있어야 한다는 원칙도 포함된다. 예를 들어, 공공 웹사이트나 모바일 애플리케이션이 시각장애인이나 고령자, 문자 해독이 어려운 사람도 사용할 수 있도록 설계되어야 한다. 그들의 시선과 입장을 반영하지 않고 만들어진 시스템은, 존재하지만 쓸 수 없는, 곧 존재의 배제로 이어진다. 따라서 모든 디지털 서비스는 접근 가능한 방식으로 설계되어야 하며, 접근성 기준을 단순한 가이드라인이 아니라 의무적인 설계 철학으로 삼아야 한다.

또한, 디지털 역량을 키우는 교육은 더 이상 선택이 아니라 사회가 책임져야 할 공공의 과제다. 디지털 기기를 단순히 사용하는 법을 가르치는 데서 그치는 것이 아니라, 온라인상에서 정보를 어떻게 선별하고, 개인정보를 어떻게 보호하며, 허위 정보를 어떻게 식별하는지를 포함한 복합적이고 비판적인 리터러시 교육이 필요하다. 이러한 교육은 학교에서만 이뤄질 수 없다. 지역 도서관, 주민센터, 복지관, 지역 대학 등의 공공 공간이 디지털 학습과 연습의 장이 되어야 하며, 세대·계층·배경에 따라 맞춤형 교육 콘텐츠가 제공되어야 한다.

디지털 포용을 위한 정책에는 또 하나의 중요한 축이 있다. 바로 개인의 데이터 권리 보장과 알고리즘 투명성 확보다. 우리는 점점 더 많은 결정을 알고리즘에 위탁하고 있다. 금융 심사, 채용 절차, 행정 자동화, 콘텐츠 추천 등 다양한 영역에서 인공지능이 개입하고 있다. 이 과정에서 개인이 자신의 데이터가 어디에 쓰이고 있는지, 어떻게 가공되고 있는지를 알 수 없다면, 그것은 기술적 배제가 아니라 권리의 박탈에 가깝다. 사회는 알고리즘이 어떻게 작동하는지 투명하게 설명할 수 있어야 하며, 자동화된 결정에 대해 이의를 제기하고 설명을 요구할 수 있는 디지털 권리 체계를 제도적으로 마련해야 한다.

이러한 문제들은 기술기업이나 개발자의 책임만으로 해결할 수 없다. 정부와 시민사회, 사용자 집단이 함께 참여하여 디지털 시스템의 설계와 운영을 논의하는 공공적 협의 구조가 필요하다. 이는 단지 정책의 정당성을 확보하는 문제가 아니라, 포용성을 내장한 기술 생태계를 구축하는 출발점이다.

무엇보다 중요한 것은, 디지털 공간과 기술이 특정 기업이나 계층의 전유물이 되지 않도록 '공공성'을 회복하는 것이다. 이를 위해 오픈소스 기술, 공공 데이터 플랫폼, 시민 주도형 플랫폼 설계와 같은 대안적 실천이 활발히 이루어져야 하며, 정부는 이에 대한 장기적 투자를 아끼지 말아야 한다. 공공이 주도하는 기술 인프라는 기업의 이윤 논리에서 벗어난 방식으로 사회적 약자와의 연대를 구현할 수 있는 가장 효과적인 도구가 될 수 있다.

디지털 전환은 단순한 시대의 흐름이 아니라, 우리가 어떤 사회를 만들 것인가에 대한 선택이다. 포용 없는 디지털은 오히려 새로운 배제를 낳는다. 기술의 진보가 사회의 진보로 이어지기 위해서는, 모든 사람의 참여와 존중을 보장하는 포용적 설계가 필요하다.

기술은 필요조건일 뿐 충분조건이 될 수 없다. 디지털 포용은 기술과 인간, 시스템과 가치, 효율과 정의가 함께 가야만 완성될 수 있는 과제다. 우리는 이제 기술로 세상을 바꾸는 것을 넘어서, 어떤 가치를 중심으로 기술을 설계할 것인가를 묻고 실천해야 할 시점에 서 있다. 기술만으로는 포용을 이룰 수 없으며, 포용은 오직 사회를 새롭게 보는 상상력과 실천을 통해서만 가능하다.

제 1 장

왜 지금 디지털 포용인가?

1 인공지능으로 인한 빠른 변화, '액체 사회'로의 전환

"모든 것이 녹아내리고 있다. 인간의 관계도, 노동의 가치도, 지식의 형태도."

폴란드 출신의 사회학자 지그문트 바우만(Zygmunt Bauman)은 이를 '액체 근대(liquid modernity)'라고 불렀다. 오늘날 우리는 인공지능이라는 거대한 기술의 물결 속에서 바우만의 통찰을 다시 마주하게 된다. AI가 모든 영역을 재편하는 지금, 우리는 어떤 사회를 향하고 있는가? 그리고 이 거대한 변화 속에서 '한국'은 어떤 길을 택해야 하는가?

지그문트 바우만이 말한 '액체 사회'란 기존 질서와 규범이 해체되고, 모든 것이 빠르게 유동하는 사회를 뜻한다. 과거의 산업사회가 '고체 근대'라면, 지금 우리는 형체 없는 변화와 불확실성 속에 놓여 있다.

인공지능은 이러한 액체화를 더욱 가속화한다. 한국 사회에서는 AI 기술의 급속한 발전과 디지털 전환이 기존의 사회적 규범, 노동 구조, 인간관계를 재편하고 있다. 노동의 유동화가 대표적이다. AI와 자동화로 인해 제조업, 서비스업 등 전통적 일자리가 대체되며, 긱 이코노미(gig economy)와 프리랜서 형태의 노동이 확산되고 있다. 이는 안정된 직업 정체성을 약화시키고, 개인의 경력 경로를 불확실하게 만든다. SNS와 AI 기반 알고리즘은 인간관계를 단편적이고 일시적으로 만들며, '연결'보다는 '소비' 중심의 관계를 강화한다. 카카오톡, 인스타그램 등의 빠른 디지털 문화에서는 이러한 현상이 더욱 두드러진다.

이러한 사회에서 인간은 무엇을 기반으로 정체성을 세우고, 공동체를 형성할 수 있을까?

한국 사회는 전통적으로 고체적이나. 고정된 학력 위계, 연공서열 중심의 조직 문화, 집단적 정체성의 중시 등은 액체 사회의 유동성과 충돌한다.

한국은 학력 중심의 경쟁 사회로, AI 기술은 교육(예: AI 기반 에듀테크)과 채용(예: AI 면접)에서 새로운 기준을 제시하며, 개인의 불안과 자기계발 압박을 심화한다. 이는 액체 사회의 불확실성과 맞물려 '영속적 불안'(permanent anxiety)을 낳는다.

한국의 집단주의적 문화는 AI 기반 개인화(예: 맞춤형 콘텐츠, AI 추천 시스템)와 충돌하며, 개인은 집단의 기대와 개인적 욕망 사이에서 갈등한다. 이는 특히 MZ세대에서 두드러지며, '나만의 삶'을 추구하는 경향과 사회적 압박 간 긴장이 나타난다.

한국은 세계에서 가장 빠르게 AI와 디지털 기술을 수용하는 국가 중 하나이다(예: 5G, 스마트시티). 이는 액체 사회의 유동성을 가속화하지만, 동시에 기술적 양극화(기술에 접근 가능한 계층과 그렇지 않은 계층 간 격차)를 심화시킨다.

AI는 효율성과 정밀성을 극대화하지만, 그 과정에서 인간 존재의 의미는 점점 더 질문을 받는다. 인문사회학적 관점에서 다음과 같은 과제가 도출된다.

AI가 인간의 노동, 창의성, 감정을 대체하거나 보완하면서, '인간다움'의 정의가 흔들린다. 한국 사회에서는 유교적 인간관(예: 도덕적 책임, 공동체 중심)과 AI의 효율성 중심 논리가 충돌하며, 새로운 정체성 담론이 필요하다.

AI의 의사결정(예: 자율주행차, 의료 AI)에서 윤리적 기준은 무엇인가? 한국적 맥락에서는 가족 중심적 가치와 개인 프라이버시 간 갈등, 또는 AI의 공정성(예: 채용 알고리즘의 편향) 문제가 주요 쟁점이 된다.

액체 사회는 개인화를 강화하지만, 한국의 공동체적 전통은 새로운 연대 가능성을 모색한다. 예를 들어, AI 기반 커뮤니티(예: 팬덤 문화, 온라인 운동)에서 새로운 사회적 결속이 형성될 수 있다.

인간 중심의 기술, 한국적 대안은?

한국적 맥락에서 AI 시대의 액체 사회는 유동성과 불확실성을 증폭하며, 개인과 사회의 정체성을 재구성하는 도전이자 기회이다. 인간의 주체성, 윤리적 책임, 사회적 연대의 재정의를 요구한다. 한국 사회는 전통과 현대, 집단과 개인의 긴장 속에서 AI 기술을 어떻게 인간 중심적으로 활용할지 고민해야 하며, 이는 기술 발전만큼이나 철학적 성찰을 필요로 한다.

AI 시대의 과제는 결국 '기술을 어떻게 인간의 삶에 맞게 설계할 것인가'에 귀결된다. 기술 접근성의 격차를 해소하고, 모든 시민이 디지털 전환에 참여할 수 있는 기반을 마련해야 한다.

기술의 사회적 영향에 대한 논의는 전문가만의 전유물이 되어서는 안 된다. 시민이 함께 참여하고, AI 윤리와 공공성이 사회적 합의를 통해 설정되어야 한다.

인공지능은 새로운 기술이 아니라 새로운 문명이다. 액체 사회의 유동성 속에서, 인간은 자신의 본질을 다시 묻게 된다. 한국 사회는 이 거대한 변화 앞에 고체적 구조를 재검토하고, 인문학적 성찰을 바탕으로 기술과의 공존을 모색해야 할 때다.

'인간다움'이 무엇인지 묻는 이 시대에, 우리에게 필요한 것은 더 빠른 기술이 아니라 더 깊은 질문이다.

2 디지털미디어 시대의 역설, 기능적 문맹 현상

'기능적 문맹(functional illiteracy)', 문자를 읽고 쓰지 못하는 상황을 의미하는 것이 아니다. 문자를 읽고 쓸 수 있는 능력은 있지만 글 읽기를 꺼려하고, 글을 읽더라도 그 내용에 대한 정확한 분석이 어려운 상황을 설명한다. 가전제품이나 의약품의 사용설명서를 읽기 꺼려지거나 읽어도 그 내용을 파악할 수 없는 상황이 기능적 문맹의 대표적인 사례이다. 전문가들은 기능적 문맹의 원인이 영상미디어 이용의 확산에 있다고 지적한다. 영상미디어의 이용 확산으로 글을 읽고 해석하는 과정을 통해 정보를 획득하던 패러다임에서 TV 등 영상미디어를 통해 보고 듣는 과정을 통해 정보를 얻는 패러다임으로 이동하게 되었고, 이 때문에 사람들은 영상미디어를 통해 상대적으로 쉽게 정보를 획득하는 방법에 익숙해지게 된 반면, 글을 읽는 것은 꺼려지게 되었다.

이처럼 미디어는 인간 인식 능력의 발전에 결정적인 영향을 미친다. 한 사회의 특정 미디어 형태가 그 사회의 사회적, 정신적 상황을 광범위하게 규정한다는데 이론의 여지가 없다.

디지털, 영상 미디어가 고도화되고 있는 요즘, 가장 각광받는 미디어 디바이스는 휴대전화일 것이다. 휴대전화는 산업적으로도 매우 중요하지만, 인간의 인지 능력과 문화적 형태에도 적지 않은 영향을 미치고 있다. 현재 대한민국의 휴대전화 경험환경은 '미디어의 인간화'로까지 요약할 수 있다. 이동전화는 전화의 기능을 넘어 MP3, 게임기, 카메라, 캠코더, TV, 컴퓨터 등 거의 모든 미디어 역할을 수행한다.

스마트폰은 단순히 편리한 의사소통의 도구를 넘어 우리의 삶과 분리하기 힘든 현대 문명의 이기가 되었다. 이제 스마트폰은 단순한 통화수단이 아니라 모든 커뮤니케이션의 중심이 됐다. 한때 '사치품'이었고, 시간이 지나 '생활필수품'이 됐으며 지금에 와서는 새로운 소통의 방식과 비즈니스 업무까지 지원하는 '컨버전스 유닛'으로 발전한 것이다. 우리는 휴대폰 없이는 살 수 없는 시대를 살고 있다.

전문가들은 휴대전화 사용으로 인한 커뮤니케이션 능력(communication competence)의 상실을 지적한다. 커뮤니케이션 능력은 대인관계에 있어서 의사소통 행위의 목표달성과 질을 결정하는 중요한 요소로 정의된다. 커뮤니케이션 능력은 인간이 주변 환경과의 유기적인 관계를 형성하고 환경에 적응하며 환경을 통제할 수 있는 환경과의 상호작용적 능력으로 정의할 수 있는데, 디지털 사회의 미디어 이용 과정에서는 이 같은 커뮤니케이션 능력의 약화가 도처에서 확인되고 있다. '난데'로 대변되듯 발신자를 확인해야 하는 예의가 필요 없어 언어예절이 무시되기 일쑤이고, 언어규칙이 무시된 문자가 남발된다.

휴대전화는 인간의 생활양식도 변화시켰다. 편지를 대신하는 이메일과 문자, 만남에 설레며 약속시간을 고대하는 '기다림의 미학'이 사라졌다. 그리고 기억용량은 단축번호로 대체된다.

한국에서 휴대전화는 하나의 커뮤니케이션 도구가 아니라 신체의 일부분이 되어 체화되고 있다. 이동전화 없이는 일상생활에 어려움을 느끼며, 심리적 불안감까지 갖게 되었다. 커뮤니케이션능력과 생활양식, 그리고 감정 및 정서까지도 이동전화의 영향을 받게 되었다.

이러한 미디어 환경은 인간의 '생기 있는' 커뮤니케이션 능력이 형성되는 조건들을 침해하고 있으며 그 결과는 '일차적 경험'의 축소와 '커뮤니케이션 능력의 상실'로 이어진다. 미디어 기술은 초기의 의도와는 달리, 예측하지 못한 사회적 대가를 유발하고 있다. 인간이 기술을 통제하지 못하면, 기술의 노예로 전락하게 된다.

이러한 상황을 어떻게 극복할 것인가?

디지털미디어를 환경으로 이해하면서 우리 사회와 삶의 문제를 바라보고, 더 나아가 디지털 환경이 갖는 의미에 대해 질문을 던져야 한다. 빠르게 변화하는 디지털미디어 환경이 우리 사회문화의 다양한 경험 혹은 '본질'들을 어떻게 재구성하는지를 살펴야 한다. 우리 사회의 디지털 환경은 우리에게 디지털 환경과의 타협이나 통제의 여지를 남겨놓지 않은 채 삶의 본질을 변화시키고 이러한 변화에 익숙하게 만들기 때문이다. 디지털미디어가 불가피한 현재와 미래의 선택이고, 삶을 유지하기 위한 도구이자, 우리의 먹거리 기반이라는 우리 사회의 명제에 질문을 던지고, 실천적 대안을 성찰해야 할 것이다. 인간다운 삶을 살아가기 위해 어떻게 디지털미디어 환경에 대한 통제력을 확보하고 어떠한 시민적 저항이나 창의적 실천을 전개시켜 나갈 수 있을까를 진지하게 고민해야 할 때이다.

3 테크노스트레스, 그리고 디지털 포용의 필요성

21세기의 정보기술은 우리의 일상을 획기적으로 바꾸어 놓았다. 스마트폰과 인공지능, 클라우드 기반의 협업 도구는 우리의 업무 환경과 소통 방식을 근본적으로 변화시켰으며, 특히 코로나19 팬데믹 이후 원격근무와 온라인 학습은 생활 전반을 디지털 중심으로 재편하였다. 그러나 이러한 기술의 진보가 모두에게 편리함만을 안겨준 것은 아니다. 어떤 이들에게는 디지털 환경이 오히려 심리적·정서적 불안을 유발하고 있으며, 그 대표적인 증상이 바로 '테크노스트레스(Technostress)'이다.

테크노스트레스란 정보기술을 사용하는 과정에서 발생하는 스트레스, 불안, 피로감을 말한다. 이는 기술에 적응하지 못하거나, 반대로 기술에 과도하게 의존하는 상황에서 더욱 심화된다. 단순한 스트레스를 넘어, 신경과민, 조급함, 무기력, 우울감 등의 심리적 증상뿐 아니라, 실수에 대한 두려움이나 기술 학습 회피와 같은 행동 변화로도 나타난다. 이와 같은 현상은 특히 빠르게 변화하는 기술 환경 속에서 살아가는 현대인들이 감당해야 할 새로운 유형의 부담으로 작용한다.

보다 구체적으로 보면, 테크노스트레스는 크게 기술 과부하(Techno-Overload)와 기술 적응 부담(Adaptation Strain)으로 나뉘며, 다섯 가지 주요 유형으로 분류된다.

첫 번째는 테크노 과부하이다. 이는 이메일, 메신저, 업무관리 시스템 등으로 인해 사용자가 끊임없이 연결된 상태에 놓이면서 과도한 업무량과 정보처리에 시달리는 상황을 의미한다. 일과 사생활의 경계가 흐려지고, '항상 대기 상태'에 놓인 개인은 심각한 에너지 고갈과 정신적 피로를 경험하게 된다.

두 번째 유형은 테크노 불안이다. 새로운 기술이나 소프트웨어를 배워야 할 때 생기는 두려움과 거부감으로, 주로 디지털 리터러시가 낮은 집단에서 두드러지게 나타난다. 특히 고령자나 기술 소외계층은 변화에 적응해야 한다는 압박감 자체를 큰 스트레스로 받아들이며, 디지털 기술과의 거리감을 심화시킨다.

세 번째는 테크노 불신이다. 기술 환경이 지속적으로 변화하고 기존 기술이 빠르게 대체되면서, 자신이 보유한 기술이나 직무가 곧 쓸모없어질지도 모른다는 불안이 커진다. 특히 인공지능의 도입으로 인해 자동화가 가속화되는 노동환경에서, 테크노 불신은 실존적 위협으로까지 작용할 수 있다.

네 번째는 테크노 복잡성이다. 기업이나 기관이 도입하는 첨단 시스템의 인터페이스가 지나치게 복잡하거나 사용 방식이 비직관적일 때, 사용자는 기술에 적응하는 데 과도한 시간과 에너지를 소모하게 된다. 이는 오히려 업무 효율성을 저하시킬 수 있으며, 학습 의욕의 저하로 이어진다.

다섯 번째는 테크노 침해이다. 디지털 기술이 사생활의 경계까지 침범하는 현상으로, 대표적으로 퇴근 후에도 메신저나 이메일을 통해 업무 지시를 받는 상황이 이에 해당한다. 이는 일상적 삶의 자율성을 위협하고, 정신적 회복 시간을 박탈하며, 결국 심리적 소진으로 이어진다.

이러한 테크노스트레스는 개인뿐 아니라 조직 전체에도 부정적인 영향을 끼친다. 개인의 생산성과 삶의 질은 저하되며, 직무 만족도와 조직에 대한 몰입도 역시 감소한다. 이는 궁극적으로 조직의 성과와 혁신 역량 저하로 직결될 수 있다.

그렇다면 이와 같은 문제를 어떻게 해결할 수 있을까? 단순히 기술을 덜 사용하는 것으로는 근본적인 해결이 어렵다. 핵심은 모든 사회구성원이 디지털 환경 속에서 안전하게 참여할 수 있도록 보장하는 디지털 포용의 실현이다.

디지털 포용이란 기술을 단지 제공하는 것을 넘어서, 누구나 기술에 접근할 수 있고, 이해할 수 있으며, 의미 있게 활용할 수 있는 역량과 환경을 갖추도록 만드는 것이다. 이는 접근성의 문제뿐 아니라, 교육, 문화, 제도 전반에 걸친 포괄적 전략을 포함한다. 포용이 부재한 디지털 환경은 특정 집단을 반복적으로 배제하거나, 지속적으로 스트레스 상황에 노출시킴으로써 심리적·사회적 고립을 심화시킬 수 있다.

디지털 포용의 관점에서 테크노스트레스를 줄이기 위해서는 다음과 같은 노력이 병행되어야 한다. 첫째, 기술 설계 단계부터 다양한 사용자의 사용성을 고려한 '포용적 인터페이스(Universal Design)'가 적용되어야 한다. 둘째, 기술 변화에 적응할 수 있도록 개인에게 충분한 학습 기회를 제공하고, 특히 정보소외계층에 대한 맞춤형 디지털 교육이 이루어져야 한다. 셋째, 조직 차원에서는 유연한 기술 사용 정책을 마련해, 퇴근 후 연결을 최소화하거나 기술 사용의 자율성을 보장하는 문화를 조성해야 한다. 넷째, 일상에서 일정 시간 디지털 기기에서 벗어나는 '디지털 디톡스'를 장려하는 사회적 분위기 조성이 필요하다.

결국, 기술은 인간을 위해 존재해야 한다. 기술 발전이 사회 전체의 삶의 질을 높이려면, 디지털 환경 속에서 모두가 안전하고 평등하게 참여할 수 있어야 하며, 누구도 뒤처지거나 불안을 강요받지 않아야 한다. 테크노스트레스는 단지 개인의 스트레스 문제가 아니라, 디지털 포용이 결여된 사회구조의 경고음이다. 기술의 발전만큼이나 인간 중심의 포용적 시스템 구축이 시급한 이유가 여기에 있다.

4 디지털 그림자 노동

"우리는 일하고 있지만, 아무도 그걸 일이라고 부르지 않는다."

디지털 기술은 편리함을 가져왔지만, 그 이면에는 우리가 미처 자각하지 못한 노동의 전환이 숨어 있다. 현대 사회에서 점점 더 많은 사람들이 알게 모르게 노동을 수행하면서도 임금도, 지위도 받지 못하는 현상이 나타나고 있다.

이처럼 디지털 기술 발전과 자동화의 물결 속에서 소비자가 자기도 모르게 수행하게 되는 무급의 비가시적 노동, 이를 우리는 '디지털 그림자 노동(Digital Shadow Work)'이라 부른다.

디지털 그림자 노동은 단순히 '일을 돕는 활동'을 의미하지 않는다. 이는 본래 유급 노동자가 하던 업무를 디지털 기술을 통해 사용자에게 전가하고, 사용자는 이에 대해 보상을 받지 못한 채 노동을 수행하는 구조를 말한다.

이 개념은 오스트리아 출신의 사상가 이반 일리치(Ivan Illich)가 1981년에 출간한 저서 『Shadow Work』에서 처음 제시됐다. 그는 시장 경제에서 공식 노동 외에 수행되는 다양한 활동, 이를테면 가족 돌봄, 집안일, 행정처리 등, 이 사회 유지에 핵심적인 역할을 하면서도 보상받지 못한다고 주장했다. 40여 년이 지난 오늘날, 이 개념은 디지털 환경에서 더 은밀하고 정교한 형태로 재등장하고 있다.

예컨대, 사용자가 포털사이트에 검색어를 입력하고 결과를 클릭하는 과정, 온라인 쇼핑 후 리뷰를 남기는 일, CAPTCHA 문항에서 '횡단보도 이미지를 모두 선택하라'는 요청에 응답하는 순간들. 이러한 일상적인 행동들은 모두 플랫폼이 자동화, 알고리즘 최적화, 인공지능 학습에 활용하는 가치 있는 '노동'으로 간주될 수 있다. 그러나 사용자는 이를 노동이라 여기지 않는다. 그저 시스템을 '사용'하고 있다고 생각할 뿐이다.

디지털 그림자 노동은 디지털 기술의 진화 속에서 점점 더 교묘하게 사용자의 활동을 자산화하고 있다. 대표적인 예는 무인 키오스크와 셀프 체크인 시스템이다. 예전에는 매장에서 점원이 응대하고 주문을 받았지만, 이제는 그 역할을 소비자가 스스로 수행해야 한다. 고객은 메뉴를 검색하고 선택하며 결제를 직접 진행한다. 이 모든 과정은 과거의 유급 서비스 노동을 소비자의 비가시적 노동으로 대체한 것이다.

비단 오프라인 서비스뿐 아니라 온라인 플랫폼에서도 같은 현상이 나타난다. 이용자가 쇼핑몰에서 상품을 검색하고, 상세 페이지를 본 뒤, 구매 후 리뷰를 작성하는 활동은 기업이 데이터 분석 및 마케팅 전략 수립에 활용하는 핵심 자료가 된다. 사용자는 자기 시간을 들여 해당 정보를 제공하지만, 그에 대한 보상은 전혀 받지 못한다. 오히려 더 많은 정보를 입력할수록 '좋은 고객'으로 분류될 뿐이다.

인공지능 훈련에 기여하는 사례도 마찬가지다. CAPTCHA 문항에 답하는 행위는 단순한 로봇 인증이 아니다. 사용자가 선택한 이미지 데이터는 AI 비전 기술의 훈련 재료가 된다. 다시 말해, 사용자는 본인의 의도와 무관하게 AI 기술을 개선시키는 훈련 보조 역할을 수행하고 있는 셈이다.

디지털 그림자 노동은 노동의 본질에 대한 근본적인 물음을 던진다. 우리는 왜 어떤 활동은 '노동'이라 부르고, 또 어떤 활동은 '이용'이나 '참여'로 여기는가? 기술이 일상의 일부가 된 지금, 이 구분은 점점 더 모호해지고 있다.

가장 큰 특징은, 노동이 탈형상화되고 있다는 점이다. 사용자들은 자신의 행위가 가치 창출에 기여하고 있다는 인식을 거의 하지 못한다. 이는 노동의 사회적 인정이 불가능해진다는 의미이기도 하다. 플랫폼은 사용자에게 서비스를 제공하는 것처럼 보이지만, 실상은 사용자의 행동을 수집해 자기 시스템을 강화하고, 더 많은 수익을 창출한다.

이 과정에서 디지털 불평등은 심화된다. 디지털 환경에 익숙한 이들은 보다 효율적으로 시스템을 사용할 수 있지만, 고령자나 정보소외계층은 오히려 더 많은 수고를 들여야 한다. 예를 들어, 셀프 키오스크를 사용할 줄 몰라 줄을 서거나, 시스템 사용에 어려움을 겪는 사람들은 디지털 사회에서 더욱 배제되기 쉽다.

또한, 모든 행동이 데이터로 환원되면서 우리는 감시 기반 사회 속에서 살아가게 된다. 소비자가 어디에 관심을 두고, 어떤 행동을 하고, 어떤 패턴을 보이는지는 모두 분석되고 저장된다. 이는 '자발적인 참여'라는 이름 아래 이루어지지만, 실제로는 감시와 통제를 가능케 하는 시스템의 일부로 기능한다.

디지털 그림자 노동은 한 개인의 차원을 넘어 경제 전체 시스템에 영향을 미치는 구조적 문제로 확장된다. 사용자의 활동을 통해 수집된 데이터는 기업의 알고리즘 고도화, 인공지능 모델 훈련, 상품 서비스 개선 등에서 핵심 자원이 된다. 즉, 이는 플랫폼 기업이 추가 인건비 없이 수익을 창출할 수 있는 기반이 된다.

무엇보다 주목해야 할 점은, 이처럼 창출된 가치는 국가 GDP 통계에는 포함되지 않는다는 것이다. 전통적인 경제 지표는 유급 노동과 상품, 서비스의 교환을 기준으로 하지만, 디지털 그림자 노동은 비가시적이기에 경제 기여도가 측정되지 않고, 그 가치는 플랫폼 내부에만 축적된다.

이러한 방식은 기업 입장에서는 효율성과 수익성을 높이는 수단이지만, 사회 전체적으로 보면 노동의 분배, 권리, 보상 체계가 왜곡될 수 있다. 공공 서비스 영역조차 민영화되고 디지털 전환이 가속화되면서, 시민은 점점 더 많은 형태의 그림자 노동을 수행하게 된다. 그 과정에서 발생하는 기술 불평등과 권리 사각지대는 새로운 사회적 과제로 떠오르고 있다.

지금까지 디지털 그림자 노동은 '기술의 편의성'이라는 명분 아래 묵인되어 왔다. 그러나 이 흐름이 지속될 경우, 사용자와 시민의 역할은 점점 더 노동자와 데이터 자원 제공자로만 수렴될 위험이 있다. 이러한 구조를 방치한다면, 우리는 기술의 진보가 가져다준 혜택과 동시에, 기술이 만들어낸 또 다른 불평등을 고스란히 받아들일 수밖에 없다.

이를 해결하기 위해서는 노동 개념의 재정의, 디지털 권리의 명문화, 그리고 기여에 대한 보상 체계 마련이 필요하다. 사용자가 제공하는 데이터가 경제적 가치를 창출한다면, 그에 상응하는 투명한 기준과 보상이 뒤따라야 한다. 더 나아가, 디지털 기술을 설계하고 배포하는 단계에서부터 포용성과 공정성의 원칙이 반영되어야 한다.

디지털 그림자 노동은 단지 기술적 문제도, 개인의 불만도 아니다. 이는 디지털 시대의 구조적 전환이 만들어낸 새로운 형태의 노동 현실이며, 우리가 일이라고 인식하지 못하는 순간에도 이미 수행되고 있는 사회적 활동이다. 이제는 이 그림자를 외면하지 말고, 사회적 논의의 중심으로 끌어내야 한다.

기술은 결코 중립적이지 않다. 기술을 통해 누가 이득을 보고, 누가 부담을 지는가에 대한 질문은 곧 사회가 어떤 방향을 선택할 것인가에 대한 질문이다. 그리고 그 질문의 답은 바로 우리 모두의 손에 달려 있다.

5 디지털 문명의 역습, '디지털 감시'

디지털 판옵티콘, 오늘날 인터넷과 디지털 기술을 통해 구현되는 광범위한 감시와 통제 시스템을 정의하는 개념이다. 18세기 철학자 제러미 벤담(Jeremy Bentham)이 제안한 원형 감옥 '판옵티콘(Panopticon)'의 개념을 차용했다.

제러미 벤담이 제안한 원형 감옥 설계를 미셸 푸코(Paul-Michel Foucault)는 현대 사회의 권력 작동 방식에 대한 은유로 사용했다. 푸코의 판옵티콘은 직접적인 폭력 대신 감시와 규율을 통해 행동을 통제하는 권력 작동 방식을 상징한다. 지속적인 감시 가능성으로 인해 개인들은 실제 감시자가 없어도 자기 검열을 하게 된다. 감시자는 보이지 않지만, 피감시자는 항상 감시받고 있다고 느낀다.

푸코는 판옵티콘의 개념이 학교, 병원, 군대, 공장 등 다양한 사회 제도에 적용된다고 보았다. 디지털 기술의 발달로 인해 개인정보가 전자적으로 저장되고 관리되면서, 푸코의 판옵티콘 개념이 더욱 현실화되고 있다. CCTV, 스마트폰, 인터넷 데이터 추적 등으로 디지털 판옵티콘은 공고화되고 있다.

현대 사회에서 디지털 파놉티콘의 예시는 다양한 영역에서 쉽게 발견할 수 있는데, 첨단 기술과 감시 시스템이 결합해 개인의 행동과 데이터를 추적하고 통제하는 방식으로 나타난다.

공공장소에 설치된 CCTV는 인공지능 기술을 통해 사람들의 움직임을 실시간으로 분석하고 이상 행동을 탐지한다. 범죄 예방과 공공 안전 유지에 기여하지만, 동시에 개인의 사생활을 침해할 수 있다.

스마트폰은 사용자의 위치, 통화 기록, 인터넷 사용 데이터를 수집한다. 이러한 데이터는 광고 타겟팅, 사용자 맞춤형 서비스 제공뿐만 아니라 정부나 기업의 감시 도구로 활용될 수 있다.

페이스북, 인스타그램와 같은 소셜미디어 플랫폼은 사용자의 활동을 기록해 디지털 프로파일을 생성한다. 이는 광고와 마케팅에 활용되지만, 사용자의 행동을 감시하고 통제하는 데도 사용될 수 있다.

의료 분야에서는 바이오 빅데이터를 활용해 개인의 유전 정보와 건강 데이터를 관리한다. 이는 질병 예방과 치료에 유용하지만, 민감한 생체 정보가 감시와 통제의 도구로 사용될 가능성도 존재한다.

디지털 감시는 개인의 온라인 활동, 위치 정보, 통신 내용 등을 수집하고 분석하는 행위로, 주로 정부 기관이나 기업에 의해 수행된다. 디지털 감시는 범죄 예방에 기여할 수 있으며, 범죄 발생률을 낮출 수 있는 잠재력을 가지고 있다. 공공 안전을 위한 감시 시스템이 구축되면, 시민들이 안심하고 일상생활을 할 수 있다. 기업들은 소비자의 데이터를 수집해 맞춤형 서비스를 제공하고, 이를 통해 수익을 창출할 수 있다. 데이터가 새로운 자원으로 여겨지면서, 데이터 수집 및 분석에 대한 투자가 증가하고 있다.

그러나 디지털 감시는 개인의 사생활을 침해할 수 있으며, 개인정보가 무단으로 수집되고 사용될 위험이 있다. 사람들이 감시를 의식하게 되면, 자신의 의견이나 행동을 자제하게 되는 경향이 있다. 이는 자유로운 표현을 저해할 수 있다. 정부나 기업이 개인정보를 수집하는 방식에 대한 불신이 커지면서, 사회 전반에 걸쳐 신뢰가 감소할 수 있다. 감시의 대상이 되는 집단과 그렇지 않은 집단 간의 갈등이 심화될 수 있다.

푸코의 판옵티콘 개념은 디지털 감시 사회에서 크게 변화하며 확장되었다. 디지털 기술과 빅데이터, 인공지능의 발전은 전통적인 판옵티콘의 구조와 작동 방식을 재구성하고 새로운 형태의 감시 권력을 만들어냈다.

데이터 기반 감시 즉, 빅데이터 판옵티콘으로 나아가고 있다. 디지털 기술은 대규모 데이터를 수집하고 분석하여 개인을 프로파일링하거나 행동을 예측하는 데 사용된다.

스마트폰과 IoT(사물인터넷) 기술은 '모바일 판옵티콘' 개념을 만들어냈다. 사용자는 언제 어디서나 연결되어 있으며, 이는 감시가 시간적·공간적 제약 없이 이루어질 수 있음을 시사한다.

한편, 사람들은 자발적으로 데이터를 제공하며 감시에 협조하기도 한다. 소셜 미디어, 스마트폰 애플리케이션, 웨어러블 기기 등을 통해 사용자는 자신의 행동과 위치를 기록하고 공유한다. 이는 푸코가 말한 '자발적 복종'의 현대적 형태로 볼 수 있다.

개인 간 상호 감시도 한다. 소셜미디어에서는 사람들이 자발적으로 자신의 정보를 공개하며, 다른 사람들을 감시하거나 평가하는 행위가 일상화되고 있다.

푸코는 권력이 단순히 억압적인 것이 아니라 생산적이며, 지식과 결합해 작동한다고 보았다. 디지털 시대에는 이러한 권력 메커니즘이 더욱 정교해졌으며, 개인들은 자발적으로 데이터를 제공하고 자신의 행동을 규율한다. 그러나 이는 사생활 침해와 프라이버시 문제를 심화시키며, 새로운 윤리적 논의를 요구한다. 디지털 시민 개개인의 인식과 자각이 요구되는 지점이다.

디지털 감시는 긍정적일 수도, 부정적일 수도 있으며, 사회가 디지털 감시를 어떻게 관리하고 규제하느냐에 따라 그 결과는 달라질 수 있다. 디지털 감시의 필요성과 개인의 권리를 균형 있게 고려하는 것이 중요하다. 개인의 자유와 프라이버시를 보장하면서도 사회의 안전을 유지할 수 있는 균형점을 찾는 사회적 성찰이 그 어느 때보다 중요한 시점이다.

6 디지털 소통의 역설, 연결될수록 고독해지는 사람들

스마트폰을 손에서 놓지 않는 시대. 우리는 언제 어디서든 메시지를 보내고, 사진을 공유하고, '좋아요'를 누르며 끊임없이 누군가와 연결돼 있다. 그러나 그 연결의 끝에 남겨지는 것은 뜻밖에도 '외로움'이다.

한때 '인터넷은 세상을 하나로 묶는다'는 낙관이 유행처럼 퍼졌다. 누구든 언제든 소통할 수 있는 시대가 열렸고, 디지털 기술은 지리적 장벽을 허물었다. 그러나 아이러니하게도, 이 '과잉 연결'의 시대에 사람들은 점점 더 고립되고 외로워지고 있다. 이 현상은 단순한 개인 감정의 문제가 아니라, 디지털 포용의 실패와 사회적 구조의 문제로 확대되고 있다.

통계청에 따르면, 20~30대 청년 중 3명 중 1명은 외로움을 '자주' 느낀다고 응답했다. 이는 중장년층보다 높은 수치로, 디지털 소통 환경에 가장 익숙한 세대일수록 정서적 고립감을 더 많이 경험하고 있다는 사실을 보여준다.

SNS는 소통의 도구이지만 동시에 비교와 과시의 장이 되었다. 화려한 일상, 성공적인 삶을 전시하는 피드는 타인의 삶과 자신의 현실을 비교하게 만들고, 자기 존중감과 사회적 소속감을 약화시킨다.

이모티콘, 하트, 짧은 댓글. 이러한 커뮤니케이션은 간편하지만, 진정한 '공감'이나 '정서적 연결'을 제공하지는 않는다. 실제 대면 대화가 줄어들면서 인간관계의 질은 얕아졌고, 친구 수는 많아졌지만 "진짜 친구"는 사라졌다.

심리학자 셰리 터클(Sherry Turkle)은 『고독을 잃어버린 사람들』에서 이를 "함께 있으면서도 따로 있는(together alone)" 현상이라 설명하며, 디지털 기기가 관계의 질을 약화시키고 있다고 지적했다. 사회학자 에밀 뒤르켐(Émile Durkheim)은 '고독'을 사회적 통합의 부재로 정의했다. 이는 현대에도 유효하다. 단순한 물리적 연결이 아닌, 심리적 유대와 의미 있는 상호작용이 결여되었을 때, 사람은 고독을 느낀다.

기술은 빠르지만, 인간은 느리다. 디지털 기술은 정보를 전달하지만, 의미를 전달하지는 못한다. 하트 버튼 하나로는 공감의 깊이를 담을 수 없고, 알고리즘은 진짜 '경청'을 대신할 수 없다.

외로움은 개인의 감정 문제를 넘어 사회적 비용으로 이어진다. 고독은 우울증, 불안, 자살 위험 등 정신건강 문제로 이어지며, 사회적 고립은 고령층 뿐 아니라 청년층의 삶의 질까지 심각하게 위협한다.

영국은 고독을 '국가적 보건문제'로 지정하고 '고독부(Minister for Loneliness)'를 설치했다. 일본 역시 고독사 문제 대응을 위한 전담부처를 두고 있다.

디지털 기술은 사회적 고립을 해결할 수도 있다. AI 기반 대화봇은 독거노인의 말동무가 되고, VR 기반 커뮤니티는 고립된 청년의 소속감을 회복시키며, 온라인 멘토링 플랫폼은 정서적 지지망이 되기도 한다.

그러나 가장 중요한 것은 사람과 사람 사이의 진정한 연결을 회복하는 것이다. 기술은 보완재이지, 대체재가 아니다. 정기적인 대면 소통, 소그룹 커뮤니티 활동, 오프라인 기반의 돌봄 체계 강화가 병행되어야 한다.

연결은 수단일 뿐, 목적은 '공감'이다. 우리는 수천 명과 연결되어 있으면서도, 정작 한 사람과의 진정한 대화를 갈망하고 있다.

디지털 소통의 시대, 그 역설을 넘어설 방법은 속도의 연결이 아닌, 깊이의 연결을 추구하는 데 있다. '누가 내 메시지를 봤을까'를 궁금해하는 시대에서 '누가 내 마음을 들여다볼까'를 고민하는 시대로, 이제는 전환이 필요하다.

디지털 시대를 살아가는 우리는 이제 물어야 한다.

"당신의 연결은, 누군가의 마음을 정말 움직이고 있는가?"

디지털 포용은 기술 이전에 사람에 대한 존중으로부터 출발해야 한다. 단절된 이들을 위한 기술이 아니라, 모든 이들이 소속감을 느낄 수 있는 생태계가 진정한 디지털 사회의 방향이다.

7 테크놀로지, 젠더, 그리고 디지털 포용

기술은 언제나 중립적이라는 통념은 오늘날 디지털 사회 속에서 점차 설득력을 잃어가고 있다. 테크놀로지는 단순한 도구가 아닌, 사회의 가치와 문화, 권력 구조를 반영하는 산물이다. 특히 젠더 관점에서 살펴볼 때, 기술은 사회가 여성과 남성, 그리고 다양한 성정체성을 어떻게 바라보고 위치시키는지를 고스란히 담고 있다. 디지털 포용의 관점은 이러한 젠더화된 기술 환경을 비판적으로 바라보며, 기술이 누구에게 이롭게 설계되고 누구에게는 장애물로 작용하는지를 질문한다.

현대 사회에서 널리 사용되는 음성인식 장치, 내비게이션, 스마트홈 기기들의 기본 목소리가 주로 여성으로 설정되어 있는 것은 단순한 선택이 아니다. 이것은 사회적으로 부여된 여성의 역할, 즉 친절하고 부드럽고 보조적인 이미지가 기술 안에서 재현된 결과다. 사용자와의 상호작용 속에서 여성의 목소리는 기계가 보다 친근하고 덜 위협적으로 느껴지도록 만든다. 그러나 이러한 설계는 기술이 중립적인 것이 아니라 사회적 고정관념을 반영하고 있다는 증거이며, 결국 디지털 공간에서도 젠더 역할을 고착화하는 데 기여하게 된다.

더 심각한 문제는 인공지능과 머신러닝 알고리즘에 내재된 편향이다. AI는 과거 데이터를 학습해 판단을 내리는데, 과거의 데이터 자체가 성차별적 구조와 문화를 반영하고 있다면, 그 결과 역시 왜곡될 수밖에 없다. 실제로 2014년 아마존이 개발한 AI 채용 시스템은 남성 위주의 이력서를 학습하면서 여성 지원자들을 체계적으로 불이익을 주는 방향으로 작동했다. 이 시스템은 결국 폐기되었지만, 이 사례는 기술이 기존의 차별을 강화하고 자동화할 수 있다는 사실을 드러냈다. 알고리즘이 '공정하다'는 환상은 기술적 무지를 감추는 장막일 수 있으며, 디지털 포용이 지향하는 사회는 이러한 위험을 경계해야 한다.

기술의 편향은 설계의 문제에만 그치지 않는다. 디지털 공간 그 자체가 여성과 젠더 소수자에게 불리한 환경으로 작동하는 경우도 많다. 특히 소셜미디어와 온라인 커뮤니티에서는 여성 정치인, 사회운동가, 혹은 목소리를 내는 일반 여성들이 성희롱, 협박, 조롱, 스토킹과 같은 디지털 폭력에 쉽게 노출된다. 2023년 한 조사에 따르면 여성의 41%가 소셜미디어에서 젠더 기반의 폭력을 경험한 바 있다. 온라인의 익명성은 이러한 폭력을 조장하고, 플랫폼은 종종 이를 효과적으로 제어하지 못한다. 이처럼 디지털 공간에서의 젠더 기반 폭력은 여성과 소수자의 참여를 제한하며, 기술 접근권이 보장되었더라도 실질적인 디지털 포용은 여전히 달성되지 못한 셈이다.

디지털 포용은 단지 기술을 '쓸 수 있는가'의 문제를 넘어서, 기술이 '누구에게 안전하고 유익한가'를 포함해야 한다. 이를 위해서는 구조적이고 다층적인 대응이 필요하다. 첫째, 기술의 설계 단계부터 다양한 성별과 사회적 배경을 고려한 포괄적 설계가 이루어져야 한다. 제품 개발 과정에 젠더 감수성이 반영되어야 하며, 사용자 인터페이스부터 알고리즘까지 전방위적으로 편향을 줄이려는 노력이 필요하다. 둘째, 채용 시스템, 성과 평가, 사용자 분석 등에 사용되는 알고리즘에는 성별에 대한 공정성이 내장되어야 하며, 이를 위한 정책적 기준과 가이드라인이 마련되어야 한다. 셋째, 테크 산업 내

여성과 성소수자의 참여와 대표성을 높이기 위한 제도적 장치가 필요하다. 이들은 기술을 설계하고 결정하는 과정에 참여해야 하며, 리더십 위치에도 충분히 진출할 수 있어야 한다.

나아가 디지털 폭력에 대한 대응 역시 중요하다. 사이버 스토킹, 디지털 성폭력, 온라인 괴롭힘에 대한 강력한 제재 체계가 필요하고, 피해자를 보호하고 지원할 수 있는 안전망이 마련되어야 한다. 플랫폼 기업은 단지 콘텐츠를 유통하는 매개체로서의 책임을 넘어서, 포용적 디지털 환경을 조성할 의무가 있다.

디지털 포용은 기술 접근성을 넘어서 기술 정의(tech justice)의 문제다. 누구나 기술을 이용할 수 있어야 하며, 그 기술이 특정 계층이나 집단을 배제하거나 해를 끼쳐서는 안 된다. 기술은 사회의 구조적 불평등을 반영하기도 하지만, 동시에 그것을 극복할 수 있는 도구이기도 하다. 여성과 기술의 관계를 노동, 재생산, 돌봄의 맥락에서 재조명하고, 젠더 관점에서 디지털 포용을 실현하는 일은 단지 여성만을 위한 일이 아니다. 그것은 궁극적으로 모든 사람을 위한 보다 정의롭고 지속가능한 디지털 사회를 만들기 위한 조건이다.

기술은 그 자체로 목적이 아니다. 기술은 누구의 삶을 개선하고, 누구의 목소리를 반영하며, 누구에게 권력을 줄 것인가를 결정하는 선택의 산물이다. 디지털 포용은 기술의 민주화를 의미하며, 이는 사회가 기술을 어떻게 다루고 누구를 중심에 둘 것인지에 대한 정치적, 윤리적 선언이기도 하다. 오늘날 우리에게 필요한 것은 기술 발전 그 자체보다, 그 기술이 만드는 사회가 얼마나 공정하고 포용적인가를 끊임없이 묻는 감수성이다.

8 디지털 시대의 중심은 '인간'... 디지털 휴머니즘

모든 기술 진척은 대가를 요구한다. 디지털 기술이 단순히 효율성이나 경제적 이익을 추구하는 도구로만 사용되는 경우, 각종 부작용과 폐해를 낳기도 한다. 이에 기술 발전과 디지털화가 인간 중심의 가치를 반영하고, 인간의 존엄성과 행복을 증진하는 방향으로 나아가야 한다는 철학적, 실천적 개념으로 '디지털 휴머니즘'이 주목받고 있다.

디지털 휴머니즘은 기술과 인간의 관계를 재조명하며, 기술이 단순히 도구로서가 아니라 인간의 삶에 긍정적인 영향을 미치는 방식으로 설계되고 사용되어야 한다는 점을 천명한다. 기술이 단순히 효율성이나 경제적 이익을 추구하는 도구로만 사용되는 것이 아니라, 인간의 존엄성, 창의성, 그리고 사회적 연결을 증진하는 방향으로 활용되어야 한다는 관점을 지지한다. 디지털 기술과 인간의 가치를 조화롭게 통합하려는 접근 방식으로, 인간 중심의 디자인과 윤리를 강조한다. 기술이 인간의 삶을 개선하고, 사회적 불평등을 줄이는 방향으로 발전해야 함을 주장한다.

디지털 휴머니즘은 특히 인공지능, 빅데이터, 알고리즘 같은 기술이 인간의 삶에 깊이 스며든 첨단 디지털 사회에서 중요한 화두로 떠오르고 있다. 예컨대, AI가 인간의 노동을 대체하거나 개인정보를 침해하는 대신, 인간의 삶을 더 풍요롭게 하고 공정한 사회를 만드는 데 기여해야 한다는 주장이다.

디지털 휴머니즘의 핵심 개념은 인간 중심 기술 컨셉이다. 기술이 인간의 삶을 개선하는 방향으로 설계되어야 한다는 원칙이다. 기술 개발 및 사용 과정에서 인간의 존엄성과 가치가 최우선으로 고려되어야 한다.

디지털 휴머니즘은 디지털 윤리를 강조한다. 개인정보 보호, 알고리즘의 공정성, AI의 책임성 등 윤리적 문제를 해결하는데 집중한다. 인공지능 및 디지털 기술이 도덕적 판단력과 책임감을 갖추도록 설계되어야 한다.

디지털 휴머니즘은 기술과 사회의 균형을 지향한다. 기술 혁신이 경제적 이익만을 추구하는 것이 아니라 사회적 가치를 반영해야 한다는 것이다. 자동화와 AI가 인간의 일자리를 위협하는 대신 새로운 기회를 창출할 수 있도록 조정하는 방식이다.

디지털 휴머니즘은 포용성과 접근성을 지지한다. 디지털 격차 해소를 위한 정책과 기술을 지원하고, 누구나 기술을 쉽게 이용하고 혜택을 받을 수 있도록 설계되어야 한다. 디지털화가 경제와 사회 전반에 걸쳐 긍정적인 영향을 미치도록 법률 및 정책적 조치로 뒷받침해야 한다.

디지털 휴머니즘은 전통적인 휴머니즘에서 그 뿌리를 찾을 수 있다. 르네상스 시기의 휴머니즘은 인간의 잠재력과 존엄성을 강조하며, 신(神) 중심의 세계관에서 인간 중심으로 시각을 전환했다. 디지털 휴머니즘은 이 아이디어를 현대에 맞게 재해석한 것이다. 디지털 시대에 기술이 인간을 소외시키거나 도구화하는 대신, 인간의 주체성을 강화하고 사회적 가치를 우선시해야 한다는 거다.

특히, 이 철학은 기술 결정론에 대한 반발에서 나왔다. 기술 결정론은 기술이 사회를 일방적으로 바꾼다고 보는데, 디지털 휴머니즘은 반대로 인간이 기술의 방향을 주도적으로 설계할 수 있고, 또 그래야 한다고 주장한다. 예컨대, AI가 윤리적 판단을 내릴 때 인간의 도덕적 기준을 반영하도록 설계해야 한다는 거다. 이건 단순히 기술 개발자의 책임이 아니라, 사회 전체가 참여해야 할 문제이다. 실리콘밸리 이데올로기와 같은 기술 낙관주의에 대한 비판도 포함된다. 과학기술이 모든 문제를 해결할 수 있다는 믿음에 의문을 제기하며, 디지털화가 경제적 효율성만을 추구해 비인간적인 결과를 초래하지 않도록 경계하는 것이다.

디지털 휴머니즘의 원칙이 반영된 대표적인 사례는 유럽연합의 GDPR(유럽 일반 데이터 보호 규정)이다. 이 규정은 개인이 자신의 데이터를 통제할 권리를 보장하며, 기업이 이를 함부로 악용하지 못하게 제한한다. 디지털 환경에서 인간의 프라이버시를 최우선으로 삼는다는 점에서 디지털 휴머니즘의 실천 사례로 꼽힌다.

리눅스나 모질라 같은 오픈 소스 프로젝트는 기술을 특정 기업의 이익이 아니라 커뮤니티와 공유를 위해 활용한다는 점에서 디지털 휴머니즘과 연결된다. 인간의 협력과 창의성을 강조하며, 기술 접근성을 높이는 데 기여한다.

기술 과잉에 대한 반작용으로, 디지털 디톡스와 같은 의식적이고 지속 가능한 기술 사용 방식 즉, 느림의 기술('Slow Tech')이 주목받고 있다. 이는 인간 중심적 기술 활용의 한 형태로 볼 수 있다.

이러한 사례들은 디지털 휴머니즘이 단순히 철학적 개념에 그치지 않고, 실제로 인간 중심적인 가치를 실현하며 다양한 산업에 적용되고 있음을 보여준다.

앞으로의 기술 발전은 인간의 가치와 윤리를 더욱 중시하는 방향으로 나아갈 것이다. 이는 궁극적으로 기술이 인간의 삶을 더욱 풍요롭게 만드는 데 기여한다. 이에 개발자, 정책 결정자, 기업, 시민사회가 협력해 기술의 사회적 책임을 고민해야 할 것이다.

디지털 휴머니즘은 기술이 인간을 대체하는 것이 아니라 인간의 삶을 풍요롭게 만드는 방향으로 발전해야 한다는 철학이다. 기술 발전과 인간의 가치를 조화롭게 통합하려는 노력이다. 앞으로의 기술 발전이 인간의 삶을 더욱 풍요롭게 만드는 방향으로 진화, 디지털 포용 사회 구현에 기여하기를 기대한다.

9 디지털 포용의 마지막 장벽… 아시아·태평양 장애인의 현실

아시아·태평양 7억5천만 장애인, 여전히 '오프라인'에 갇히다

- 연결된 세상에서 소외된 이들
- 접근성과 비용, 그리고 인식의 벽
- 포용적 디지털 사회로 가는 세 가지 열쇠

인터넷이 닿지 않는 7억5천만 명의 현실

아시아·태평양 지역은 세계에서 가장 빠르게 디지털 전환이 진행되고 있다. 그러나 이 거대한 변화의 파도에서 여전히 7억5천만 명의 장애인이 소외되고 있다. 4G망이 96% 이상 보급된 시대에, 장애인은 여전히 '연결된 사회'의 주변부에 머물러 있다.

최근 ESCAP 보고서에 따르면, 장애인은 비장애인에 비해 인터넷을 사용할 가능성이 37% 낮고, 저소득국에서는 그 격차가 더 심각하다. 특히 농촌 지역에서는 장애인의 인터넷 이용률이 도시의 3분의 1 수준에 불과하다. 여성·노년층·저소득층 장애인은 이중, 삼중의 제약을 받으며 '디지털 소외의 사각지대'로 밀려난다.

이처럼 '장애와 빈곤, 지역'의 삼중 격차는 단순한 기술 접근 문제가 아니라, 사회 참여권·교육권·노동권의 결핍으로 이어진다. 인터넷이 곧 교육·의료·금융의 관문이 된 시대에, 연결되지 못한 이들은 '오프라인의 시민'으로 남을 수밖에 없다.

접근성과 비용, 그리고 인식의 벽

디지털 포용의 장애물은 물리적 인프라만이 아니다. ESCAP는 이를 '세 가지의 벽'으로 구분한다.

첫째, 인프라와 비용의 장벽. 많은 농촌 지역은 여전히 불안정한 전력망과 낮은 인터넷 품질에 시달린다. 스마트폰 가격과 데이터 요금, 그리고 고가의 보조공학 제품은 장애인의 접근을 가로막는다. 세계적으로 25억 명이 보조기기를 필요로 하지만, 저소득국의 97%는 이를 이용하지 못한다. 화면 낭독기, 점자 디스플레이, 음성 인식 프로그램 등은 '사치품'처럼 취급되며, 정부 보조제도 또한 고가 제품에는 미치지 못한다.

둘째, 디지털 문해력의 벽. 장애인이 기술을 '사용할 수 있는가'의 문제는 단순한 교육격차를 넘어선다. ESCAP 자료에 따르면, 아·태 지역에서 기초 디지털 기술을 보유한 인구는 40%에 불과하며, 그중 장애인의 비율은 훨씬 낮다. 특히 청각·시각·지적장애인의 경우, 접근 가능한 교육환경 자체가 부족하다. 디지털 리터러시 교육조차 접근 불가능한 환경에서 진행되는 경우가 많아, 배움의 기회가 차단되고 있다.

셋째, 인식과 설계의 벽. 웹사이트, 모바일 앱, 전자문서, 공공단말기 등 다수가 여전히 웹접근성 지침(WCAG)을 준수하지 않는다. ESCAP 조사에 따르면, 아·태 지역 정부 웹사이트 중 40%만이 접근성 기준을 충족했다. AI·핀테크·전자정부 서비스가 확대되면서 오히려 새로운 배제가 발생하고 있다. 예컨대, 자동화된 AI 채용 시스템이 음성 인터뷰를 요구하거나 CAPTCHA 인증이 화면낭독기를 방해하는 식이다.

결국 기술은 '포용의 도구'이자 동시에 '배제의 무기'가 될 수 있다.

제도는 존재하지만, 실행은 더디다

2006년 유엔「장애인권리협약(CRPD)」이후, ICT 접근권은 인권으로 규정되었다. 아·태 53개국 중 50개국이 협약을 비준했고, 인천전략(2012)과 자카르타 선언(2022)은 디지털 포용을 지역 의제로 격상시켰다.

그러나 정책과 현실의 간극은 여전히 크다. G3ict의 DARE Index에 따르면, 아·태 국가들의 접근성 이행점수는 평균 34.5점(100점 기준)에 불과하다. 접근성 법규는 있으나 구체적 기술표준이나 시행 기한이 없어 실질적 효력이 약하다. 민간부문의 참여는 더욱 제한적이며, 중소기업이나 스타트업은 접근성 설계를 '비용 부담'으로 인식한다.

호주, 싱가포르, 인도 등 일부 국가는 국가전략에 접근성 지표를 도입했지만, '디지털 장애포용 전략'을 독립적으로 가진 국가는 16%에 불과하다. 특히 저소득국과 도서국가는 제도 기반조차 미약하다.

포용적 전환을 위한 세 가지 열쇠

ESCAP는 보고서의 말미에서 "권리 기반의 정책 전환(rights-based approach)"을 제안한다. 이는 '장애인을 위한 배려'가 아니라, 모든 시민이 동등하게 디지털 사회에 참여할 권리를 보장하는 체계적 개혁을 뜻한다. 그 핵심은 세 가지다.

첫째, 접근성의 제도화. 모든 공공조달, 인프라 구축, 서비스 설계에 접근성 설계를 의무화하고, 정기적 감사를 실시해야 한다.

둘째, 지속 가능한 보조공학 생태계. 단순 보급이 아니라, 유지·보수·지역 서비스망까지 포함하는 지속 가능한 모델을 구축해야 한다.

셋째, 포용적 역량 개발. 디지털 문해력과 직업훈련(TVET)에 접근성 기준을 포함시키고, 이를 인증체계로 제도화해야 한다.

이 세 가지가 선순환 구조로 작동할 때, 장애인은 '사용자'가 아니라 디지털 경제의 참여자이자 창조자가 된다.

포용의 미래, 디지털 시민권으로의 전환

아시아·태평양의 7억5천만 명의 장애인은 여전히 디지털 세계의 변두리에 머물러 있다. ESCAP 보고서는 이를 "디지털 사회의 마지막 불평등"이라 규정하며, 접근 가능성(accessibility)과 참여(participation)의 간극을 지적한다. OECD 또한 단순한 접속보다 중요한 것은 '참여와 역량', 즉 디지털 시민권의 보장이라고 강조한다.

한국은 법제도적 기반에서는 앞서 있다. 「장애인차별금지법」, 웹 접근성 의무화, 디지털 포용 정책 등은 OECD 평균을 상회한다. 그러나 현실에서는 민간 서비스의 접근성이 미흡하고, 고령·중증 장애인의 디지털 역량 격차가 여전하다. 스타트업과 이커머스 분야에서는 접근성 기준이 적용되지 않거나 비용 문제로 후순위로 밀리는 경우가 많다.

ESCAP는 이러한 상황을 극복하기 위해 '권리 기반 접근'으로의 전환을 제안한다. 이는 기술을 복지의 수단이 아닌, 시민의 기본권을 실현하는 사회 인프라로 보는 관점이다. 정책 수립부터 예산 편성, 서비스 설계까지 모든 과정에 접근성과 포용을 내재화하고, 장애인 당사자가 정책 공동설계(co-design)에 참여해야 한다는 것이다. 또한 각국은 접근성 이행 현황을 정기적으로 공개하여 시민이 평가하고 감시할 수 있는 투명한 구조를 마련해야 한다.

결국 디지털 포용은 더 많은 기술이 아니라 더 깊은 제도적 의지에서 출발한다. ESCAP는 "디지털화가 장애인을 배제한다면, 그것은 기술의 실패가 아니라 정책의 실패"라고 단언한다. 접속의 시대를 넘어 참여의 시대, 기술의 속도가 아니라 포용의 깊이가 진정한 디지털 사회의 기준이 되어야 한다.

10 21세기 기술은 왜 불평등을 더 키우는가

- 기술의 문제가 아니라 출빌신의 문제
- 배움의 격차는 일의 격차로 이어진다
- 평생학습이 작동하지 않는 구조
- 인적자본 투자는 사회 통합의 마지막 장치

21세기의 핵심 기술은 더 이상 소수의 전문 역량이 아니다. 문해력과 수리력, 적응적 문제해결 능력 같은 정보처리 기술과 사회·정서적 역량은 모든 시민에게 요구되는 기본 조건이 되었다.

그러나 OECD가 최근 발표한 보고서(Skills Outlook 2025)는 이 필수 역량들이 개인의 노력보다 출신 배경에 의해 결정되는 현실을 냉정하게 보여준다. 기술의 시대가 오히려 불평등을 고착화하고 있다는 진단이다.

기술은 중립적이지 않아

보고서에 따르면 21세기 핵심 기술의 분포는 성별, 부모의 학력과 직업, 이주 배경, 성장 지역에 따라 뚜렷한 격차를 보인다. 특히 부모가 고등교육을 받은 경우, 그렇지 않은 경우보다 성인이 되었을 때 문해력과 수리력에서 일관되게 높은 점수를 기록한다. 이는 단순한 교육 효과가 아니라, 가정이 제공하는 시간·자원·네트워크가 장기간 축적된 결과다.

OECD는 이를 '보상적 이점(compensatory advantage)'이라고 부른다.

초기 능력이 다소 부족하더라도, 자원이 풍부한 가정 출신은 반복적인 기회를 통해 격차를 만회한다. 반대로 불리한 배경에 놓인 개인은 작은 실패가 누적되며 기술 축적의 경로에서 점점 멀어진다.

격차는 학교를 지나 노동시장으로 이동

기술 격차는 교육 단계에서 멈추지 않는다. 보고서는 기술이 노동시장 성과로 전이되는 과정에서 불평등이 다시 증폭된다고 분석한다. 고숙련 기술을 가진 사람일수록 더 나은 일자리에 접근하고, 그 일자리는 다시 학습 기회를 제공한다. 반면 낮은 기술 수준의 노동은 반복적 업무에 묶이며 추가 학습의 기회를 거의 제공하지 않는다.

그 결과, OECD 평균 기준으로 부모가 고학력인 성인은 시간당 임금에서 유의미한 우위를 점하지만, 이 차이의 상당 부분은 교육 경로와 기술 축적 과정에서 이미 결정된 것으로 나타난다. 기술은 개인의 능력이라기보다, 경로의 결과라는 의미다.

평생학습은 왜 모두에게 열려 있지 않은가

OECD는 평생학습이 기술 격차를 완화할 수 있는 핵심 장치임에도, 현실에서는 오히려 초기 불평등을 재생산한다고 지적한다. 비형식 교육과 직무 훈련 참여율은 고학력·고숙련 노동자에게 집중돼 있으며, 저숙련 노동자는 시간·비용·정보 부족으로 학습에서 배제된다.

특히 돌봄 부담을 지는 여성, 농촌 지역 거주자, 고령 노동자는 구조적으로 학습 기회에서 밀려난다. 이로 인해 기술 격차는 연령이 높아질수록 다시 확대되며, 청소년기에는 좁혀졌던 격차가 성인기에 재등장하는 현상이 반복된다.

기술 정책은 교육 정책이 아니라 사회 정책이다

OECD가 제시하는 해법은 단순한 교육 개혁이 아니다. 조기 교육 투자, 학교 단계의 형평성 강화, 성인 학습 접근성 개선, 기술 기반 채용 확대를 하나의 연속된 정책 체계로 묶어야 한다는 것이다. 기술은 학교에서 만들어지고, 직장에서 강화되며, 사회 제도에 의해 인정받을 때 비로소 자산이 된다.

보고서는 분명히 말한다. 기술 격차를 방치하면 생산성은 떨어지고 사회적 응집력은 붕괴된다. 반대로 기술에 대한 공정한 접근을 보장한다면, 인적자본 투자는 성장과 통합을 동시에 달성하는 가장 강력한 수단이 될 수 있다.

21세기의 기술은 미래를 여는 열쇠이지만, 그 열쇠가 일부에게만 주어진다면 사회는 앞으로 나아가지 못한다. OECD의 메시지는 명확하다. 기술의 문제를 해결하는 것이 아니라, 기술을 둘러싼 조건을 바꿔야 할 때라는 것이다.

11 사람들은 점점 덜 만나고 더 외로워지고 있다"

- 팬데믹 이후, 사회적 연결의 붕괴와 새로운 고립의 시대
- OECD 38개국 비교 보고서가 드러낸 '보이지 않는 팬데믹'
- 청년과 남성, 새롭게 고립되는 세대
- "외로움은 새로운 공중보건 위기다"
- 관계를 복원하는 정책은 복지의 다음 단계

사회적 연결이 무너진 사회의 초상

2025년 OECD는 전 세계 38개국의 인간관계 현황을 집대성한 보고서 「Social Connections and Loneliness in OECD Countries」를 발간했다.

보고서는 명확한 경고로 시작한다. "사람들은 덜 만나고, 더 외로워하고 있다." 사회적 연결(social connection)은 단순한 인간관계의 문제가 아니다. OECD는 이를 "사람들이 서로 상호작용하고 관계를 맺는 빈도와 질"로 정의하며, 그 결핍은 건강·경제·교육·시민참여 전반에 심대한 파급효과를 미친다고 강조한다.

외로움은 심리적 불편을 넘어 조기 사망, 생산성 하락, 사회적 불신을 확산시키는 구조적 현상이다. 팬데믹 이후 대면 관계가 급감하고 디지털 소통이 일상화되면서, 사람들은 연결되어 있으면서도 고립되어 있다. OECD는 이를 "보이지 않는 팬데믹(invisible pandemic)"이라 부른다.

외로움이 초래하는 보이지 않는 비용

OECD가 인용한 각국의 분석에 따르면, 외로움의 사회적 비용은 국가경제를 흔들 수준이다.

미국은 연간 400억 달러, 스페인은 GDP의 1.2%, 한국은 청년층 사회적 고립으로 인한 손실이 7조 원에 이르는 것으로 추정된다. 의료비 증가와 정신건강 악화, 생산성 저하는 물론 실업률 상승과 조기 퇴학률 증가로 이어진다.

보건 측면에서도 그 심각성은 크다. 세계보건기구(WHO)는 외로움이 매년 약 87만 명의 조기 사망을 초래한다고 추산한다. 심혈관질환, 치매, 우울증 등 각종 질환의 위험이 높아지며, 사회적 고립이 장기화될수록 신체적 기능과 인지 능력이 함께 저하된다. 반대로, 안정적인 사회적 관계는 건강을 유지하고 스트레스를 완화하는 보호요인으로 작용한다. 직장에서 동료와의 긍정적 관계는 창의성과 직무 만족도를 높이고, 학교에서는 친구·교사와의 지지가 학업 성취를 끌어올린다.

OECD는 "사회적 연결은 물리적·정신적 건강을 지탱하는 제3의 축, 즉 '사회적 건강(social health)'"이라고 명명했다.

OECD 국가들의 현황… '연결의 양극화'

보고서에 따르면 OECD 국민의 약 3분의 2가 매주 친구나 가족을 만나고, 90%가 어려울 때 의지할 사람이 있다고 응답했다.

겉보기엔 긍정적이지만, 통계의 이면에는 심각한 단절이 숨어 있다. 10%는 전혀 의지할 사람이 없고, 8%는 가까운 친구가 한 명도 없으며, 6%는 지난 4주 동안 대부분의 시간을 외로움 속에서 보냈다고 답했다. 특히 OECD 21개국에서는 2006년 이후 대면 교류 빈도가 지속적으로 감소했고, 대신 전화·SNS 등 비대면 교류가 급격히 증가했다. 그러나 디지털 상호작용이 관계의 질을 보완하지는 못했다.

OECD는 "단순히 연락이 잦다고 해서 관계의 질이 높다고 볼 수는 없다"며, '양적 연결'과 '정서적 연결'의 괴리가 심화되고 있다고 지적했다.

팬데믹 이후의 변곡점... 낮은 수준의 외로움이 확산되다

흥미로운 점은 외로움의 강도가 바뀌었다는 것이다. "항상 외롭다"고 답한 사람의 비율은 크게 변하지 않았지만, "가끔 외롭다"는 응답이 급격히 늘었다.

2018년, 유럽 OECD 국가 응답자의 59%는 "전혀 외롭지 않다"고 답했으나, 2022년에는 그 비율이 51%로 급락했다. 이는 심각한 고립보다는 지속적이고 잠재적인 외로움의 일상화를 의미한다. OECD는 이를 '저강도 외로움(low-level loneliness)'이라 명명하며 향후 사회적 회복력(resilience)을 위협하는 잠재 변수로 지목했다.

새롭게 드러난 고립의 얼굴, 남성과 청년

보고서가 지적한 가장 놀라운 변화는, 외로움의 주된 위험집단이 뒤바뀌었다는 것이다.

기존에는 여성과 노년층이 고립 위험이 높다고 알려졌지만, 최근 데이터는 남성, 특히 젊은 남성층의 급격한 관계 악화를 보여준다.

2018~2022년 사이, 남성의 외로움 지수는 여성보다 더 큰 폭으로 상승했다. 또한 16~24세 청년층에서 외로움·관계 불만족·사회적 지원감 하락이 동시에 발생했다. OECD는 이를 "세대 단절의 신호이자, 남성 청년층의 사회적 위축 현상"으로 분석하며, 정치적 냉소·경제적 불안·심리적 고립으로 확산될 수 있음을 경고했다.

도시 속의 1인 가구, 고립의 구조화

OECD 국가에서 5명 중 1명이 1인 가구이며, 이들은 다른 집단보다 1.5배 이상 관계 만족도가 낮았다. 특히 고령층의 사회적 고립은 심화되고 있다. 11%의 노년층은 "일 년 동안 친구를 단 한 번도 만나지 않는다"고 응답했다. OECD는 이를 "고령화와 1인 가구 증가가 맞물리며 사회적 연결의 인프라가 무너지는 현상"으로 규정했다. 즉, 고립은 개인의 선택이 아니라 도시 구조와 정책 설계의 결과다.

한국의 사회적 연결과 외로움

한국은 OECD 회원국 중에서도 사회적 연결 수준이 낮고 외로움 지수가 높은 국가로 나타났다. 1인 가구의 비중이 전체의 35%를 넘어서는 가운데, 고령층의 단독 거주율과 청년층의 사회적 고립이 동시에 증가하고 있다. 대면 관계는 감소하고 온라인 기반의 소통이 늘어나면서, 표면적으로는 연결되어 있지만 정서적으로는 고립된 상태가 확산되고 있다. 이러한 '연결된 고립(connected isolation)'은 관계의 양이 아닌 질의 문제로, OECD는 이를 새로운 사회적 위험으로 규정했다.

▲ 사회적 연결은 공공의 책임이다. 디지털 포용 정책이 강력히 요구된다(이미지=챗gpt로 제작)

특히 주목할 점은 청년층, 그중에서도 남성의 외로움이 급격히 심화되고 있다는 것이다. 팬데믹 이후 한국의 16~24세 청년들은 관계 만족도와 사회적 지지감이 뚜렷하게 떨어졌으며, OECD는 이를 "새로운 위험세대의 등장"으로 평가했다. 청년층의 사회적 단절은 단순한 개인 문제를 넘어 노동시장 참여와 공동체 신뢰, 정신건강에 직결되는 구조적 리스크로 이어진다.

● 세계 각국의 대응... 외로움을 국가 전략으로

OECD는 각국의 대응을 세 가지 유형으로 분류했다.

첫째, 정책 주체의 신설. 영국과 일본은 각각 '외로움 담당 장관(Minister for Loneliness)'을 신설해 국가 차원의 전략을 추진했다.

둘째, 국가 단위 전략 수립. 독일·덴마크·핀란드·스웨덴·스페인은 외로움 방지 정책을 복지·보건·지역사회 정책과 통합했다.

셋째, 지방정부 중심의 실험. 서울시는 2024년 '외롭지 않은 서울' 프로젝트를 시작했으며, 대한민국 정부는 2025년 "전 생애 사회적 고립 대응 종합대책"을 발표했다.

국제기구도 움직였다. WHO는 2023년 세계 사회적 연결 위원회(Commission on Social Connection)를 출범시켜 사회적 건강을 물리적·정신적 건강과 동등한 보건 아젠다로 제시했다. 이후 2025년 세계보건총회(WHA)는 '사회적 연결'을 공식적인 글로벌 보건 우선과제로 채택했다.

OECD의 제언... 사회적 인프라와 디지털 포용

보고서는 "사회적 연결은 회복 가능한 자산"이라고 강조하며 두 가지 핵심 전략을 제시한다.

첫째, 사회적 인프라(Social Infrastructure)의 복원. 도서관, 공원, 커뮤니티 센터 같은 공공공간을 '만남과 소통의 거점'으로 재설계해야 한다. 특히 지역 간 격차를 지도 기반 데이터(Google Map API 등)로 분석하여 정책적으로 접근성을 보장해야 한다.

둘째, 디지털 공간의 안전성 확보. 청년층의 사회적 관계가 온라인으로 옮겨간 만큼, 플랫폼 알고리즘의 편향을 줄이고, 혐오나 배제 없이 소통할 수 있는 '디지털 공공영역'을 조성해야 한다.

또한 OECD는 모든 회원국이 정기적으로 외로움·고립 지표를 측정하고 정책 효과를 검증할 사회적 연결 모니터링 체계를 갖추어야 한다고 제안했다.

연결이 복지다

OECD의 결론은 분명하다. 사회적 연결은 개인의 선택이 아니라 공공의 책임이며 복지의 다음 단계다. 사람들이 다시 만나고, 관계를 회복하며, 공동체를 재건하는 일은 국가의 건강과 경제, 민주주의의 회복과 직결된다.

"건강한 사회는 서로 연결된 사회다."

이 문장은 OECD 보고서의 마지막 문단을 장식한다. 외로움은 더 이상 개인의 나약함이 아니라, 정책이 놓쳐온 구조적 결핍의 징후이기 때문이다.

12 AI 슬롭... 의미 없는 알고리즘의 시대

- 지식의 진정성을 위협하는 인공지능 콘텐츠
- 기술의 속도 속에 사라진 인간의 의미
- 품질의 위기와 철학적 대응의 필요성

AI가 만들어낸 문장과 이미지가 웹을 뒤덮는 시대, 'AI 슬롭(AI slop)'이라는 단어가 등장했다.

'슬롭(slop)'은 원래 가축에게 주는 찌꺼기 음식을 뜻했지만, 이제는 AI가 쏟아내는 무의미한 콘텐츠, 즉 인간의 사유가 사라진 알고리즘의 부산물을 가리킨다. AI 슬롭은 단순히 보기 흉한 결과물이 아니라, 지식의 진정성·창의성·윤리성을 동시에 시험하는 징후다. 기술의 진보 속에서 인간의 의미가 얼마나 빠르게 지워지고 있는가를 묻는 경고이기도 하다.

단어의 변이와 담론의 시작

'슬롭(slop)'은 본래 헐겁고 부실한 상태를 나타내는 단어였다. 이 표현이 인공지능과 결합된 것은 2020년대 중반 이후다. 온라인 커뮤니티인 레딧(Reddit)과 해커뉴스(Hacker News)에서 AI가 만든 부정확한 기사와 왜곡된 이미지를 비꼬는 용어로 사용되며 유행하기 시작했다.

이후 언론이 "AI 슬롭이 웹을 질식시킨다(AI slop is suffocating the web)"라는 표현을 쓰기 시작하면서 본격적인 사회 담론으로 자리 잡았다. 하버드비즈니스리뷰(HBR)는 '워크슬롭(workslop)'이라는 개념을 제시하며, AI가 업무 현장에서도 저품질 보고서와 문서를 양산해 생산성을 떨어뜨리는 새로운 형태의 쓰레기 정보를 낳고 있다고 지적했다. 이처럼 슬롭은 기술 문제를 넘어, 인간의 지식 체계와 노동 가치, 창의성의 의미를 다시 묻는 철학적 개념으로 확장되었다.

알고리즘과 속도의 유혹

AI 슬롭은 단순히 기술의 결과물이 아니라, 속도와 효율을 숭배하는 인간의 구조적 욕망에서 비롯된다.

오늘날 콘텐츠 산업은 클릭 수와 업로드 빈도 같은 양적 지표에 의해 평가된다. 검색 알고리즘과 SNS 추천 시스템은 '더 많은 생산'을 보상하고, 품질보다 속도를 우선시한다. 미디어 철학자 닐 포스트먼(Neil Postman)은 "미디어의 형식이 내용의 본질을 결정한다"고 말했다.

AI 시대의 형식은 바로 알고리즘이며, 그 형식이 지배하는 순간 콘텐츠는 정보가 아닌 데이터 잔재로 전락한다. AI는 패턴 예측을 통해 완벽한 문장을 만들어내지만, 그 문장은 이해의 결과가 아니라 확률적 예측일 뿐이다. 이것이 바로 형식의 지배, 의미의 소멸이라는 슬롭의 구조다.

완벽한 문장, 텅 빈 의미

AI 슬롭의 텍스트는 놀라울 정도로 매끄럽다. 문법적 오류가 없고, 구조적으로도 완결되어 있다. 하지만 그 속을 들여다보면 중심 논지와 통찰이 사라진 공허함이 드러난다. "~할 수 있다" "~로 보인다" 같은 모호한 진술이 반복되고, 문단 간의 논리적 연결이 약하며, 사실 근거는 허술하다.

철학자 마가렛 보든(Margaret Boden)은 창의성을 '조합적, 탐색적, 변형적'으로 구분했다. AI는 기존 데이터를 재조합하는 조합적 창의성에 머물 뿐, 인간이 수행하는 변형적 창의성에는 도달하지 못한다. AI 슬롭은 바로 이 한계를 보여주는 산물이다. 겉보기엔 새롭지만, 그 안에는 인간의 경험과 정서가 담기지 않는다. 시각 콘텐츠에서도 왜곡된 손가락, 기이한 구도, 감정 없는 표정이 이를 상징한다. AI는 '감정의 표현법'을 학습했지만, '감정을 느낄 수 있는 존재'가 아니기 때문이다.

현실을 잠식한 기계의 복제물

AI 슬롭은 이미 현실 속 다양한 분야에 깊이 침투했다. 학술지에는 AI가 작성한 논문이 실렸다가 오류로 철회되었고, 전자책 플랫폼에는 검수 없이 등록된 AI 작가의 작품이 넘쳐난다. 광고 업계에서는 AI 이미지가 인체 왜곡으로 논란을 빚었으며, SNS에서는 존재하지 않는 행사를 홍보하는 가짜 포스터가 퍼졌다. 유튜브에서는 AI가 자동으로 만든 영상이 추천 알고리즘을 통해 확산되며, 'AI 고양이 드라마', 'AI 뉴스' 같은 슬롭 콘텐츠가 새로운 장르처럼 소비되고 있다.

철학자 버나드 스티글러(Bernard Stiegler)는 이러한 현상을 "기술 자동화가 인간의 사유를 약화시키는 과정"으로 해석했다. 즉, 반복과 예측의 시스템이 사고를 대신하는 순간, 인간은 기술의 소비자이자 피조물로 전락한다.

정보의 질식과 인간의 소외

AI 슬롭은 정보 생태계 전반을 오염시킨다. 검색 결과는 허위 콘텐츠로 덮이고, 정확한 지식은 묻힌다. 일부 검색엔진에서는 존재하지 않는 기업명과 제품이 AI 응답으로 생성되어 유포되기도 했다. 이처럼 진실과 허구의 경계가 흐려지는 현상은 사회 전체의 신뢰 구조를 흔든다.

업무 현장에서도 생산성의 역설이 나타난다. AI로 작성된 초안을 사람이 검토하고 수정하는 데 더 많은 시간이 들면서, 업무 효율은 오히려 하락한다. 하버드비즈니스리뷰의 연구에 따르면, 직원들은 슬롭 문서를 정리하는 데 평균 2시간 이상을 소모한다. AI가 절약하리라 믿었던 시간은 결국 인간의 재작업으로 치환된다.

창작 생태계 또한 위협받는다. AI 슬롭이 대중적 소비를 장악하면, 인간 창작물은 경쟁력을 잃는다. 저작권 분쟁, 수익 불균형, 창의 의욕의 위축이 이어지며, 예술은 점차 알고리즘 친화적이고 시장 반응 중심의 형태로 변질된다. 이는 창작의 본질이자 인간의 자율성을 훼손하는 구조적 문제로 이어진다.

품질을 위한 인간의 개입

AI 슬롭을 방지하기 위해서는 무엇보다 인간의 철학적 개입이 필요하다. 프롬프트를 설계할 때 목표와 독자를 명확히 정의하고, AI가 제시한 결과물에 대해 사실 검증과 출처 확인을 반드시 수행해야 한다. 단순한 '자동 생성'이 아니라, 의미 있는 생산 과정을 설계해야 한다는 것이다.

조직에서는 AI 초안을 사람이 검토하는 이중 검수 체계를 구축하고, 핵심 콘텐츠는 인간이, 보조 자료는 AI가 담당하는 협업 구조를 마련해야 한다. AI 슬롭 감지 알고리즘, 워터마크 삽입, 출처 명시 등의 기술적 장치도 도움이 된다.

그러나 무엇보다 중요한 것은 품질 중심의 문화적 전환이다. 속도보다 정확성, 양보다 진정성을 우선하는 기준이 사회 전반에 자리 잡을 때, AI는 비로소 도구로서의 가치를 회복할 수 있다.

기술 시대의 인간 회복

AI 슬롭은 기술의 실패가 아니라 인간의 태도에 대한 반영이다. 하이데거는 기술을 "세계가 드러나는 방식"이라고 정의했다. AI 슬롭이 범람하는 현재는, 우리의 세계가 얼마나 피상적이고 사유가 얼마나 자동화되었는지를 보여주는 징표다.

AI는 더 정교해질 것이고, 슬롭과 진정한 콘텐츠의 구분은 점점 어려워질 것이다. 그러나 그럴수록 중요한 것은 의미를 읽어내는 인간의 능력이다. 기계가 문장을 만들 수는 있지만, 그 문장의 '의미'를 만들어내는 것은 여전히 인간의 몫이다.

AI 슬롭이 남긴 질문은 단 하나다.

기술이 세상을 대신 설명하는 시대에, 인간은 여전히 사유할 수 있는 존재인가?

13 대한민국, '해킹 포비아'의 덫에 걸리다

- 연쇄적 보안 사고가 불러온 일상적 공포
- 기업 대응 부실이 신뢰 붕괴로 이어져
- 불안의 시대, 해답은 투명성과 학습에 있다

'또 털렸나'… 불신이 일상이 된 사회

2025년 한국 사회의 일상 대화 속에는 "이번에는 어느 회사에서 개인정보가 빠져나갔을까"라는 자조 섞인 문장이 흔히 오간다. SK텔레콤 유심 정보 유출, 예스24 랜섬웨어 사태, KT 서버 해킹과 소액결제 피해, 롯데카드 회원 297만 명 유출 사건 등 대형 보안 사고가 연이어 터지면서 국민은 매번 "내 정보도 이미 해커 손에 들어간 것이 아닐까"라는 두려움에 휩싸인다. 언론은 이러한 현상을 '해킹 포비아'라 명명하며, 이는 단순한 불안이 아니라 반복된 침해 경험 속에서 형성된 과도한 공포와 회피 심리를 가리킨다. 사람들은 계정을 닫거나 카드를 해지하는 과잉 대응을 보이기도 하고, 아예 온라인 서비스 자체를 기피하는 행동으로 나아가기도 한다. 이러한 흐름은 기업과 정부에 대한 신뢰 상실로 이어져 사회 전반의 위축을 초래한다.

연쇄 사고가 만든 공포의 고리

최근 발생한 일련의 사건들은 일정한 패턴을 공유한다. 침해가 발생하고, 데이터가 유출되며, 피해 사실이 뒤늦게 공지되고, 기업은 사과와 재발 방지 약속을 내놓는다. 그러나 이용자에게 남는 것은 사건의 충격과 불안뿐이다. SK텔레콤은 수천만 명의 기지국과 유심 정보 유출 의혹에 휘말렸으며, 예스24는 지원이 종료된 운영체제를 방치하다가 결국 랜섬웨어에 무너졌다. KT는 소형 기지국 장비인 펨토셀을 악용한 해커들로 인해 소액결제 피해가 속출했고, 롯데카드는 카드 비밀번호와 CVC 등 민감한 정보가 포함된 200GB 분량의 고객 데이터를 잃었다. 이러한 사건들은 사회적 불신을 증폭시키며, 불신은 다시 공포를 낳고, 결국 사회 전체가 공포의 고리에 빠져드는 악순환을 형성한다.

불안은 개인에서 사회로 확산

해킹 포비아는 개인의 일상생활에 직접적인 변화를 가져온다. 사람들은 계좌와 카드를 반복적으로 해지하고 재발급하며, 온라인 쇼핑을 꺼리고, 심지어는 스마트폰을 꺼두는 경우도 늘고 있다. 이는 소비 행태와 금융 서비스 이용 패턴을 뒤흔들며 디지털 경제의 기반을 위축시킨다. 조직 차원에서도 문제는 심각하다. 일부 기업은 사건이 터지면 단기적이고 보여주기식 보안 투자를 늘리지만, 근본적인 구조 개선에는 소극적이다. 피해 규모를 축소하거나 발표를 지연하는 대응은 사회적 신뢰를 무너뜨리고, 보안 사고를 공개하지 않은 채 내부에서만 처리하려는 침묵 문화는 집단적 학습과 개선을 가로막는다. 결국 사회 전체를 더 취약하게 만드는 구조적 문제가 심화되는 것이다.

개인, 기업, 정부 및 사회의 다층적 대응 필요

전문가들은 해킹 포비아를 단순한 불안 심리로 치부해서는 안 된다고 강조한다. 이는 심리적 요인과 사회적 요인, 그리고 제도적 요인이 얽혀 있는 복합 현상이기 때문에 다층적 대응이 요구된다. 개인은 다중 인증을 적극적으로 활용하고, 비밀번호 관리 프로그램을 사용하며, 피싱 메일을 확인하는 습관을 들여야 한다. 기업은 정보기술 예산 대비 보안 예산을 구조적으로 확대해야 하며, 사고 발생 시 사실과 범위, 그리고 취해진 조치를 투명하게 공개하는 커뮤니케이션 원칙을 수립해야 한다. 또한 침해 대응 훈련을 정례화하고, 업계 간 정보 공유를 통해 반복 사고를 예방해야 한다. 정부와 사회는 신고 인센티브 제도를 강화하고, 금융이나 통신사와 같은 대형 인프라 기업의 보안 성숙도를 정기적으로 공시할 필요가 있다. 아울러 초기 대응과 증거 보존을 위한 국가 차원의 역량 강화도 절실하다.

학습과 회복으로 대응, 극복해야

2025년 연쇄 해킹 사고는 해킹 포비아라는 신조어를 낳으며 과도한 불안과 불신을 사회 전반에 퍼뜨렸다. 해킹 포비아 극복을 위해서는 공포를 단순히 억누르는 것이 아니라 사회적 학습으로 전환하는 노력이 필요하다. 개인은 보안 수칙을 생활화하고 디지털 리터러시를 통해 합리적 경계심을 유지해야 하며, 기업은 사고를 투명하게 공개하고 장기적인 보안 투자와 업계 간 협력을 강화해야 한다. 정부는 보안 성숙도를 정기적으로 공시하고, 신고와 보상 제도를 확대하며, 국가 차원의 대응 역량을 확충해야 한다. 사회 전반적으로는 은폐가 아닌 공유의 문화를 확립해 사고를 교훈으로 환원하는 체계가 필요하다. 결국 해킹 포비아는 공포의 언어가 아니라 학습과 회복의 언어로 전환될 때 비로소 극복될 수 있다.

제 2 장

디지털 포용은 어떻게 가능한가?

1 디지털 기술의 선한 영향력과 포용 사회의 실현

오늘날 디지털 기술은 우리 사회 전반에 걸쳐 긍정적인 변화를 일으키는 핵심 동력으로 자리잡고 있다. 과거에는 개인의 자발적인 행동이나 선의가 주변에 좋은 영향을 미치는 것을 '선한 영향력'이라고 불렀다면, 이제는 디지털 기술 자체가 그러한 선한 영향력을 행사하는 주체로 떠오르고 있다.

디지털 기술은 단순히 효율성과 편의성을 제공하는 것을 넘어서, 다양한 사회적 문제를 해결하고 포용적인 사회를 만들어 나가는 데 기여하고 있다. 기술은 중립적인 도구가 아니라, 그것을 설계하고 사용하는 방식에 따라 불평등을 줄이기도 하고 심화시키기도 한다. 따라서 디지털 기술을 어떻게 활용하느냐는 단순한 기술 발전의 문제가 아니라, 사회 정의와 형평성을 실현하는 문제로 확장된다.

무엇보다 디지털 기술은 교육의 기회를 평등하게 제공하는 데 중요한 역할을 하고 있다. 인터넷과 스마트 기기의 보급은 지역적, 경제적 한계를 뛰어넘어 더 많은 사람들이 학습할 수 있는 환경을 열어주고 있다. 예컨대, 온라인 강의 플랫폼과 전자책, 유튜브나 지식 공유 플랫폼은 시간과 장소에 구애받지 않고 누구나 학습할 수 있도록 돕는다. 이는 도시와 농촌, 부유층과 저소득층, 장애 유무와 관계없이 모두에게 동일한 교육 자원을 제공한다는 점에서 교육 격차를 줄이고, 사회 이동성을 확장하는 데 결정적인 기여를 하고 있다. 이러한 기술적 접근은 개인의 자기계발을 돕는 것은 물론, 평생학습

사회를 구현하는 데도 밑거름이 되고 있다.

또한 디지털 기술은 시민 참여와 사회적 표현의 공간을 넓히는 데 있어서도 커다란 역할을 하고 있다. 다양한 소셜미디어 플랫폼, 온라인 커뮤니티, 소통 애플리케이션은 이제 단순한 정보 공유를 넘어서, 다양한 계층의 시민들이 자신의 목소리를 낼 수 있는 창구로 기능하고 있다. 특히 장애인, 이민자, 성소수자 등 그동안 사회적 발언권이 제한되어 왔던 이들에게 디지털 공간은 자기 표현과 공동체 형성의 기회를 제공한다. 이들은 이제 사회적 의제를 주도하거나 사회운동에 참여하며 실질적인 변화를 만들어내는 주체가 되고 있다. 디지털 기술이 제공하는 연결성과 접근성은 사람들 간의 상호 이해를 증진시키고, 결과적으로 사회적 통합을 강화하는 데 기여하고 있는 것이다.

경제적 측면에서도 디지털 기술은 포용의 수단으로 작동한다. 물리적 이동이 어려운 장애인이나 고령자, 돌봄 노동자, 경력단절 여성 등은 디지털 플랫폼을 통해 소규모 창업이나 원격 근무, 프리랜서 활동 등을 할 수 있게 되었다. 이는 전통적인 고용 구조에서 소외되었던 사람들에게도 자립적 경제 활동의 기회를 제공하며, 고용의 형태가 변화하는 디지털 시대에 새로운 가능성을 열어주고 있다. 이처럼 디지털 기술은 기존의 노동시장 바깥에 있던 이들에게 경제적 주체로서의 자리를 회복할 수 있는 통로가 되고 있다.

의료 분야에서도 디지털 기술의 포용성은 뚜렷하게 나타난다. 원격 의료 서비스는 병원 방문이 어려운 노인이나 장애인, 혹은 시골 지역에 거주하는 이들에게 전문적인 진료를 받을 수 있는 기회를 제공한다. 인공지능 기반의 진단 도구는 의료진의 업무를 지원하며, 보다 정확하고 빠른 진단을 가능하게 한다. 이러한 기술은 비용을 줄이고, 서비스의 질을 높이며, 의료 사각지대에 있는 사람들에게도 건강권을 보장하는 역할을 하고 있다. 디지털 기술은 이처럼 삶의 질을 결정짓는 핵심 영역에서도 형평성을 높이는 방향으로 사용될 수 있다.

이처럼 디지털 기술은 교육, 소통, 경제, 의료 등 삶의 주요 영역에서 선한 영향력을 발휘하며 포용 사회를 형성해 나가는 데 기여하고 있다. 그러나 이러한 기술의 혜택이 특정 집단에게만 편중되고 있다면, 그것은 또 다른 형태의 디지털 불평등을 낳을 수 있다. 누구나 디지털 기술을 사용할 수 있는 환경을 갖추고, 실질적으로 그 혜택을 누릴 수 있어야 디지털 포용이 실현될 수 있다.

이를 위해 가장 시급한 과제는 디지털 격차의 해소이다. 인터넷이나 스마트 기기에 접근할 수 없는 이들은 여전히 다수 존재하며, 그들은 디지털 사회에서 소외되고 있다. 정부와 기업, 시민사회는 협력하여 인프라를 확충하고, 저소득층, 고령층, 장애인, 농어촌 지역주민 등 정보 취약계층이 기술의 수혜자가 될 수 있도록 디지털 역량 강화 교육과 맞춤형 지원 정책을 추진해야 한다. 디지털 포용은 단지 '기술을 쓸 수 있게 하는 것'이 아니라, '기술을 통해 삶을 변화시킬 수 있도록 돕는 것'이어야 한다.

디지털 기술은 포용 사회를 구축하는 데 있어 필수적인 기반이며, 그 영향력은 앞으로도 더욱 확장될 것이다. 그러나 그 기술이 진정으로 모두에게 선한 영향력을 발휘하려면, 기술 설계와 운영 전반에

'누구도 배제하지 않는 구조'를 의도적으로 내장시켜야 한다. 디지털 포용은 선택이 아닌 필수이며, 그것은 단지 기술적 차원의 문제가 아니라, 사회적 책임과 윤리적 감수성의 문제이기도 하다.

우리는 기술의 진보 속도보다, 그 기술이 누구를 포함하고 누구를 배제하고 있는지를 먼저 질문해야 한다. 그런 질문이 있을 때, 디지털 기술은 단순한 도구를 넘어, 모두가 연결되고 함께 성장할 수 있는 진정한 포용 사회의 동력이 될 수 있다.

2 디지털 세대 갈등, 해결 방안도 디지털에 있다

기술은 원래 사람을 편하게 하려고 만든 것이다. 그런데 어느 순간부터 기술은 '세대 구분기'처럼 작동하기 시작했다. 부모는 자식이 쓰는 앱을 모른다. 자식은 부모가 좋아하는 방식으로 대화하지 않는다. 누군가는 디지털 격차라고 하고, 또 누군가는 세대 갈등이라고 한다.

오늘날 우리는 역설적인 시대에 살고 있다. 디지털 기술이 인간을 연결하는 시대인데, 오히려 인간과 인간 사이, 특히 세대 간 거리는 더 멀어졌다. 우리는 기술로 소통하는데, 소통은 더 어렵다. 우리는 디지털로 연결되는데, 이해는 더 단절된다.

왜 이런 일이 일어날까?

기술은 충분한데, 사람은 준비되지 않았기 때문이다. 기술 자체가 문제는 아니다. 문제는 기술을 대하는 방식에 있다. 부모 세대에게 기술은 '도구'다. 자식 세대에게 기술은 '환경'이다. 부모 세대는 전화가 편하다. 자식 세대는 문자나 DM이 익숙하다. 부모 세대는 대면 대화가 정답이다. 자식 세대는 화면 속 소통도 충분하다.

인류학자 마거릿 미드(Margaret Mead)는 오래전부터 세대 갈등을 이렇게 설명했다. "모든 세대는 자신만의 세계를 산다. 문제는 새로운 세대가 등장했을 때, 이전 세대가 그 세계를 이해할 준비가 되어 있지 않다는 데 있다."

오늘날 디지털 세대 갈등도 마찬가지다. 기술 그 자체는 문제가 아니다. 문제는 기술을 둘러싼 세계관의 차이다. 젊은 세대는 디지털 기술을 통해 존재를 확장하고 정체성을 구축한다. 소셜미디어 프로필, 유튜브 구독 리스트, AI 생성 콘텐츠, 가상자산까지 기술은 그들의 삶 자체다. 반면 기성세대는 기술을 목적을 위한 수단으로 본다. 익숙해지기 위해 노력하지만, 본질적으로 삶과 기술을 분리한다. 이 차이는 사소한 생활 습관부터 조직문화, 정치적 태도까지 전방위적으로 영향을 미친다.

역설적이게도, 이 갈등을 풀 해답도 기술 안에 있다.

요즘은 이런 시도가 많다. 어르신이 쉽게 쓸 수 있는 시니어 스마트폰 모드, 가족 간 안부를 자연스럽게 나누는 패밀리 공유 앱, AI 스피커가 엄마 아빠 친구가 되어주는 일, 온라인으로 함께 게임하거나, 영상을 찍고, 기록을 남기는 새로운 가족 놀이.

기술 때문에 갈등이 생겼지만, 기술을 잘 설계하면 해결도 가능하다. 이에 디지털 포용 원칙이 중요하다. 디지털 포용은 단순히 기술을 나눠주고 가르치는 것이 아니다. 디지털 포용은 결국 관계 설계의 기술이다.

기술을 통한 관계 맺기, 기술을 통한 공감 설계, 기술을 통한 세대 대화 공간 만들기 등 기술은 세대 갈등을 악화시킬 수도, 해소할 수도 있다. 관건은 누가, 어떻게 설계하느냐에 달려 있다. 디지털 포용은 기술만 나누자는 게 아니라, 기술로 함께 살아가자는 마음이 담겨 있다. 디지털 포용은 앱 설치법만 알려주는 게 아니다. 디지털 포용은 세대 간 '번역기'를 만들어주는 일이다.

세대 갈등은 시대마다 존재해왔다. 하지만 디지털 시대는 과거와 다른 점이 있다. 기술은 장벽이자 동시에 다리가 될 수 있다. 기술은 원래 사람을 돕기 위해 존재하는 것이다. 세대 간의 단절을 넘어, 기술이 다시 사람을 위한 기술로 작동하려면 디지털 포용은 더 이상 선택이 아니다.

진짜 디지털 사회는, 누가 더 빠르냐의 싸움이 아니라 누구도 뒤처지지 않는 세상을 만드는 일이다. 그 출발점은 서로를 이해하고 기다리는 기술, 함께 배우고 만드는 디지털 문화에서 시작된다.

기술은 계속 빨라지고, 인간은 늘 천천히 적응한다. 하지만 중요한 건 이해하려는 노력, 기다려주는 태도, 함께 해보려는 용기다. 디지털 포용이란 결국 '같이 사는 기술'이다.

3 디지털 배리어프리, 모두를 위한 디지털 포용의 실천

오늘날 디지털 기술은 생활의 전 영역에 깊숙이 스며들어 있으며, 정보 접근 방식은 물론 교육, 금융, 의료, 문화 향유까지 디지털 환경을 통해 이루어지고 있다. 이러한 변화는 분명히 삶의 효율성과 편의성을 크게 향상시켰지만, 동시에 새로운 형태의 불평등과 소외를 낳고 있다. 디지털 기기의 사용이나 플랫폼 접근이 당연시되는 사회에서, 기술에 익숙하지 않거나 물리적·인지적 제약이 있는 이들은 점점 더 주변으로 밀려나고 있다.

이러한 문제의식에서 출발한 개념이 바로 디지털 배리어프리(Digital Barrier-Free)이다. 이는 단순히 물리적 장벽을 없애는 데 그치지 않고, 디지털 기술을 누구나 자유롭고 평등하게 사용할 수 있도록 환경을 설계하고 운영하는 원칙과 실천을 포함하는 포괄적 개념이다. 다시 말해, 디지털 배리어프리는 모든 사람이 정보와 서비스에 자유롭게 접근할 수 있도록 보장하는 디지털 포용의 핵심 실천 방식인 셈이다.

현실적으로 많은 고령자, 장애인, 비문해자, 그리고 정보 취약계층은 디지털 환경에서 다양한 형태의 '장벽'에 직면하고 있다. 예를 들어, 공공기관의 키오스크는 빠르고 효율적이지만, 화면이 복잡하거나 글씨가 작아 고령자나 시각장애인이 사용하기 어렵다. 모바일 애플리케이션은 대부분 정형화된 시각 중심의 UX를 기반으로 설계되어 있어, 시청각 장애인에게는 접근성이 현저히 떨어진다. 이러한 불편은 단순한 기술적 문제를 넘어, 일상적 권리 실현의 기회를 제한하는 구조적 문제로 이어진다.

디지털 배리어프리는 이 같은 문제를 해결하기 위한 실천적 접근이다. 이는 단지 장애인만을 위한 특별한 장치가 아니라, 모든 사용자의 다양성과 차이를 존중하면서도 동등한 접근성과 사용성을 보장하는 설계 철학을 기반으로 한다. 디지털 환경에서 소외되지 않기 위해 필요한 것은, 모두가 같은 방식으로 기술을 이용할 수 있어야 한다는 일률적 기준이 아니라, 각자의 조건에 맞는 맞춤형 접근성과 선택지를 제공하는 설계다.

이미 다양한 분야에서 디지털 배리어프리 기술이 확산되고 있다. 예를 들어 공공기관과 금융기관 웹사이트는 시각장애인을 위한 음성 안내 기능, 고령자를 위한 큰 글씨 모드, 지체장애인을 위한 키보드 내비게이션 기능을 점차 도입하고 있다. AI 기반 챗봇과 음성비서는 청각장애인을 위한 자막 전환 기능, 시각장애인을 위한 음성 출력을 통해 맞춤형 서비스를 제공하며, 최근에는 수화 인식 아바타와 수어 번역 소프트웨어도 점차 실용화되고 있다. 교육 분야에서는 장애 학생도 참여할 수 있도록 설계된 몰입형 VR 학습 콘텐츠가 개발되고 있으며, 의료 분야에서는 자율주행 휠체어, 비대면 진료 앱, 감정 전달 화면 기술 등이 다양한 배리어프리 솔루션으로 적용되고 있다.

중요한 것은 이러한 기술이 특정 대상만을 위한 특수기술로 머무르지 않고, 일상 속에서 누구나 더 편리하게 사용할 수 있도록 확산되어야 한다는 점이다. 예를 들어 AI 기반 키오스크는 단순히 고령자나 장애인을 위해서가 아니라, 디지털 기술에 익숙하지 않은 일반 사용자에게도 직관적인 이용 환경을 제공할 수 있다. 즉, 배리어프리 설계는 소수자를 위한 '시혜적 조치'가 아니라, 모든 사람을 위한 '보편적 설계(Universal Design)'의 철학과 맞닿아 있다.

디지털 배리어프리의 실현을 위해서는 몇 가지 기본 원칙이 요구된다. 첫째, 모든 사용자가 동일한 방식으로 디지털 서비스를 이용할 수 있도록 설계하는 것이 원칙이어야 한다. 그러나 동일한 방식이 불가능할 경우, 사용자의 다양한 특성에 따라 동등한 결과를 제공할 수 있는 다양한 접근 경로가 보장되어야 한다. 둘째, 사용자 맞춤형 디자인이 중요하다. 글씨 크기, 배경색, 음성안내, 자막 제공 등은 사용자의 필요에 따라 조절 가능해야 하며, 이는 특히 고령자나 장애인에게 필수적인 요소이다. 셋째, 설계 과정에서 사용자 집단을 구분하거나 낙인을 찍지 않고, 모든 사용자가 존중받는 설계를 지향해야 한다.

디지털 배리어프리는 단지 기술의 문제가 아니라 사회 구조와 가치의 문제이기도 하다. 어떤 기술이 누구를 위한 것인가, 그리고 누구를 배제하고 있는가를 묻는 과정은 디지털 포용 사회로 가는 필수 전제다. 따라서 디지털 기술 개발과 정책 수립 단계부터 배리어프리 설계 철학을 반영해야 하며, 공공기관은 물론 민간 기업도 이를 사회적 책임의 일부로 인식해야 한다.

결국 디지털 배리어프리는 기술의 발전을 보다 정의롭고 포용적인 방향으로 이끌기 위한 핵심 실천이다. 누구나 디지털 세계에서 장벽 없이 연결되고, 소외되지 않으며, 주체적으로 참여할 수 있도록 만드는 구조적 기반이 바로 디지털 배리어프리다. 이 원칙이 사회 전반에 폭넓게 적용된다면, 우리는 기술이 단지 효율의 도구를 넘어, 모든 사람의 권리와 가능성을 확장하는 공공재로 기능하는 사회를 만들어갈 수 있을 것이다.

4 이동의 자유, 기술의 진보, 그리고 디지털 포용

기술은 언제나 인간의 한계를 극복하고, 일상의 조건을 확장해 온 역사적 도구였다. 특히 이동 기술의 진화는 인간이 물리적 공간의 제약을 넘어서고, 더 많은 기회를 누릴 수 있게 만든 가장 강력한 변화의 축이었다. 인간은 처음에는 두 발로, 그다음엔 짐승을 타고, 이후에는 바퀴를 활용해 수레를 끌었고, 결국 증기기관, 내연기관, 항공기, 철도, 자율주행차에 이르기까지 이동의 양식은 급격하게 진화해 왔다.

최근의 이동 관련 테크놀로지는 전통적인 기계적 수단을 넘어, 인공지능, 데이터 분석, 사물인터넷(IoT) 등 디지털 기술과 결합되며 새로운 차원의 '이동권 혁신'을 실현하고 있다. 전동 킥보드, 공유형 퍼스널 모빌리티, AI 기반 대중교통 시스템은 도심 내 이동의 유연성을 높였고, 실시간 교통 데이터와 사용자 맞춤형 경로 제공 기능은 이동의 효율성을 극대화하고 있다. 더불어 자율주행 자동차는 단지 운전의 편리함을 넘어서, 고령자, 장애인 등 이동에 제약이 있었던 사람들에게 독립적이고 안전한 이동의 자유를 제공하기 시작했다.

마샬 맥루한은 기술과 미디어를 '인간의 신체와 감각의 확장'으로 정의했다. 자동차는 인간의 다리 기능을 확장하여 더 먼 거리를 더 빠르게 이동할 수 있게 만들었고, 스마트폰은 인간의 청각과 시각, 심지어 공간지각 능력까지도 확장시켰다. 이러한 기술은 단순한 보조 수단이 아니라, 인간의 능력을 사회적, 물리적으로 재구성하는 새로운 조건이 된다. 이와 같은 맥락에서 보면, 오늘날의 이동 테크놀로지는 단지 빠르고 편한 이동수단을 넘어, 사회적 포용(social inclusion)을 실현하는 데 중요한 기반이 되고 있다.

특히 중요한 것은, 이 기술들이 이동 취약계층의 삶을 실질적으로 변화시키고 있다는 점이다. 기존의 교통 인프라는 장애인, 고령자, 저소득층, 지방 거주자 등 다양한 사회적 약자에게 충분히 친화적이지 않았다. 계단으로만 연결된 지하철역, 복잡한 앱 기반 택시 호출 시스템, 안내가 부족한 키오스크 기반 교통기기 등은 많은 이들에게 '이동의 자유'를 허락하지 않았다. 하지만 최근 들어 AI 기반 자율주행 차량, 고령자를 위한 음성 내비게이션, 시각장애인을 위한 공간 인식 기술, 교통 소외지역 대상 스마트 셔틀 서비스 등의 개발은 디지털 기술이 이동의 장벽을 실질적으로 해소하는 방식으로 작용하고 있음을 보여준다.

이동의 자유는 단순한 물리적 이동권 보장 그 이상이다. 이동 가능성은 교육, 노동, 의료, 사회적 관계 등 삶의 다양한 기회에 대한 접근성과 직결되며, 따라서 '포용 사회'란 궁극적으로 '이동할 수 있는 자유'가 보장되는 사회라고도 말할 수 있다. 장애인이나 고령자, 저소득층이 마음껏 이동할 수 없다면, 그들은 여전히 정보, 기회, 네트워크로부터 단절된 채 살아가게 된다. 이처럼 이동은 포용의 조건이자, 디지털 포용의 물리적 기반이 된다.

그러나 기술이 이동의 자유를 확장한다고 해서, 그것이 자동적으로 포용을 보장하는 것은 아니다. 맥루한이 지적했듯이, 기술은 특정 감각이나 능력을 확장시키는 동시에, 다른 감각을 약화시키는 역설을 동반한다. 예컨대, 스마트폰 내비게이션에 의존하게 되면 오히려 공간 지각 능력은 약화될 수 있으며, 디지털 지도만으로 길을 찾는 사람은 비디지털 정보에 민감하게 반응하지 못할 수도 있다. 또한 디지털 이동 서비스에 접근하기 위한 기술 리터러시가 부족한 사람들은 여전히 이동의 배제 상태에 머물 수 있다. 이는 곧 디지털 격차가 새로운 형태의 '이동 불평등'으로 작용할 수 있음을 시사한다.

따라서 디지털 기술이 포용적 이동 환경을 조성하려면, 단순한 서비스 제공을 넘어서 접근성, 사용성, 이해가능성, 안전성 등 디지털 포용의 4대 원칙을 충실히 반영해야 한다. 자율주행 차량은 휠체어 탑승자를 위한 도어 설계와 음성 안내 기능을 포함해야 하며, 고령자 전용 모드가 포함된 앱 기반 교통 서비스는 직관적 UI와 음성 지원을 기본으로 갖추어야 한다. 또한 다양한 언어와 문화적 배경을 가진 사용자를 고려한 인터페이스 설계도 중요하다.

궁극적으로, 디지털 이동 기술은 단지 기능 향상의 문제가 아니라 사회 정의의 문제로 이해되어야 한다. 기술의 진보는 '누구를 위해 설계되었는가', '누가 사용 가능한가', '누가 배제되고 있는가'를 성찰할 때 비로소 사회 전체를 위한 진보가 된다. 디지털 포용 관점에서 본 이동 기술은, 단지 효율적인 교통 수단이 아니라, 모두가 존엄을 갖고 이동할 수 있는 사회를 실현하기 위한 인프라가 되어야 한다.

기술은 인간의 확장이다. 그러나 그 확장이 모두에게 열려 있지 않다면, 그것은 곧 새로운 불평등의 구조가 될 수 있다. 앞으로의 기술 발전은 단지 빠름과 효율을 향해 달려가는 것이 아니라, 더 많은 사람을 포함시키고, 더 다양한 존재가 함께 누릴 수 있는 방향으로 나아가야 한다. 이동의 기술이야말로 그런 포용의 가능성을 실현할 수 있는 가장 강력한 열쇠다.

5 인공지능과 교실의 변화

2022년 말, OpenAI가 ChatGPT를 세상에 공개하면서 세상은 '언제든지 접근 가능한 전문가'를 손에 넣었다. 그리고 불과 2~3년 사이, 이 AI는 단순한 답변 생성기를 넘어, 잘 훈련된 대학원생 수준의 추론 능력을 갖춘 학습 도우미로 변모했다. 산업계는 그 파급력을 빠르게 체감했지만, 정작 교육 분야의 반응은 어딘가 더딘 듯 보인다.

"교사는 더 이상 유일한 지식의 관문이 아니다"

오랜 시간 동안 교육은 '교사가 지식을 전달하고 학생이 흡수하는 구조'를 유지해왔다. 디지털 기술이 도입되었어도, 이 기본 틀은 크게 변하지 않았다. 그러나 이제는 상황이 다르다. AI 도구들은 학생들에게 언제 어디서든 실시간으로 고급 지식을 제공하며, 수업 시간의 제약, 교사 수, 개별화의 한계를 뛰어넘고 있다.

이제 학생들은 오피스 아워나 튜터링 없이도, AI를 통해 미적분, 문학, 프로그래밍 등 거의 모든 분야에서 '전문가 수준의 도움'을 즉시 받을 수 있다. 이는 교육의 형평성과 접근성을 근본적으로 바꾸고 있다.

기존 교육의 가장 큰 약점 중 하나는 느린 피드백이다. 과제를 제출하고 점수를 받기까지 며칠, 때로는 몇 주가 걸린다. 하지만 AI는 다르다. 에세이를 쓰면 곧바로 스타일 피드백을 주고, 코드를 짜면 최적화 팁까지 제시한다. 이처럼 '즉시성'을 갖춘 피드백은 학생들이 실수에서 빠르게 배우고, 반복적으로 개선할 수 있게 만든다.

교사들은 이를 활용해 학생의 성장을 추적하고, 개별 피드백과 개입을 더 정밀하게 조정할 수 있다. 수업은 평균 수준이 아닌, 실제 필요에 기반해 운영될 수 있다.

AI는 학습자의 수준과 성향을 분석해 완전히 개인화된 커리큘럼을 구성할 수 있다. 수학 개념을 어려워하는 학생에게는 더 많은 예제와 다른 설명을 제공하고, 빠르게 이해하는 학생에게는 고급 문제나 융합 과제를 제시한다.

하지만 주의할 점도 있다. 지나친 개인화는 학생을 익숙한 방식에만 머물게 할 위험이 있다. 따라서 AI는 호기심과 창의성을 유도하도록 설계되어야 하며, 교사와 커리큘럼 설계자가 균형을 잡아야 한다.

기존 교육은 '혹시 몰라서 배우는(Just-in-Case)' 방식이었다. 하지만 AI 시대에는 '지금 필요한 것(Just-in-Time)'을 배우는 능력이 더 중요해진다. 실무에서 쓰이는 기술, 특정 문제 해결을 위한 정보 등을 즉시 학습해 적용하는 능력이 더 높은 가치를 가지게 된다.

이는 교육의 방향을 바꾼다. 교사는 정보를 '가르치는' 대신, 정보를 '찾고 이해하고 적용하는 법'을 가르치는 데 집중하게 될 것이다.

평가도 바뀌어야 한다. AI가 시험 문제도 풀어주는 시대에, 기존의 시험 방식은 의미를 잃는다. 이제는 단순 지식 암기가 아니라, AI를 효과적으로 활용하고, 그 결과를 분석하며, 독자적인 사고를 더하는 능력이 평가 기준이 되어야 한다.

프로젝트 기반 평가, 포트폴리오, 발표 등 더 실질적이고 창의적인 방식이 요구된다. AI가 도운 흔적은 남을 수 있어도, 최종 결과물에서 학생 고유의 판단력과 아이디어가 드러나야 한다.

오늘날 기술은 너무 빨리 변한다. 4년제 학위가 끝나기 전, 배운 기술이 구식이 될 수 있다. 이에 따라 마이크로 자격(micro-credential)이나 디지털 배지 같은 새로운 형태의 인증이 주목받고 있다. 학생들은 개별 기술을 증명하며, 실시간으로 업그레이드되는 스킬 포트폴리오를 통해 자신의 성장을 입증할 수 있다.

이러한 변화는 기업에게도 도움이 된다. 전통적인 학위보다 실제 역량을 바로 평가하고 채용에 활용할 수 있기 때문이다.

이러한 변화가 실제 현장에 뿌리내리기 위해선 정책적 지원이 필요하다. AI 도구 활용에 대한 명확한 지침, 교사 교육, 개인정보 보호 등 제도적 기반이 마련돼야 한다. 또한, AI 사용이 학생들의 사고 능력을 약화시키지 않도록 하는 '균형'이 필수적이다.

우리는 AI가 학습의 중심에 들어오는 전환점을 살고 있다. 이 도구를 잘 활용하면, 교사는 더 창의적인 교육에 집중하고, 학생은 더 자율적이고 깊이 있는 학습을 경험할 수 있다. 중요한 것은 '무엇을 가르칠까'보다 '어떻게 사고하게 할까'다.

교육의 패러다임은 지금, 다시 쓰이고 있다.

6 온라인 교육과 디지털 포용

경기도 시흥의 한 마을에서 자녀를 키우는 이민자 엄마 박씨는 한국어가 서툴러 늘 마을 행사나 부모 교육에서 소외감을 느꼈다. 그런데 동네 복지관이 제공한 스마트패드와 무료 온라인 부모교육 덕분에 처음으로 아이의 학습 지도에 자신감을 갖게 되었다. 온라인 교육은 언어 장벽을 넘어 시간과 속도를 조절할 수 있게 해주었다. 그것은 박씨에게 '배움의 권리'를 회복시켜 준 일이었다.

서울 강북의 한 아파트 경비원 김씨는 매일 새벽 쉬는 시간, 스마트폰으로 유튜브 회계 기초 영상을 반복해 본다. 50대 후반, 야간 근무자, 학력 단절 등 어떤 조건도 온라인에서는 방해가 되지 않았다. 온라인 교육은 '배움의 서열'이 사라진 공간이다. 나이도, 직업도, 출신도 중요하지 않은 곳. 배울 의지만 있다면 누구라도 스스로의 미래를 준비할 수 있는 작은 학교이다.

코로나 시기, 대구의 발달장애 청소년 합창단은 활동이 멈췄다. 하지만 그들은 줌(Zoom)을 통해 온라인 연습을 시작했다. 처음엔 어색하고 서툴렀지만, 온라인 공간은 점차 그들의 무대가 되었다. 그리고 전국 어디서든 참여할 수 있는 '장애인 온라인 예술학교'로 발전했다. 온라인 교육은 물리적 한계를 지우는 또 다른 기술이다. 이동이 어렵고 모임이 쉽지 않은 장애인들에게 온라인은 '존재의 확장'을 의미한다.

온라인 교육이 진짜 가치 있는 순간은, 기술 그 자체가 아닌 기술을 통해 '사람'이 바뀌는 순간이다. 누군가는 한국어를 배우고, 누군가는 직업 스킬을 익히고, 누군가는 무대에 서는 꿈을 꾼다. 그 모든 변화는 디지털 포용의 다른 이름이다. 배움은 선택받은 사람만의 특권이 아니라, 연결되는 모두의 권리임을 보여주는 증거다.

지금 온라인 교육은 특별한 것이 아니다. 누구나 어디서든 스마트폰 하나로 강의를 듣고, 자격증을 따고, 취미를 배우고, 외국어를 익힌다. 초등학생부터 은퇴자까지, 취업준비생부터 농촌 어르신까지, 국경, 나이, 직업, 상황을 넘어 모두가 같은 출입구 앞에 서게 되었다.

그런데, 정말 모두가 그 문 앞에 설 수 있을까? 기기를 살 수 없는 사람, 인터넷이 끊기는 마을, 글자보다 목소리가 편한 노인, 인공지능보다 사람이 먼저인 장애인, 그들에게 온라인 교육은 가능성이 아니라 또 하나의 장벽이다.

디지털 격차란, 단순히 기술을 못 쓰는 문제가 아니다. 그건 삶의 속도가 다르고, 삶의 언어가 다른 문제다. 결국 그 격차는 교육, 소득, 지역, 나이, 장애, 언어 등 모든 사회적 격차의 디지털 버전이다.

그래서 우리는 물어야 한다. "기술은 점점 빨라지는데, 사람은 어디에 있는가?" 디지털 포용이란 바로 그 질문에서 출발한다. 그것은 기기를 나누고, 교육 기회를 열고, 속도를 맞춰주고, 언어를 바꿔주고, 기다려주는 기술이다. 그리고 그 중심에는 기술이 아니라 사람이 있다.

온라인 교육을 통해 스마트폰 하나로 꿈을 키운 이민자 엄마, 야간 근무 틈틈이 회계를 배운 경비원 아저씨, 장애 때문에 오프라인 수업이 어려웠지만 온라인으로 피아노를 익힌 소년. 그들은 우리가 생각하는 '취약계층'이 아니다. 그들은 변화하는 세상 속에서 가장 먼저 배움을 갈망했던 사람들이다.

그래서, 우리는 다시 처음으로 돌아온다

"누구나 배울 수 있는 세상은 어떻게 만들어지는가?"

그 답은 복잡하지 않다. 기술이 아닌 사람을 먼저 떠올릴 때, 속도가 아닌 관계를 먼저 생각할 때, 정보가 아닌 배움을 함께 나눌 때, 그때 비로소 우리는 기술의 시대가 아니라 사람의 시대를 살아가게 된다.

그래서, 우리가 물어야 할 질문은 이것이다.

온라인 교육이 얼마나 빠른가? 얼마나 화려한가? 가 아니라 "누구도 소외되지 않게 설계되었는가?"

기술이 발전할수록 교육은 더 따뜻해야 한다.

7 온라인 여행과 디지털 포용

: 떠날 수 없는 이들을 위한 새로운 가능성

여행이란 과연 무엇일까. 장소를 옮기고, 거리를 이동하며, 익숙한 일상에서 벗어나 새로운 풍경과 사람을 마주하는 것, 이것이 우리가 흔히 떠올리는 여행의 이미지일 것이다. 그러나 여행의 본질은 물리적 이동에 있지 않다. 여행은 본질적으로 자기 자신이 아닌 세계와 연결되는 경험, 곧 타자성에 닿는 일이다. 나 아닌 세계와 마주하고, 그 세계를 감각하고 이해하며, 자신을 새롭게 구성하는 변화의 흐름 속에 들어가는 것이다.

이러한 관점에서 볼 때, '온라인 여행'은 결코 진짜 여행의 대체재나 축소판이 아니다. 오히려 그것은 기술의 진보를 통해 이전까지는 상상조차 할 수 없었던 새로운 여행의 형태이자, 소외되었던 사람들에게 처음으로 허락된 여행의 기회일 수 있다. 디지털 기술은 장소에 묶여 있던 몸, 나이에 지쳐 버린 몸, 장애로 인해 이동할 수 없던 몸에게 '이동할 수 있음'이라는 가능성을 열어주었다.

코로나 팬데믹은 이런 가능성을 실현하는 결정적 계기였다. 전 세계가 이동을 멈추고 방 안에 갇혀 있던 그 시기, 사람들은 현실이 아닌 기술을 통해 다시 세계와 연결되기 시작했다. VR로 에펠탑을 보고, 유튜브로 아이슬란드의 오로라를 감상하고, 메타버스 속 가상의 도시를 산책하며 사람들은 새로운 방식으로 세계를 체험했다. 그리고 이 새로운 형태의 여행은 이동 약자에게 무엇보다도 절실한 삶의 가능성이 되었다.

특히 노인과 장애인에게 온라인 여행은 단지 흥미로운 신기술 체험이 아니다. 그것은 현실에서 단절되었던 세계와 다시 연결될 수 있는 존재의 확장, 그리고 심리적 회복의 통로다. 휠체어를 타고 평생 먼 길을 떠나기 어려웠던 고령자에게, 육체의 제약으로 비행기를 타 본 적 없는 장애인에게, 온라인 여행은 '가능해진 진짜 여행'이며, 기술을 통한 치유와 위로의 여정이 된다.

일본 오사카의 복지시설에서는 노인을 대상으로 한 VR 여행 프로그램이 운영되고 있다. 참여자들은 VR 헤드셋을 쓰고 파리의 거리, 뉴욕의 스카이라인, 교토의 사찰과 홋카이도의 설경을 감상하며 자연스럽게 대화, 감정, 기억이 열리고 사회적 상호작용이 촉진된다. 이는 단순한 시청각 자극을 넘어, 인지기능 유지와 정서적 안정에 도움을 주는 비약물적 치유법으로까지 활용되고 있다.

영국 관광청의 '접근 가능한 여행(Accessible Travel)' 서비스는 온라인을 기반으로 휠체어 이용 가능 관광지, 장애인 맞춤 콘텐츠, 가상 투어 등의 정보를 제공한다. 이는 단지 '정보 제공'이 아닌, 장애인의 여행 권리를 디지털 기술을 통해 실현하는 사례이다. 싱가포르 관광청 역시 메타버스 기반의 가상여행 콘텐츠를 통해 전 연령층, 특히 이동이 어려운 노인과 어린이를 위한 여행 경험을 제공하고 있으며, 그 안에는 스토리텔링, 게임형 콘텐츠, 감각적 상호작용 요소가 포함되어 있다.

우리나라에서도 문화체육관광부와 국립중앙박물관이 VR/AR 기술을 활용해 대표 유물과 전시 공간을 온라인으로 재현하고 있다. 이를 통해 노인, 장애인, 지방 거주자 등 물리적 거리나 신체 조건 때문에 박물관을 찾기 어려웠던 이들도 언제든 스마트폰으로 전시를 관람하고 문화를 향유할 수 있게 되었다. 이러한 노력은 '문화의 평등권'을 기술이 어떻게 실현할 수 있는지를 잘 보여준다.

이러한 흐름 속에서 온라인 여행은 이제 더 이상 '대안적 콘텐츠'가 아니다. 그것은 디지털 포용의 구체적인 구현이자, 기술이 인간을 소외시키는 것이 아니라 감싸 안는 방식으로 작동할 수 있음을 보여주는 대표적인 사례다. 온라인 여행은 이동의 자유를 박탈당한 이들에게 '존재의 자유'를 되돌려주는 기제이며, 인간의 경험과 감각, 그리고 감정을 확장하는 기술의 인간적 가능성을 상징한다.

디지털 포용이란, 기술이 특정한 집단만을 위한 것이 아니라 모두를 위한 것이어야 한다는 철학이다. 그리고 이 철학이 실현되는 가장 감동적인 장면이 바로 온라인 여행의 순간들이다. 누구든 걸을 수 없어도 떠날 수 있고, 거동이 불편해도 새로운 세상을 경험할 수 있으며, 외로움 속에서도 세계와 연결될 수 있다. 이때 기술은 더 이상 차가운 알고리즘이 아니다. 그것은 누군가의 꿈이 되고, 위로가 되고, 가능성이 된다.

앞으로의 여행 산업은 단지 항공권이나 숙박 서비스를 제공하는 것이 아니라, 경험, 감정, 기억, 연결을 설계하는 산업으로 전환될 것이다. 특히 사회적 약자를 위한 온라인 여행 서비스는 산업적 성장 가능성뿐 아니라, 기술의 윤리성과 사회의 포용성을 측정하는 지표로서 점점 더 중요한 역할을 하게 될 것이다.

결국, 온라인 여행은 우리에게 질문을 던진다. 기술은 누구를 위한 것인가? 그리고 기술은 누구를 품고 있는가? 그 답이 '모두'가 될 때, 우리는 비로소 진정한 디지털 포용의 사회로 나아갈 수 있을 것이다.

8 모두를 위한 기술, 에이블테크

기술은 특정 계층만을 위한 것이 아니다. 빠르게 변화하는 디지털 사회에서, 기술은 모두에게 가능성을 주는 방향으로 발전해야 한다. 장애인은 물론이고, 청년과 노년층까지 모두가 기술을 활용해 삶의 질을 높일 수 있어야 한다. 이를 가능하게 만드는 것이 바로 '에이블테크(Able Tech)'다.

에이블테크는 '가능하게 하다(Able)'와 '기술(Tech)'이 결합된 개념이다. 장애를 포함한 사회적 약자, 디지털 접근성이 낮은 사람들, 심리적 또는 환경적 제약에 놓인 계층 모두를 기술을 통해 지원하려는 의도를 담고 있다. 단순한 보조기기나 장애인을 위한 보완 기술에 머무르지 않고, 포괄적 삶의 개선을 지향한다.

이 기술은 다양한 기술 영역과 결합되며 확장되고 있다. 인공지능(AI), 사물인터넷(IoT), 메타버스, 블록체인 등은 단순히 '신기술'이 아니라, 삶의 불편을 해소하고 자율성을 확장하는 도구로 재해석되고 있다. 교육, 의료, 커뮤니케이션, 생활 편의성 향상 등 다양한 분야에서 그 영향력이 커지고 있다.

에이블테크는 세계 각국에서 디지털 포용을 실현하기 위한 핵심 수단으로 자리 잡고 있다. 각국은 자국의 사회 구조와 과제에 따라 서로 다른 방식으로 이 기술을 적용하고 발전시키고 있다.

미국은 에이블테크 분야에서 정보 접근성의 확대에 초점을 맞추고 있다. 애플의 VoiceOver, 마이크로소프트의 Inclusive

Design, 화면 읽기 프로그램 JAWS는 시각장애인을 위한 대표적 사례다. 단순히 기계적 기능을 넘어서, 정보 접근 자체가 하나의 권리임을 전제로 한 기술 설계가 특징이다.

또한, 청년층과 노년층 모두를 대상으로 하는 AI 음성 비서 기술도 활발히 도입되고 있다. Amazon Alexa, Google Assistant와 같은 기술은 디지털 기기 사용이 익숙하지 않은 사람들에게 접근성을 제공하며, 디지털 사회로의 진입 장벽을 낮추는 역할을 하고 있다.

유럽은 지속 가능성과 사회적 포용을 함께 고려하는 접근을 취하고 있다. 덴마크의 'Be My Eyes'는 시각장애인을 위한 AI 기반 플랫폼으로, 자원봉사자와의 연결을 통해 실시간 시각 정보 지원을 가능하게 한다. 이스라엘과 유럽연합(EU)이 공동 개발한 'OrCam'은 스마트 글래스를 통해 시각장애인의 독립성을 지원한다.

유럽은 고령층에 대한 대응도 활발하다. 스마트 헬스케어 시스템을 구축하고, 디지털 금융 교육 프로그램을 강화함으로써 노년층의 디지털 자립 역량을 높이는 데 집중하고 있다.

일본은 세계에서 가장 빠르게 고령화가 진행 중인 나라 중 하나다. 이에 따라, 에이블테크 개발 역시 노년층과 장애인을 위한 헬스케어 및 로봇 기술에 집중되고 있다. 대표적으로 소프트뱅크의 AI 로봇 'Pepper', 스마트 전동 휠체어 'WHILL', 파나소닉의 AI Care 시스템이 있다.

이러한 기술은 단지 일상생활의 편의를 넘어서, 노년층의 사회적 고립을 해소하고 심리적 안정을 제공하는 데 기여하고 있다. 최근에는 청년층의 정신건강과 커리어 개발을 지원하는 AI 기반 상담 챗봇도 등장하고 있다.

한국은 인공지능, 메타버스, 스마트 헬스케어 기술을 적극적으로 활용해 에이블테크를 다양한 계층에 맞춰 적용하고 있다.

장애인을 위한 기술은 디지털 접근성을 높이는 방향으로 진화 중이다. 웹사이트와 모바일 애플리케이션의 접근성 향상 기술이 보급되고 있으며, AI 기반의 학습 보조 시스템이 교육 현장에 도입되고 있다. 또한, 가상현실(VR)과 증강현실(AR)을 활용한 재활 치료 프로그램은 병원과 복지 기관에서 실제로 활용되고 있다.

청년층을 위한 기술은 주로 교육과 취업을 중심으로 한다. 메타버스를 활용한 취업 멘토링, 면접 시뮬레이션, VR 기반 직업 훈련 플랫폼은 비대면 환경에서도 실질적인 진로 탐색이 가능하게 한다. 정신건강 문제 해결을 위한 AI 챗봇과 VR 심리치료 콘텐츠 역시 중요한 에이블테크 응용 분야다.

노년층의 경우, 스마트 헬스케어 기술이 중요한 역할을 한다. 원격 진료, 건강 모니터링 시스템이 확대되었고, 음성인식 기반 스마트 기기와 인공지능 로봇이 노년층의 일상생활을 보조하고 있다. 특히 VR을 활용한 치매 예방 프로그램은 노인복지시설에서 점차 보편화되고 있으며, 인지 기능 훈련에도 적극적으로 사용되고 있다.

에이블테크는 특정 계층만을 위한 기술이 아니라, 모든 사람을 위한 포용적 기술 혁신을 의미한다. 기술이 모두에게 열린 도구가 되기 위해서는, 개발 단계부터 누구를 포함하고 누구를 배제하고 있는지를 고려해야 한다. 디지털 포용은 더 이상 선택이 아닌 필수 조건이며, 에이블테크는 이를 가능하게 하는 핵심 열쇠다.

AI, 메타버스, 헬스케어 기술 등이 발전할수록, 이러한 기술이 누구를 향하고 있는지가 더욱 중요해진다. 앞으로의 기술 혁신은 속도와 효율성뿐 아니라, 사회적 책임과 형평성의 기준으로 평가받게 될 것이다.

기술이 사회적 장벽을 허무는 데 기여하려면, 기술 그 자체가 아니라 기술을 설계하는 사람들의 의지와 철학이 달라져야 한다. 에이블테크는 바로 그 변화의 출발점이며, 기술을 통해 사회 전체를 포용하려는 시도다. 그리고 그것은 지금 이 시대, 기술이 진정으로 다뤄야 할 가장 중요한 과제 중 하나다.

9 수면의 격차를 줄이는 디지털 포용의 진화

인간은 하루의 3분의 1을 수면에 할애하며, 그 시간을 통해 삶의 균형을 유지하고 신체와 정신의 회복을 도모한다. 그러나 오늘날 이 '자연스러운 생리활동'은 점차 특별한 일이 되어가고 있다. 지나치게 바빠진 일상, 24시간 멈추지 않는 디지털 환경, 경제적 불안과 주거 불안정은 많은 이들에게 '깊은 잠'을 허락하지 않는다. 수면은 더 이상 평등하지 않다. 어느새 '수면 격차'라는 단어가 등장했고, 사람들 사이에 '잘 자는 능력'이 사회적 지표가 되는 시대가 되었다.

이러한 문제의식 속에서 등장한 것이 바로 '슬립테크(SleepTech)'다. 슬립테크는 수면(Sleep)과 기술(Technology)의 합성어로, 디지털 기술을 활용해 수면의 질을 분석하고 개선하려는 일련의 기술 및 산업을 뜻한다. 인공지능(AI), 사물인터넷(IoT), 빅데이터, 스마트 센서 등이 핵심 도구로 활용되며, 단순한 수면 보조를 넘어서 사용자 맞춤형 수면 전략을 제시하고, 더 나아가 건강관리와 생활 습관의 개선까지 아우른다.

슬립테크의 가장 뚜렷한 특징은 '비가시적인 수면'을 정량적이고 정밀한 데이터로 전환하는 데 있다. 스마트워치나 스마트폰의 센서, 스마트 침대와 베개에 장착된 장비들은 수면 중 사용자의 심박수, 호흡, 움직임, 온도 등을 실시간으로 측정한다. 인공지능은 이러한 데이터를 분석하여 수면 단계(얕은 잠, 깊은 잠, 렘수면 등)를 파악하고, 이상 징후가 감지되면 즉각적으로 피드백을 제공한다.

예를 들어, '에이슬립(aSleep)'은 스마트폰 마이크를 통해 사용자의 숨소리만으로 수면의 질을 분석하며, 병원 수준의 무호흡증 진단을 가정에서도 가능하게 했다. '텐마인즈'의 AI 베개는 코골이 소리를 인식해 베개의 에어백을 자동으로 조절함으로써 수면의 지속성과 질을 향상시킨다. 또한, '슬립큐브'와 같은 제품은 AI가 사용자의 생체 데이터를 학습해 개인화된 수면 온도를 조절하며, 침실의 조명·온습도·소음 환경을 스마트홈 시스템과 연동해 조절하는 기능까지 제공하고 있다. 이러한 기술은 기존의 단순한 '기상 리포트' 제공을 넘어서, 실시간으로 반응하고 환경을 조정하는 능동적 수면 관리 체계로 진화하고 있다.

슬립테크는 수면 문제를 개선하고자 하는 기술적 시도이자, 궁극적으로는 삶의 질을 균등하게 만들기 위한 수단이다. 그러나 이러한 기술의 이점이 모든 사람에게 평등하게 제공되는 것은 아니다. 가격이 높은 슬립테크 제품, 앱 중심의 접근 방식, 복잡한 사용법은 노인층이나 디지털 리터러시가 낮은 계층에게는 진입 장벽이 된다. 더 나아가 스마트홈 기기와 연동되는 기술은 주거 공간이 안정적이지 않은 사람들에게는 '그림의 떡'처럼 느껴질 수밖에 없다.

이러한 현실은 슬립테크가 진정으로 포용적인 기술로 자리 잡기 위해서는 접근성과 사용성, 그리고 사회적 지원체계가 함께 구축되어야 함을 시사한다. 누구나 기술의 혜택을 누릴 수 있도록 하기 위해서는 다음과 같은 디지털 포용적 접근이 필요하다.

우선, 지방자치단체나 보건소, 복지기관을 중심으로 슬립테크 장비 체험 및 상담 프로그램을 운영할 필요가 있다. 노인, 장애인, 저소득층을 대상으로 기기를 대여하거나 수면 코칭 프로그램을 지원하는 방식도 고려해볼 수 있다. 아울러 슬립테크 사용법과 수면 건강의 중요성에 대한 교육을 병행하여 디지털 문해력을 높이고, 사용자 중심의 간단한 인터페이스 설계를 통해 기술의 장벽을 낮춰야 한다.

특히 독거노인이나 만성질환자처럼 위험도가 높은 사람들에게 슬립테크는 단순한 편의 기술이 아니라, 생명을 보호하는 감시자가 될 수도 있다. 예를 들어, 수면 중 심박 이상을 감지해 보호자에게 알림을 보내는 기능은 응급상황을 예방할 수 있으며, AI 코칭 기능은 지속적인 수면 습관 개선을 유도함으로써 약물 의존도를 낮추는 데 기여할 수 있다. 이처럼 슬립테크는 비대면 돌봄 기술로서의 가능성도 함께 품고 있다.

슬립테크의 진정한 사회적 가치는 기술이 인간을 어떻게 배려하고 포용할 수 있는지를 묻는 데서 시작된다. 단순히 '편안하게 잠들게 하는 기술'이 아닌, 모든 사람이 건강하게 잠들 권리를 지켜주는 기술, 즉 디지털 복지의 한 축으로 이해되어야 한다.

이를 위해 슬립테크는 보다 명확한 공공정책의 틀 속으로 진입해야 한다. 현재는 대부분 민간 중심의 제품 개발과 상업적 서비스에 한정되어 있지만, 향후 국가적 수면 건강 정책의 일부로 통합될 수 있어야 한다. 예컨대, 학교 교육에서부터 수면 습관 교육과 슬립테크 체험을 통해 청소년기부터 건강한 수면 인식을 정착시킬 수 있으며, 고령층 복지 정책과 연계하여 '슬립 케어 서비스'를 표준화하는 방식도 가능하다.

또한, 슬립테크를 통해 수집되는 수면 데이터는 공공 보건 데이터로서 큰 의미를 가질 수 있으나, 동시에 개인정보 보호와 윤리적 활용에 대한 사회적 합의가 반드시 선행되어야 한다. 수면은 인간의 가장 사적인 영역이기 때문이다.

슬립테크는 잠을 돕는 기술이지만, 더 나아가 인간의 삶 자체를 포용하는 기술로 확장될 수 있다. 기술이 단순히 성능의 고도화만을 지향한다면, 그 혜택은 소수에게만 집중될 것이다. 그러나 기술이 모든 사람의 수면권, 건강권, 삶의 질을 동등하게 보장하는 방향으로 설계된다면, 슬립테크는 디지털 포용의 모범 사례로 자리매김할 수 있다.

기술은 결국 인간을 위해 존재해야 한다. 그리고 그 인간은 모두 다른 조건과 환경 속에 살아간다. 슬립테크는 그런 차이를 인지하고, 모든 사람에게 '잘 잘 수 있는 밤'을 제공하는 기술이 되어야 한다. 그때 비로소 우리는 수면이라는 가장 기본적인 행위를 통해 '디지털이 인간을 위한 기술'임을 체감할 수 있을 것이다.

10 인간을 닮아가는 로봇, 모두를 위한 기술이 되기 위해

기술은 언제나 인간의 삶을 보완해 왔다. 인류는 도구를 통해 신체의 한계를 넘었고, 기계를 통해 노동을 대체했으며, 컴퓨터를 통해 계산과 기억력을 확장해왔다. 이제 우리는 한 걸음 더 나아가, 인간의 형상과 기능을 모방한 '휴머노이드 로봇'이라는 존재와 마주하고 있다. 단순한 기계를 넘어, '인간 중심의 기술'로 진화하고 있는 휴머노이드는 단지 산업 현장의 자동화 수단이 아니라, 향후 사회 전반에 걸쳐 디지털 포용을 실현할 수 있는 중요한 매개체가 될 수 있다.

최근 등장한 휴머노이드 로봇은 인간과 유사한 외형과 동작 능력을 갖춘 로봇으로, 카메라와 센서를 통해 시각을 인식하고, 음성 인식과 자연어 처리 기술을 통해 인간과 소통할 수 있다. 머리, 팔, 다리의 기본적인 형태뿐 아니라, 걷기, 물건 잡기, 움직임의 유연성 등에서도 인간을 닮아가고 있다.

이러한 기술 발전의 흐름은 주로 제조업과 물류 산업의 자동화를 중심으로 전개되고 있다. 글로벌 기업들은 생산성 향상과 비용 절감을 위해 휴머노이드를 테스트 중이며, AI 기술을 접목한 지능형 로봇이 사람과 협업하며 일하는 모습이 현실화되고 있다. 그러나 이 기술은 단지 효율과 속도만을 위한 것이 아니다. 그것은 사회 곳곳에 존재하는 '돌봄의 공백', '인력의 사각지대', '접근성의 한계'를 메울 수 있는 새로운 기회이기도 하다.

특히 고령화가 급속히 진행되고 있는 현실에서 휴머노이드 로봇은 노인 돌봄의 중요한 대안이 될 수 있다. 일상생활이 불편한 노인이나 거동이 어려운 장애인을 위해 식사 준비, 약 복용 안내, 응급상황 인지 및 대응, 말벗 역할까지 수행할 수 있는 휴머노이드는, 단순히 생활 보조를 넘어 존엄을 유지하는 삶을 가능하게 하는 기술이다. 물리적·심리적 돌봄의 격차가 점점 커지고 있는 상황에서 이러한 기술의 도입은 디지털 돌봄 포용의 실질적 기반이 될 수 있다.

또한 교육, 의료, 공공 서비스에서도 휴머노이드 로봇은 정보 접근과 활동 참여의 새로운 가능성을 제시한다. 예를 들어, 언어 장애나 발달 장애를 가진 아동에게 감정 표현을 연습시키는 로봇, 병원에서 환자의 회복 상태를 체크하고 정서적으로 교감할 수 있는 간호 보조 로봇, 디지털 기기 사용이 익숙하지 않은 노인을 위한 안내 도우미 로봇 등은 정보와 서비스의 비대칭을 줄이는 데 기여할 수 있다. 이는 곧 디지털 포용의 실천적 확장을 의미한다.

하지만 로봇 기술이 아무리 발전하더라도, 그것이 '누구를 위해, 어떻게 설계되는가'에 따라 결과는 달라진다. 지금까지 많은 기술이 소수의 사람에게만 편리함을 제공하고, 오히려 다른 계층에게는 또 다른 장벽으로 작용한 역사도 존재한다. 디지털 포용의 관점에서 보자면, 휴머노이드 로봇 역시 그 설계와 활용 과정에서 사회적 약자와 소수자의 경험을 전제로 해야 하며, 이를 통해 모든 사람의 권리를 보장하는 방향으로 나아가야 한다.

예컨대, 시각장애인을 위한 음성 피드백 기능, 청각장애인을 위한 실시간 자막 기능, 고령자를 위한 단순하고 명확한 사용자 인터페이스는 '포용적 로봇 디자인'의 핵심이다. 또한 다양한 인종, 언어, 문화적 배경을 반영한 맞춤형 반응과 감정 표현은 글로벌 사회에서의 정서적 접근성을 높여줄 수 있다. 기술이 사람을 중심에 둘 때, 우리는 '인간을 닮은 로봇'이 아니라, '사람을 위한 로봇'을 만들 수 있게 된다.

향후 휴머노이드 로봇이 우리 삶 속으로 깊이 들어오게 될수록, 기술은 더욱더 인간과 조화를 이루는 방향으로 진화해야 한다. 이는 단지 하드웨어의 고도화만을 의미하는 것이 아니라, 기술과 사회, 기술과 윤리, 기술과 약자 간의 관계를 재설계하는 일이다. 로봇이 노동을 대신해주는 사회는 가능하다. 하지만 진정한 기술의 목적은, 사람을 중심에 두고 모두의 삶을 풍요롭게 하는 것이어야 한다.

기술이 진보할수록 사회는 더욱더 포용적이어야 한다. 휴머노이드 로봇은 그 자체로 놀라운 기술의 산물이지만, 그것이 누구에게 어떤 의미로 다가가게 될지는 오직 사회의 가치 판단과 선택에 달려 있다. '인간을 닮은 기술'이 아니라, '인간을 위한 기술'로서의 로봇. 이것이 디지털 포용이 지향해야 할 방향이며, 미래 사회가 반드시 고민해야 할 과제이다.

11 입는 로봇, 기술이 몸을 감싸는 방식

기술이 인간을 감싼다. 몸을 덧입는 로봇, 이른바 '웨어러블 로봇'은 이제 더 이상 상상의 영역에 머물지 않는다. 실제로 우리는 점점 더 기술과 신체가 접속하는 시대, 기술이 몸을 도와주고, 대체하고, 확장하는 시대를 살아가고 있다. 이 변화는 단지 공학의 진보가 아니라, 누구나 차별 없이 일상과 사회에 참여할 수 있도록 만드는 디지털 포용의 실천이기도 하다.

웨어러블 로봇은 인간의 근육과 골격 구조를 모방하여 사용자의 신체에 직접 착용함으로써 움직임을 보조하거나 증강하는 장치이다. 본질적으로는 인간의 운동 능력을 보완하는 기술이지만, 그 의미는 단순한 '기능 향상'을 넘어선다. 특히 신체 기능에 제약이 있는 사람들, 예컨대 장애인, 고령자, 뇌졸중이나 뇌성마비 환자, 혹은 과로와 사고 위험에 노출된 산업 노동자들에게 이 기술은 생존의 문제이자 자립의 문제, 그리고 궁극적으로는 존엄의 문제로 연결된다.

한국의 여러 병원에서는 이미 웨어러블 로봇이 보행 재활 치료에 적극 활용되고 있다. 세브란스 재활병원, 성북장애인복지관, 용인시 스마트 재활센터 등은 '엔젤로보틱스'나 '코스모로보틱스'의 기술을 이용해 맞춤형 로봇 재활 프로그램을 운영하고 있으며, 사용자의 움직임 의도를 실시간으로 분석해 능동적으로 보조하는 기술은 그 효과를 극대화하고 있다. 이처럼 로봇이 단지 치료의 도구가 아닌, 회복의 동반자이자 삶의 일부로 자리 잡아가고 있다는 점은 의미심장하다.

산업 현장에서는 근골격계 질환을 예방하고 작업 효율을 높이기 위한 수단으로 웨어러블 로봇이 활발히 도입되고 있다. 현대차의 조립공정, LG전자의 물류센터, 현대로템의 건설현장에서는 이미 로봇이 사람과 함께 일하고 있으며, 제주도에서는 농업 노동자를 위해 농업용 웨어러블 로봇 보급 사업을 시작했다. 이는 단지 기술의 도입을 넘어, 산업 노동자의 건강권과 생애 지속 가능성에 대한 배려의 시작이라고도 볼 수 있다.

이렇듯 웨어러블 로봇은 고령화 사회, 산업 구조 변화, 노동력 부족 등 우리가 직면한 구조적 문제에 대한 기술적 해답으로 주목받고 있다. 특히 초고령 사회로의 전환기에 이 기술은 노동과 돌봄, 건강과 자율성의 경계를 다시 설계할 수 있는 잠재력을 지니고 있다. 고령자에게는 삶의 자립성과 이동성을 되찾아주는 수단이 될 수 있고, 중증 장애인에게는 다시 걷고, 일하고, 참여할 수 있는 가능성이 된다. 이처럼 웨어러블 로봇은 삶의 기본권을 회복시키는 기술, 즉 디지털 포용의 촉매제로 기능할 수 있다.

하지만 기술이 진정으로 포용적이기 위해서는 몇 가지 전제가 필요하다. 첫째, '기술은 누구를 위해 설계되는가?'라는 질문에서 출발해야 한다. 소수의 숙련된 사용자나 대기업을 위한 기술이 아닌, 다양한 연령, 성별, 능력, 환경에 놓인 사람들을 포괄할 수 있는 설계가 필수적이다. 둘째, 접근가능한 가격과 보급 체계, 그리고 이를 사용할 수 있도록 돕는 디지털 리터러시 교육이 함께 제공되어야 한다. 기술은 혼자 쓰는 것이 아니라, 사회적 시스템 속에서 작동할 때 비로소 효용을 발휘하기 때문이다.

셋째, 사람 중심의 인터페이스 설계가 중요하다. 복잡하고 전문가 중심의 기기 구조는 기술 접근에 장벽을 만든다. 반면, 직관적이고 사용자 친화적인 디자인은 노인이나 디지털 취약계층에게도 사용 가능성을 열어준다. 특히 다문화 사회로 진입하는 한국 사회에서, 다양한 언어와 문화적 배경을 고려한 설계 역시 포용의 중요한 기준이 되어야 한다.

디지털 포용은 단지 컴퓨터나 인터넷을 쓰게 하는 문제가 아니다. 그것은 기술을 통해 누구도 사회로부터 단절되지 않도록 하는 구조적, 철학적 약속이다. 그런 점에서 웨어러블 로봇은 단지 '입는 기술'이 아니라, 몸을 통해 사회와 다시 연결되는 기술, 그리고 기술이 신체를 넘어 관계와 존엄, 권리로 확장되는 새로운 패러다임을 상징한다.

다가올 미래는 웨어러블 로봇이 의료, 산업, 농업뿐 아니라 교육, 돌봄, 여가 등 다양한 삶의 영역으로 확산될 것이다. AI, 사물인터넷(IoT), 스마트 센서, VR/AR 기술과의 결합은 웨어러블 로봇의 정밀성과 상황 인지 능력을 비약적으로 향상시킬 것이며, 이는 기술과 인간이 더욱 긴밀하게 공존할 수 있는 가능성을 열어줄 것이다. 그런 미래가 모두에게 열린 미래가 되기 위해, 우리는 기술을 더욱 사회적이고 윤리적인 맥락 속에서 설계하고, 공유하고, 실현해 나가야 한다.

12 디지털 인공지능과 노동

디지털 인공지능 기술은 이미 사회의 뼈대를 바꾸고 있다. 그러나 이 전환의 흐름 속에서 누군가는 빠르게 적응하고, 또 누군가는 점점 뒤처지고 있다.

20세기 말부터 반복되어 온 질문이 있다.

"기계가 인간의 노동을 완전히 대체하면, 인간은 무엇으로 존재할 것인가?"

2020년대를 관통하는 인공지능(AI) 기술의 비약은 이 질문을 공상과학 소설의 영역이 아닌, 지금 여기 현실의 문제로 만들었다. 특히 디지털 격차와 포용이라는 공공 담론은 "누가 이 전환에 참여할 수 있는가?"라는 질문을 새롭게 던진다.

노동은 인류 역사에서 단순한 생존 수단 이상의 의미를 지녀왔다. 고대 그리스의 철학자 플라톤과 아리스토텔레스는 '노동'을 천한 활동으로 여기고, 오로지 철학과 정치만이 고귀한 삶의 영역이라 믿었다. 그러나 산업혁명 이후, 노동은 인간의 자기실현과 사회적 정체성을 규정하는 핵심 요소로 자리 잡았다.

마르크스(Karl Marx)는 노동을 통해 인간이 스스로를 표현하고 자연을 변형시키며, 사회와 연결된다고 보았다. 에리히 프롬(Erich Fromm) 역시 "노동은 인간의 창조적 본성을 실현하는 방법"이라며 단순 생산 이상의 의미를 부여했다.

오늘날에도 우리는 묻는다.

"우리는 왜 일하는가?"
"자동화는 모든 사람에게 평등한가?"

현실은 냉정하다. 자동화는 노동을 대체하지만, 그 속도와 영향은 사람마다 다르다. 회계사, 번역가, 콜센터 상담원, 택배기사 등은 이미 AI 알고리즘의 위협을 받고 있으며, 저숙련·저임금 일자리는 빠르게 사라지는 반면, 고숙련 기술직은 오히려 수요가 늘고 있다.

이런 격차는 단순한 기술 문제가 아니다. 사회적 구조와 제도, 교육의 불균형이 노동 시장의 양극화를 더욱 심화시키고 있다. 디지털 환경에 익숙한 청년층은 기회를 잡지만, 중장년층과 정보 접근성이 낮은 계층은 점차 배제되고 있다.

디지털 포용은 더 이상 기술에 대한 접근만을 의미하지 않는다. 이제는 '일할 수 있는 권리', '변화에 적응할 수 있는 권리'를 포함해야 한다.

그렇다면, 기계가 할 수 없는 일은 무엇인가. 정답은 단순하다. 바로 공감, 창의성, 돌봄, 판단력이다. AI는 수백만 개의 데이터를 분석할 수는 있어도, 인간의 고통을 '느끼는 것'은 할 수 없다. 돌봄 노동자, 심리상담사, 예술가, 교육자는 여전히 인간 고유의 감각을 기반으로 활동한다. 사회의 본질이 '기술'이 아닌 '사람'이라면, 우리는 이런 직무를 더 소중하게 다뤄야 한다.

'노동의 종말'을 말하는 이들도 있다. 그러나 중요한 것은 노동이 사라지는 것이 아니라, 노동의 형태가 바뀐다는 사실이다. 우리는 다음과 같은 질문을 사회적으로 논의해야 한다.

'좋은 노동'이란 무엇이며, 그 기준은 누가 정하는가?

디지털 기술의 이익은 누가, 어떻게 나눠 가져야 하는가?

디지털 인공지능 시대의 노동은 더 이상 과거의 노동이 아니다. 그러나 그 안에서도 변하지 않는 진실이 있다. 인간은 여전히, 일하는 존재다.

디지털 기술은 빠르게 진화하고 있지만, 인간의 존엄과 의미는 여전히 '노동'을 통해 드러난다. 기술이 '일'을 대신할 수는 있어도, '일의 의미'를 대신할 수는 없다. 그리고 모든 사람이 기술 전환 속에서도 노동의 가치를 누릴 수 있어야 진정한 디지털 포용이다.

AI와 자동화는 불가역적 흐름이다. 그러나 기술 발전이 모두에게 기회가 되기 위해서는 '포용'의 가치가 동반되어야 한다. '인간다운 노동'을 지키고, '새로운 노동의 형태'를 제도 안으로 끌어들이며, 기술 변화에 뒤처지지 않도록 모두를 함께 이끄는 사회. 그것이 진정한 디지털 인공지능 시대의 노동이 나아갈 방향이다.

13 인공지능과 일자리의 상관관계

AI가 일자리에 어떤 영향을 미치는가?

AI는 근로자가 정보를 적용하고, 콘텐츠를 제작하는 방식을 혁신해 신속하게 다량의 맞춤형 결과를 제공하는 지식노동의 산업혁명이다. 이러한 변화가 일자리에 어떤 영향을 미치고 있을까?

AI가 일자리 수를 급격히 감소시킬 것이라고 예측하는 많은 사람들은 잘못된 질문을 하고 있다. AI가 전체 일자리 수에 부정적인 영향을 미칠 것이라고 예측하는 사람들은 종종 과거를 돌아보며 AI가 과거와 같은 방식으로 일부작업을 수행할 수 있는지 묻는다. 답은 '예'이다.

하지만 올바른 질문은 다음과 같다. "AI는 우리에게 완전히 새로운 일을 할 수 있는 능력을 어떻게 제공할 것이며, 새로운 역할과 심지어 새로운 산업을 어떻게 창출할 것인가?"

AI는 종종 사람과 협력할 때 최상의 성과를 낸다. 감독이 없다면 AI는 맥락과 뉘앙스를 놓치거나 품질이 떨어지는 결과물을 낼 수 있다. 오직 인간만이 개별 조직과 상황의 사람, 프로세스, 맥락을 충분히 이해하고 탐색할 수 있다.

AI가 일자리에 미치는 영향은 20세기 내연기관의 영향과 유사할 수 있다. 20세기 내연기관은 일부 일자리(예: 말장수)를 줄였지만 동시에 대체한 일자리(트럭운전사부터 도로엔지니어, 교통경찰까지)보다 훨씬 많은 일자리를 창출했다. AI는 일자리의 종말을 알리는 것이 아니라, 근로자가 그 어느 때보다 더 생산적이고 가치 있게 될 수 있는 새로운 시대의 시작을 알린다. AI가 예전에 사람이 하던 일부 작업을 대신

할 수 있는 방법에만 집중하는 대신, AI를 최대한 활용하여 새로운 산업과 사람들을 위한 새로운 역할을 창출하는 방법에 대해 창의적으로 생각해야 한다. 이런 방식으로 AI를 수용하는 것은 근로자에게 지속적으로 긍정적인 결과를 가져오는 한 가지 방법이다. 이제 AI는 근로자가 성공하는 데 필요한 조건을 변화시키고 있으며, 이에 적응하는 사람은 새로운 기회를 누릴 수 있을 것이다.

세계경제포럼(WEF)의 '2025년 일자리의 미래' 보고서에 따르면, 2030년까지 AI 등 기술 변화를 포함한 거시경제적 변화에 따라 전체 일자리의 22%에 변화가 예상된다.

보고서는 전 세계 55개국 22개 산업군의 1,000명 이상 기업 경영진에 대한 설문조사를 바탕으로 2030년까지 전 세계 노동시장의 변화를 예측하고 있다. 노동시장의 변동을 가져오는 핵심 동인은 기술 변화로, 경영진의 60%가 디지털 접근성 확대에 따른 비즈니스 혁신을 기대하고 있다. 2030년까지 비즈니스를 혁신하는 핵심 기술은 AI와 정보처리 기술(86%)이 될 것이라는 응답이 가장 많았으며, 로봇·자동화 시스템(58%)이 다음 순위를 기록했다. 특히 챗GPT 출시 이후 생성 AI 도입이 증가하며 개인 학습자와 기업 양쪽에서 생성 AI 교육 수요가 전 세계적으로 증가했으며, 온라인 교육 플랫폼 코세라(Coursera)의 2022~2024년 데이터에 의하면 인도와 미국이 생성 AI 기술교육 등록자 중 최대 비중을 차지한다.

보고서는 2030년까지 기술 변화를 포함한 거시경제적 추세로 인한 새로운 일자리 창출과 일자리 대체가 현재 일자리의 22%를 차지할 것으로 추정한다. 신규 일자리 창출은 현재 일자리의 14%에 해당하는 1억 7천만 개, 감소하는 일자리는 현재 일자리의 8%에 해당하는 총 9,200만 개로, 이에 따라 2030년까지 총 7,800만 개의 일자리 순증(7% 증가)이 예상된다. 설문조사에 참여한 응답자들은 2030년까지 가장 빠르게 늘어나는 일자리가 빅데이터 전문가, 핀테크 엔지니어, AI 및 머신러닝 전문가 순이 될 것으로 예상했다. 가장 빠르게 줄어드는 일자리는 우체국 직원, 은행원, 사무보조원 등의 사무직으로, 디지털 접근성 확대 및 AI와 정보처리 기술, 로봇·자동화 시스템 같은 기술 변화가 사무직 일자리 감소의 주요 원인을 차지했다. 조사 응답자들은 2030년까지 가장 중요성이 커질 역량으로 AI와 빅데이터를 꼽았으며, 다음으로 네트워크와 사이버보안, 기술 문해력, 창의적 사고력을 선정했다.

기계학습 전문가 마뉴엘라 베로소(Manuela Veloso) 카네기멜론대학 교수는 인간과 인공지능 시스템은 끊임없이 정보와 목표를 교환해야 한다고 이야기하고 있다. 미래는 기계와 인간이 '공생적 자율성(Symbiotic Autonomy)'을 유지하는 사회로 바뀌게 된다는 것이다. 즉 인간이 AI 그리고 로봇을 활용하면 지금까지 인간이 취급하지 못했던 영역의 일도 시도해 볼 힘이 생기고, 기존의 복잡한 문제들도 해결될 가능성이 높다는 것이다. 그야말로 공생의 필요성에 대한 지적이다.

일자리는 늘 기술 발전에 따라 명멸해 왔다. 특히 언택트 시대에는 더욱 그 명멸 속도가 빠를 것이다. 하지만, 중요한 가치는 인공지능이든 로봇이든 인간의 노동력을 완전하게 대체할 수 없다는 것이다. 일자리에 대한 공생의 가치를 생각하며, 테크놀로지와 조화, 균형을 고민해야 할 때이다.

14 고령층의 온라인 쇼핑과 디지털 포용, 기회와 도전

2025년 대한민국은 고령사회에서 초고령사회로 진입 중이다. 기술은 빠르게 진화하고 있지만, 모든 세대가 동일한 속도로 디지털 사회에 편입되는 것은 아니다. 특히 고령층은 여전히 '디지털 전환'의 경계선에서 갈등하고 있다. 하지만 최근 온라인 쇼핑을 통해 새로운 소비 주체로 등장하면서 디지털 포용의 새로운 전환점이 열리고 있다.

2025년, 한국은 세계에서 가장 빠르게 고령화되는 국가 중 하나다. 통계청에 따르면 65세 이상 인구는 전체 인구의 20%를 넘어섰으며, 이 숫자는 2030년까지 25%에 달할 전망이다. 동시에 디지털 전환은 가속화되고 있다. 스마트폰 보급률은 2023년 기준 60세 이상에서 90%를 돌파했고, 코로나19 팬데믹 이후 비대면 소비가 일상화되면서 고령층의 온라인 쇼핑 참여가 급증했다. 쿠팡, 네이버, SSG닷컴 같은 전자상거래 플랫폼은 이제 고령층에게도 익숙한 이름이 됐다.

고령 소비자는 더 이상 기술을 거부하는 존재가 아니다. 모바일 앱을 통해 건강식품을 정기 배송받고, 명절 선물을 손쉽게 주문하며, 장보기를 스마트폰 하나로 해결하는 일상이 낯설지 않다. 대형 쇼핑 플랫폼인 쿠팡, 마켓컬리, G마켓 등도 '시니어 고객 맞춤' 서비스를 점차 확대 중이다.

그러나 고령층의 온라인 쇼핑은 단순한 소비 행위를 넘어 디지털 포용의 핵심 과제로 떠오르고 있다. 디지털 포용은 모든 사람이 디지털 기술과 서비스에 동등하게 접근하고 이를 활용할 수 있는 상태를 의미한다. 고령층이 온라인 쇼핑을 통해 경제적, 사회적 혜택을 누릴 수 있다면, 이는 디지털 격차를 줄이고 포용적 사회를 만드는 데 기여할 것이다. 하지만 기술적 장벽, 신체적 제약, 경제적 부담 등은 여전히 고령층의 디지털 참여를 가로막는다.

한국의 고령층은 더 이상 디지털 소비의 변두리에 머물지 않는다. 2023년 한국정보화진흥원 보고서에 따르면, 60세 이상 인구의 온라인 쇼핑 이용률은 2019년 25%에서 2023년 45%로 껑충 뛰었다. 특히 코로나19로 인해 물리적 매장 방문이 어려워지면서, 고령층은 배송 서비스의 편리함에 눈을 떴다. 예를 들어, 쿠팡의 로켓배송과 SSG닷컴의 새벽배송은 고령층에게 신선 식품과 생필품을 빠르게 제공하며 큰 호응을 얻었다.

고령층이 주로 구매하는 품목은 실용적이다. 식료품(신선 과일, 채소), 건강보조식품(비타민, 관절 영양제), 의류(편안한 신발, 기능성 의류), 소형 가전(전기 주전자, 공기청정기) 등이 대표적이다. 네이버 스마트스토어와 같은 플랫폼에서는 고령층을 타겟으로 한 건강 관련 상품 섹션이 별도로 운영될 정도로 이들의 소비 잠재력이 주목받고 있다.

고령층은 직관적이고 간단한 인터페이스를 선호한다. 쿠팡은 간소화된 결제 과정과 빠른 배송으로, 네이버 스마트스토어는 검색 중심의 UI로 고령층의 사랑을 받고 있다. 카카오페이와 같은 간편결제 시스템도 복잡한 카드 입력을 줄여 고령층의 접근성을 높였다. 흥미롭게도, 고령층은 모바일 앱보다 PC 웹사이트를 선호하는 경향이 있다. 이는 큰 화면과 키보드 입력이 익숙한 60~70대 사용자의 특성 때문이다.

온라인 쇼핑은 고령층의 삶에 실질적인 변화를 가져오며 디지털 포용의 핵심 동력으로 작용한다.

고령층은 이동성 제약, 관절염, 시력 저하 등 신체적 어려움으로 인해 전통적 쇼핑에 어려움을 겪는다. 온라인 쇼핑은 이러한 장벽을 허물었다. 예를 들어, 서울에 거주하는 72세 김 모 씨는 "무거운 쌀 포대를 들고 집에 오는 게 힘들었는데, 쿠팡에서 주문하면 다음 날 문 앞에 놓여 있다"며 만족감을 드러냈다. 배송 서비스는 고령층의 독립성을 유지하고, 물리적 매장 방문의 부담을 줄였다.

온라인 쇼핑은 상품 비교, 리뷰 확인, 가격 검색 등 풍부한 정보를 제공한다. 이는 고령층이 더 나은 구매 결정을 내릴 수 있도록 돕는다. 예를 들어, SSG닷컴의 고객 리뷰는 고령층이 제품의 품질과 신뢰도를 판단하는 데 중요한 참고 자료가 된다. 또한, 다국어 지원과 직관적 검색 기능은 디지털 환경에 익숙하지 않은 고령층도 쉽게 정보를 얻을 수 있게 한다.

온라인 쇼핑은 단순히 물건을 사는 행위를 넘어 고령층의 사회적 연결을 강화한다. 상품 리뷰 작성, 온라인 커뮤니티 참여, 가족과 선물 주고받기 등은 디지털 공간에서의 소속감을 준다. 예를 들어, 네이버 카페에서 고령층은 건강식품 추천 게시물을 공유하며 정보를 교환한다. 이는 디지털 사회 참여를 통해 고령층의 고립감을 줄이는 데 기여한다.

고령층의 온라인 쇼핑이 디지털 포용에 기여하지만, 이를 저해하는 구조적, 기술적, 사회적 장벽도 만만치 않다.

한국정보화진흥원의 2023년 조사에 따르면, 65세 이상 고령층의 디지털 정보 활용 능력은 전체 평균의 60% 수준에 불과하다. 복잡한 앱 설치, 계정 생성, 결제 과정은 고령층에게 큰 부담이다. 예를 들어, 68세 박 모 씨는 "쿠폰 적용하려다 잘못 눌러서 결제가 두 번 됐다"며 답답함을 호소했다. 특히, 이중 인증, 생체인식, 공인인증서 대체 방식 등은 보안을 강화했지만, 고령층에게는 새로운 벽이다. 결제 직전 이탈률이 고령층에서 가장 높다는 쇼핑몰 데이터는 이를 방증한다.

시력 저하, 손 떨림, 청력 손실 등은 고령층의 디지털 기기 사용을 어렵게 한다. 그러나 많은 전자상거래 플랫폼은 고령층의 신체적 특성을 고려하지 않는다. 많은 쇼핑 앱들은 젊은 세대 중심으로 설계되어 있어, 고령층에게는 진입장벽이 높다. 작고 복잡한 메뉴 구조, 잦은 광고 팝업, 빠른 화면 전환 등은 고령 사용자에게 혼란을 주고, 오작동 및 오주문 가능성을 높인다.

고령층은 디지털 사기와 피싱에 취약하다. 2024년 한 해 동안 고령층을 겨냥한 디지털 사기 피해는 3만 건을 넘어섰으며, 대부분이 온라인 쇼핑 관련 피싱 문자, 허위 링크, 위장 결제 유도 등을 통해 발생했다. 특히 간편결제 시스템에 대한 낮은 이해도는 금융 피해를 확산시키는 원인이 되고 있다.

스마트폰, 인터넷 요금, 배송비는 저소득 고령층에게 부담이다. 특히, 정기 구독 서비스나 자동 결제는 고령층이 이해하지 못해 예기치 않은 비용을 초래한다. 예를 들어, 일부 고령층은 무료 체험 후 자동 결제되는 서비스를 인지하지 못해 피해를 봤다. 또한, 고령층은 할인 쿠폰이나 포인트 제도를 활용하는 데 서툴러 경제적 혜택을 놓치기 쉽다.

고령층의 온라인 쇼핑을 활성화하고 디지털 포용을 실현하려면, 기술적, 사회적, 정책적 노력이 필요하다.

우선 고령 친화적 기술 설계가 요구된다. 전자상거래 플랫폼은 고령층의 신체적, 인지적 특성을 반영한 UI/UX를 도입해야 한다. 큰 글씨와 고대비 디자인, 음성 기반 인터페이스, 간소화된 내비게이션으로 구성해야 한다. 일본의 라쿠텐은 '시니어 모드'를 도입해 큰 버튼, 간단한 메뉴, 음성 안내를 제공하며 고령층의 호평을 받았다.

고령층의 디지털 역량 강화를 위해 교육 프로그램이 필수다. 쿠팡과 같은 플랫폼은 고령층을 위한 동영상 튜토리얼(예: "5분 만에 쿠팡 주문하기")과 인쇄 가이드북을 제공하고 있다.

플랫폼과 정부는 고령층을 보호하기 위한 시스템을 강화해야 한다. 영국의 테스코는 고령층 대상으로 전화 상담원이 사기 여부를 확인해주는 서비스를 운영하고 있다.

마지막으로 사회적 지원 네트워크가 중요하다. 고령층은 혼자 디지털 환경에 적응하기 어렵다. 지역사회와 가족의 지원이 중요하다.

고령층의 온라인 쇼핑은 단순한 소비 트렌드를 넘어 디지털 포용의 상징이다. 이는 고령층의 독립성, 사회적 연결, 삶의 질을 높이는 기회다.

대한민국은 2025년, 인구의 20% 이상이 65세 이상이 되는 초고령사회에 진입한다. 이는 단지 '노인이 늘었다'는 문제가 아니다. 디지털 전환이 제대로 작동하지 않으면, 고령층은 또 다른 사회적 약자로 전락할 수 있다.

디지털 포용은 더 이상 선택이 아닌 권리의 문제다. 경제적 소비자로서의 주체성, 정서적 안정감, 정보 접근성 등은 디지털 시대의 기본권으로 인정되어야 한다. 고령층이 디지털을 통해 존엄한 삶을 유지할 수 있도록, 국가와 사회는 더 정교한 '포용 인프라'를 설계해야 한다.

고령층의 온라인 쇼핑 참여 증가는 단순한 트렌드가 아닌, 디지털 포용의 지표이자 사회 통합의 신호다. 정책은 보다 섬세해야 하고, 기술은 더 따뜻해야 하며, 사회는 더 포용적이어야 한다. '모든 세대가 디지털 안에서 존중받을 수 있는 사회'는 기술이 만드는 것이 아니라, 사람이 설계하는 것이다.

15 그린 인공지능과 디지털 포용, 지속가능한 기술과 포용의 조화

우리는 인공지능이라는 이름 아래 기술의 정점에 다다르고 있다. 대형 언어 모델과 딥러닝 기술은 우리가 쓰는 언어를 이해하고, 의료 진단을 보조하며, 도시의 흐름을 예측하기까지 한다. 하지만 그 화려한 성과 뒤에는 보이지 않는 그림자가 존재한다. 바로 에너지 소비와 탄소 배출이라는 환경적 비용이다.

대표적으로 GPT-3 모델을 훈련시키는 데 배출된 이산화탄소는 약 552톤으로, 이는 일반 승용차 120대가 1년 동안 배출하는 양에 해당한다. 오늘날 세계 곳곳에 세워진 데이터센터는 전체 전력 소비의 1~2%를 차지하고 있으며, AI 기술이 더 널리 확산될수록 그 비중은 더욱 높아질 것으로 예상된다. 기술은 분명히 진보하고 있지만, 그것이 미래 세대와 지구에 미치는 영향까지 고려하고 있는지 우리는 자문할 필요가 있다.

바로 이러한 문제의식 속에서 등장한 개념이 '그린 인공지능(Green AI)'이다. 그린 인공지능은 단순히 에너지를 적게 쓰는 기술을 의미하는 것이 아니다. 그것은 인공지능이 작동하는 전 과정에서 에너지 소비를 줄이고 탄소 배출을 낮추면서도, 성능은 유지하거나 오히려 향상시키려는 기술적 철학이다. 기존의 '레드 AI'가 성능 향상만을 목표로 하여 막대한 연산 자원과 에너지를 소모한 것과는 달리, 그린 AI는 지속가능성을 핵심 가치로 삼는다.

이를 구현하기 위한 기술적 전략은 다양하다. 우선, 학습 알고리즘을 효율적으로 설계해 데이터를 불필요하게 반복하지 않도록 하고, 데이터 처리 순서를 최적화하여 연산 낭비를 줄이는 방법이 있다. 또한, PIM(Processing In Memory)과 같은 기술을 통해 연산을 메모리 내부에서 직접 처리함으로써 데이터 전송에 소모되는 에너지를 줄이고, 전체 시스템의 속도와 효율성을 함께 향상시킨다.

뿐만 아니라 데이터센터 운영 방식에서도 변화가 일어나고 있다. 태양광이나 풍력 같은 재생 가능한 에너지를 활용하는 사례가 늘고 있으며, 일부 글로벌 기업들은 이산화탄소 배출을 줄이기 위한 명확한 목표를 설정하고 있다. 예를 들어 구글은 인공지능을 활용해 데이터센터의 냉각 시스템을 최적화하여 에너지 사용량을 40% 줄였고, 마이크로소프트는 2030년까지 탄소 네거티브를 달성하겠다고 공표했다. 반도체 기업인 엔비디아는 저전력 AI 칩 개발에 집중하고 있다. 이처럼 기술의 방향이 단지 성능만을 향하는 것이 아니라, 환경적 책임을 함께 고민하는 방식으로 바뀌고 있다.

그린 인공지능이 가지는 또 하나의 중요한 의미는 바로 디지털 포용의 실현 가능성을 높인다는 점에 있다. 디지털 포용이란, 누구나 나이, 지역, 경제적 여건, 신체 조건 등에 관계없이 디지털 기술의 혜택을 누릴 수 있는 사회를 의미한다. 하지만 현실은 디지털 격차가 여전히 존재하며, 특히 농촌이나 개발도상국, 취약 계층은 디지털 환경에 접근하기 어려운 상황에 놓여 있다.

그린 인공지능은 이러한 문제에 실질적인 해법을 제시한다. 에너지 효율이 높고, 작동에 필요한 자원이 적은 AI 시스템은 전력 인프라가 부족한 지역에서도 사용할 수 있다. 이를 통해 소외된 지역에 인터넷과 디지털 서비스를 제공하는 것이 가능해진다. 단순히 기술을 보급하는 것을 넘어, 지속가능한 방식으로 디지털 인프라를 구축할 수 있는 기반이 되는 것이다.

또한 그린 AI는 스마트 농업이나 헬스케어 분야에서도 포용적 효과를 발휘한다. 예를 들어 AI가 최적화한 물 관리 시스템은 적은 전력으로도 농업 생산성을 향상시킬 수 있으며, 이는 지역사회의 경제적 자립에도 기여한다. 의료 접근성이 낮은 지역에서는 저전력 기반의 AI 진단 시스템이 생명을 살리는 도구가 될 수 있다. 이러한 방식으로 그린 AI는 단지 환경을 보호하는 기술이 아니라, 사람의 삶을 직접 변화시키는 포용적 기술로 기능하게 된다.

그린 인공지능은 기술이 향해야 할 새로운 윤리적 방향을 제시한다. 인공지능은 단순히 더 빠르고, 더 정확하고, 더 강력한 기술이어야 하는 것이 아니라, 누구를 위해 어떻게 작동할 것인지, 지구와 미래 세대에 어떤 영향을 줄 것인지를 고려하는 기술이 되어야 한다.

이는 유엔이 제시한 지속가능발전목표(SDGs)와도 연결된다. 13번 목표인 '기후행동', 10번 목표인 '불평등 해소'는 그린 인공지능과 디지털 포용이 함께 이뤄낼 수 있는 핵심 의제이다. 기술은 경쟁력과 생산성을 넘어서, 공동체의 삶을 개선하고 미래를 지키는 책임 있는 수단이 되어야 한다.

앞으로의 기술 정책은 단순한 혁신을 넘어서, 그린 인공지능과 디지털 포용이 상호 보완적으로 작동하도록 설계되어야 한다. AI 개발 과정에 환경 영향을 평가하는 절차를 도입하고, 공공 부문에서 먼저 저전력·고효율 AI 시스템을 활용하는 것이 필요하다. 농촌 지역이나 저소득층에게는 저전력 기반의 디지털 기기를 보급하고, 시민을 대상으로 하는 AI 리터러시 교육을 확대함으로써 기술의 문턱을 낮춰야 한다.

또한 국제 사회가 협력하여 '지속가능한 AI'에 대한 윤리 가이드라인을 마련하고, 국가 간 기술격차를 줄이기 위한 공동 대응 체계를 구축해야 할 것이다.

그린 인공지능은 단지 효율적인 기술을 넘어, 우리가 어떤 사회를 원하는지를 묻는 질문이다. 그것은 인간을 위한 기술, 환경을 위한 기술, 그리고 모두를 위한 기술이 될 수 있다. 디지털 포용사회가 지향하는 가치는 그린 AI의 기술적 철학과 자연스럽게 연결되며, 두 개념이 만나야 비로소 '지속가능한 포용사회'라는 새로운 미래가 열린다.

16 금융의 녹색 진화, 그린핀테크

2050년 탄소중립을 목표로 내건 한국 사회. 에너지, 산업, 생활 모든 분야가 변화를 준비하는 가운데, 금융권은 늦은 출발을 하고 있다. 그러나 지금, 조용히 그러나 거세게 떠오르고 있는 흐름이 있다. 그린핀테크(Green FinTech). 디지털 기술과 환경 데이터, 금융이 만나는 새로운 혁신이, 탄소중립 사회를 위한 핵심 수단으로 주목받고 있다.

그린핀테크는 환경적 지속가능성을 높이는 금융기술이다. 정확히는, 디지털 기술과 녹색금융(Green Finance), 기후·환경 데이터. 이 세 가지가 교차하는 지점에서 탄생하는 혁신이다. 구체적으로, 개인 소비자의 탄소발자국을 계산해 보여주고, 기업의 온실가스 배출량을 측정·보고하고, ESG(환경·사회·지배구조) 평가를 자동화하며, 녹색 프로젝트에 필요한 자금을 블록체인 기반으로 조달하는 것까지, 그린핀테크의 영역은 광범위하다.

그렇다면 왜 지금, 그린핀테크가 필요한 것일까?

첫째, 규제가 바뀌고 있기 때문이다. 2026년부터는 대기업들뿐만 아니라 금융회사들도 포트폴리오 안의 온실가스 배출량을 공시해야 한다. 이른바 '금융배출량(financed emissions)' 시대가 열리는 것이다. 거래하는 기업 하나하나가 얼마만큼 탄소를 배출하는지를 알고, 이를 줄이기 위해 전략을 짜야 한다. 디지털 기술 없이는 불가능한 일이다.

둘째, 데이터가 폭발하고 있기 때문이다. 탄소배출량, 에너지 사용량, 공급망 리스크, ESG 이슈… 이 모든 데이터를 수집하고 가공하려면, 전통적인 금융회사만으로는 역부족이다. 핀테크의 빠르고 유연한 데이터 처리 역량이 반드시 필요하다.

셋째, 소비자와 기업 모두가 변하고 있기 때문이다. 이제 사람들은 자신의 소비가 환경에 미치는 영향을 알고 싶어 한다. 기업들은 ESG 경영을 하지 않으면 투자받기 힘든 시대에 들어섰다. 금융도 더 이상 중립적인 중개자가 아니라, 녹색 행동을 촉진하는 플랫폼이 되어야 한다.

세계는 빠르게 달라지고 있었다. 영국에서는 Cogo라는 핀테크 기업이, 은행 고객들의 카드 사용 내역을 분석해 탄소배출량을 보여주기 시작했다. 이집트의 MDP는 Mastercard와 손잡고, 소비 한 건 한 건마다 환경에 미치는 영향을 계산해준다. 스위스의 Impaakt는 수만 명의 일반 시민들이 기업들의 ESG 성과를 평가하는 플랫폼을 만들어냈다. 그리고 파라과이에서는 TreeCoin이 블록체인 기반 토큰을 발행해 숲을 조성하고 있다. 모두 금융과 디지털 기술, 그리고 환경을 한 데 엮어낸 혁신이다.

우리나라의 경우, 신한카드는 '그린인덱스' 서비스를 통해 카드 소비별 탄소배출량을 알려주고, 스타트업 그리너리는 기업들이 만든 탄소크레딧을 거래할 수 있는 플랫폼을 구축했다. 하지만 아직 한 걸음이 더 필요한 상태이다.

그린핀테크의 의미는 생각보다 깊다. 단순히 환경에 좋은 금융이 아니다. 그린핀테크는 금융이 스스로의 역할을 다시 묻는 혁신이다. 금융이 자본의 흐름을 넘어서, 사회적 가치와 지속가능성을 함께 책임질 수 있는가에 대한 답이다. 또한 그린핀테크는 디지털과 녹색, 이 두 거대한 변화의 물결을 하나로 잇는 다리다. 스마트 센서가 실시간으로 온실가스 배출량을 측정하고, AI가 투자대상의 기후 리스크를 분석하며, 블록체인이 녹색자산 거래를 투명하게 만든다. 이 모든 것이 단순한 기술 트렌드가 아니라, 지구를 위한 금융 생태계의 일부가 되는 것이다.

그럼에도 불구하고, 넘어야 할 산은 많다. 우리나라의 금융배출량 관리 체계는 여전히 중앙집중형이다. 모든 데이터를 신용정보원에 모아 관리하는 방식은 빠르고 효율적이지만, 핀테크 기업들의 참여를 가로막는다. 반면 싱가포르는 핀테크 기업들이 자율적으로 탄소배출 데이터를 측정·검증하고, 시장에서 경쟁하도록 했다. 그 결과, 데이터의 품질도 높아지고 혁신도 활발해졌다.

또한, 우리나라의 녹색분류체계(K-Taxonomy)에는 아직 그린핀테크가 명시적으로 포함되어 있지 않다. 디지털 기술 기반의 녹색활동이 공식적으로 인정되지 않으면, 투자 유치나 금융지원도 어렵다. 따라서 앞으로는, 금융배출량 플랫폼에 핀테크 참여를 확대하고, 녹색분류체계를 개정하여 그린핀테크를 포함시키고, 금융규제 샌드박스를 활용해 그린핀테크 스타트업을 지원하며, 정부-금융권-핀테크-기업 간 민관 협력 체계를 구축해야 한다.

2050 탄소중립을 향한 길에서, 그린핀테크라는 실질적이고 체계적인 혁신 없이는 금융이 탄소중립 시대를 견인할 수 없다. 한국이 지속가능 금융의 글로벌 허브가 되려면, 이제는 그린핀테크를 단순

한 옵션이 아니라 필수 인프라로 받아들여야 할 때다. 기후위기와 디지털 대전환의 거대한 흐름 속에서, 그린핀테크는 금융의 미래를, 그리고 지구의 미래를 바꿀 것이다.

17 AI는 인류를 연결할 것인가, 다시 갈라놓을 것인가 ①

- 산업혁명·전기·인터넷이 남긴 '불균등한 진보'
- 국가 간 격차는 줄었지만, 국가 내부 격차는 커졌다
- AI는 '범용기술'로서 과거와 질적으로 다르다
- 아시아·태평양은 왜 AI 실험장의 중심이 되었나
- 선택의 시간은 이미 짧아지고 있다

산업혁명과 전기, 인터넷이 생산성과 효율을 끌어올리는 동시에 불평등을 구조화했듯, AI 역시 평균적 진보와 격차 확대를 동시에 초래할 가능성이 크다. 유엔개발계획(UNDP)의 보고서 『The Next Great Divergence』의 분석적 메시지로, 인공지능(AI)이 인류에게 또 하나의 역사적 분기점을 만들 수 있다고 경고한다.

이 글은 해당 보고서를 바탕으로 '① AI와 새로운 분기점의 형성 ② AI의 기회와 배제 구조 ③ 격차 완화를 위한 포용적 AI 전략'이라는 세 편의 특집 기사로 구성해, AI 시대의 선택과 결과를 단계적으로 짚는다.

기술혁신과 불균등한 발전의 역사

산업혁명 이전의 세계는 전반적으로 가난했지만 지역 간 격차는 상대적으로 완만했다. 평균 기대수명은 낮았고, 교육과 의료는 제한적이었으나 오늘날과 같은 구조적 양극화는 뚜렷하지 않았다. 기술은 부족했지만 불균형도 지금만큼 크지 않았다.

산업혁명은 이러한 상태를 근본적으로 바꿨다. 증기기관과 기계

화된 생산은 노동의 한계를 돌파했고, 이를 먼저 흡수한 국가는 생산성·군사력·경제력을 동시에 확대했다. 기술은 인류 전체를 전진시켰지만, 동시에 세계를 선도와 후발로 나누는 축으로 작동했다.

● 산업혁명과 대분기의 형성

산업혁명이 만들어낸 변화의 핵심은 기술 그 자체보다 기술이 작동한 조건에 있었다. 자본, 숙련 노동, 제도, 인프라를 이미 보유한 국가는 기술을 증폭 장치로 활용했지만, 그렇지 못한 사회는 기술 확산의 주변부로 밀려났다.

이 과정에서 기술은 격차를 '발생'시킨 것이 아니라 '고정'시켰다. UNDP가 말하는 '대분기(Great Divergence)'는 단순한 성장 격차가 아니라, 발전 경로 자체가 갈라진 구조적 결과였다.

● 대수렴과 국가 내부 격차의 확대

20세기 후반, 세계는 다시 수렴의 국면을 경험했다. 백신과 항생제, 농업 기술, 대중교육의 확산은 기대수명과 문해율을 빠르게 끌어올렸고, 다수의 개발도상국이 인간개발 지표에서 선진국을 추격했다.

그러나 이 수렴은 또 다른 균열을 낳았다. 국가 간 격차가 줄어드는 동안, 국가 내부의 격차는 확대됐다. 도시와 농촌, 고숙련과 저숙련, 상위 소득층과 하위 계층 간 불균형은 기술과 함께 구조화됐다. 기술은 평균을 끌어올렸지만 분배를 자동으로 보정하지는 않았다.

● 인공지능과 노동·판단의 재편

UNDP가 AI를 이전의 기술과 구별하는 이유는 그것이 신체 노동

뿐 아니라 인지 노동과 판단 영역까지 재편하기 때문이다. AI는 글을 쓰고, 이미지를 만들고, 진단과 예측, 추천과 결정에 개입한다.

이는 인간 노동의 보조를 넘어, 인간 역할 자체를 재정의하는 변화다. 이로 인해 AI는 과거 어느 기술보다 빠르게 사회 전반에 확산되고 있으며, 그 영향 범위 또한 광범위하다.

데이터·연산능력 집중과 구조적 격차

AI는 단순한 소프트웨어가 아니라 고비용 인프라에 가깝다. 대규모 데이터, 고성능 연산 자원, 안정적인 전력과 네트워크, 고급 인력이 결합돼야 실질적인 효과를 낸다. 이 조건을 갖춘 국가는 AI의 생산성과 부가가치를 선점하지만, 그렇지 못한 국가는 기술을 수입해 사용하는 위치에 머물 가능성이 크다.

UNDP는 이러한 구조가 장기화될 경우, AI가 새로운 형태의 기술 종속과 성장 경로 분리를 만들어낼 수 있다고 경고한다.

아시아·태평양의 시험대적 조건

아시아·태평양 지역은 세계에서 가장 다양한 출발선을 가진 공간이다. 초고도 디지털 국가와 최빈국, 메가시티와 전력조차 불안정한 농촌이 동시에 존재한다. 이 지역은 AI가 포용의 도구로 작동할 수 있는지, 아니면 불평등의 가속기로 작동하는지를 가장 먼저 보여줄 가능성이 크다.

UNDP는 이 지역의 정책 선택이 향후 글로벌 AI 질서의 방향을 가늠하는 중요한 기준이 될 것이라고 본다.

선택과 정책의 결정적 의미

보고서가 반복해서 강조하는 메시지는 분명하다. AI의 미래는 기술 발전의 속도가 아니라, 사회가 어떤 선택을 하느냐에 달려 있다. 접근성, 설계 참여, 통제와 책임의 구조에 따라 AI는 전혀 다른 결과를 낳는다.

아무 개입도 하지 않는 것 역시 하나의 선택이다. AI 앞에서 인류는 다시 한번 갈림길에 서 있다.

18 AI는 누구에게 기회가 되고, 누구를 배제하는가 ②

- 데이터에 없는 사람은 AI에도 존재하지 않는다
- 생산성의 과실은 도시·대기업·고숙련 노동자에게 먼저 간다
- 여성·청년·비공식 노동자는 더 큰 위험에 노출
- 저소득 국가는 '수입 AI 의존'에 갇힌다
- 행정 효율은 높아지지만, 민주적 통제는 약해질 수 있다

유엔개발계획(UNDP) 보고서『The Next Great Divergence』는 인공지능(AI)이 인간의 삶을 사람(People)·경제(Economy)·거버넌스(Governance)라는 세 경로를 통해 재편한다고 분석한다. 문제는 이 변화가 모든 사람에게 동일하게 작동하지 않는다는 점이다. AI는 누군가에게는 기회를, 다른 누군가에게는 배제를 만들어낸다.

이 글은 해당 보고서를 바탕으로, AI가 실제로 누구에게 이익을 제공하고 누구를 소외시키는지 그 구조를 살펴본다.

사람 중심 발전과 AI의 양면성

AI는 교육·보건·복지에서 인간 역량을 확장할 잠재력을 지닌다. 개인 맞춤형 학습, 의료 영상 판독, 복지 수요 예측은 기존 시스템의 한계를 보완할 수 있다. 그러나 이러한 효과는 기술에 접근할 수 있는 집단에게 먼저 나타난다.

데이터에 포함되지 않은 사람과 집단은 AI 시스템에서도 존재하지 않는다. 여성, 노년층, 농촌 거주자, 소수 언어 사용자, 비공식 노동자는 데이터의 공백 속에서 배제될 가능성이 크다. AI는 중립적

인 판단자가 아니라, 기존 사회 구조를 학습한 결과물이기 때문이다.

● 데이터 비가시성과 알고리즘 배제

AI는 데이터를 기반으로 작동한다. 그러나 데이터는 현실을 그대로 반영하지 않는다. 수집 가능한 것만 수집되고, 측정 가능한 것만 기록된다. 이 과정에서 사회적 약자와 주변부는 쉽게 누락된다.

UNDP는 이를 '데이터 비가시성(data invisibility)' 문제로 지적한다. 데이터에 없는 사람은 복지 대상에서 제외되고, 신용 평가에서 불리해지며, 행정 판단에서 배제된다. 알고리즘은 차별을 의도하지 않지만, 차별을 자동화할 수 있다.

● 경제적 생산성과 불균등한 분배

AI는 생산성을 높이는 기술로 평가받는다. 자동화와 최적화는 기업의 효율을 개선하고, 새로운 산업과 직무를 만들어낸다. 그러나 이러한 생산성의 과실은 균등하게 분배되지 않는다.

AI의 효과는 대기업, 도시, 고숙련 노동자에게 먼저 집중된다. 반면 중소기업, 농촌 지역, 반복적 업무에 종사하는 노동자는 상대적으로 더 큰 충격에 노출된다. UNDP는 AI가 성장률을 높일 수는 있지만, 불평등을 줄인다는 보장은 없다고 지적한다.

● 노동시장 재편과 취약계층 노출

AI는 일자리를 없애기보다 재구성한다. 문제는 전환의 속도와 방향이다. 고숙련 노동자는 AI를 활용해 생산성을 높일 수 있지만, 저숙련 노동자는 대체 위험에 더 많이 노출된다.

특히 여성과 청년은 AI에 의해 자동화될 가능성이 높은 직무에 더 많이 종사하고 있다. 플랫폼 노동과 프리랜서 시장에서는 AI 도입이 진입 장벽을 낮추는 동시에 단가 하락과 불안정성을 심화시킨다. 기회와 위험은 동시에 작동하지만, 완충 장치는 균등하지 않다.

접근성 격차와 디지털 분리

AI의 효과는 기본 인프라에 의존한다. 안정적인 전력, 인터넷 연결, 디지털 기기, 기본 문해력 없이는 AI의 혜택은 실현되지 않는다. 아시아·태평양 지역에서는 여전히 상당수 인구가 이러한 조건을 갖추지 못하고 있다.

성별 격차도 두드러진다. 일부 지역에서 여성은 스마트폰 소유율과 디지털 접근성에서 남성보다 현저히 낮은 수준에 머물러 있다. 이는 AI 기반 교육·금융·노동 기회에서의 구조적 배제로 이어진다.

거버넌스 효율성과 민주적 통제의 긴장

AI는 행정 효율을 높인다. 민원 처리 자동화, 위험 예측, 정책 설계 보조는 정부의 대응 능력을 강화한다. 그러나 이 과정에서 의사결정의 투명성과 책임성은 약화될 수 있다.

알고리즘 기반 행정은 설명하기 어렵고, 이의 제기가 쉽지 않다. 특히 규제 역량이 부족한 국가에서는 외부 기업이나 해외 기술에 대한 의존도가 높아지며, 통제력은 약화된다. 효율은 증가하지만, 민주적 통제는 후퇴할 위험이 있다.

불평등의 기술적 고착 가능성

UNDP가 가장 우려하는 지점은 AI가 불평등을 일시적으로 확대하는 데 그치지 않고, 구조적으로 고착화할 가능성이다. 교육·노동·행정 전반에 AI가 깊이 스며들수록, 초기 격차는 누적되고 되돌리기 어려워진다.

AI는 스스로 방향을 바꾸지 않는다. 제도와 정책, 사회적 개입 없이는 기존 불균형을 강화하는 방향으로 작동할 가능성이 크다.

19 격차를 줄이는 AI는 가능한가 ③

- '사람 우선'이 없는 AI 전략은 실패
- 규제 없는 혁신은 신뢰를 무너뜨린다
- 인프라와 역량은 동시에 구축돼야
- 국가의 출발선에 맞춘 차등 전략이 필요
- 성과는 '배치 수'가 아니라 '격차 감소'로 측정해야

유엔개발계획(UNDP) 보고서 『The Next Great Divergence』는 인공지능(AI)이 불평등을 확대할 가능성을 경고하는 데서 멈추지 않는다. 보고서는 AI가 어떻게 설계되고, 어떻게 확산되며, 어떤 기준으로 관리되는가에 따라 정반대의 결과가 가능하다고 강조한다.

이 글은 이 보고서를 바탕으로, AI가 '다음 거대한 분기'를 피하고 격차를 줄이는 기술로 작동하기 위해 필요한 조건과 정책 선택을 살펴본다.

기술 결정론의 한계와 선택의 문제

UNDP 보고서의 출발점은 분명하다. AI는 필연적으로 불평등을 만드는 기술이 아니다. 문제는 기술 그 자체가 아니라, 기술이 도입되는 방식과 이를 둘러싼 제도적 선택이다.

산업혁명과 전기, 인터넷 역시 처음에는 격차를 확대했지만, 이후 공공정책과 제도 개입을 통해 보편화됐다. AI 역시 같은 경로를 따를 수 있지만, 아무 개입이 없다면 초기 격차는 구조적으로 고착될 가능성이 크다. 기술 결정론을 벗어나 정책 결정의 영역으로 AI

를 끌어오는 것이 출발점이다.

사람 중심 접근과 인간 개발 관점

UNDP는 AI 정책의 기준을 GDP 성장이나 기술 경쟁력이 아니라 인간 개발(human development)에 두어야 한다고 강조한다. 이는 AI가 사람의 능력, 선택, 안전을 확장하는 방향으로 설계돼야 함을 의미한다.

교육 접근성, 건강 증진, 기본 서비스 이용, 안전과 존엄성 보장이 핵심 지표가 된다. AI가 이 지표를 개선하지 못한다면, 기술적 성공에도 불구하고 사회적 실패가 될 수 있다. 사람 중심 접근은 윤리적 선택이 아니라 정책의 실효성을 좌우하는 조건이다.

책임 있는 혁신과 규범적 장치

AI를 포용적으로 만들기 위해서는 혁신을 멈추는 규제가 아니라, 위험에 비례한 규범과 통제가 필요하다. UNDP는 설명 가능성, 이의 제기 절차, 인간의 최종 개입 권한을 핵심 원칙으로 제시한다.

특히 복지, 치안, 사법, 고용 등 고위험 영역에서는 알고리즘 결정이 투명하고 검증 가능해야 한다. 책임 주체가 불분명한 자동화는 효율을 높일 수는 있어도 신뢰를 만들 수는 없다. 신뢰 없는 AI는 장기적으로 확산될 수 없다.

인프라 구축과 역량 형성의 병행

AI 정책은 흔히 인재 양성이나 윤리 논의에 치우치거나, 반대로 인프라 투자에만 집중되는 경향이 있다. UNDP는 이 둘을 분리해서는 안 된다고 강조한다.

연결성, 전력, 연산 자원, 데이터 센터와 같은 하드 인프라는 AI 접근의 전제 조건이다. 동시에 디지털 문해력, 공공 부문 역량, 규제 설계 능력과 같은 소프트 역량이 결합되지 않으면 인프라는 사장된다. 하드와 소프트의 결합이 포용적 AI의 물리적 기반이다.

출발선에 따른 차등 정책 전략 필요

UNDP는 모든 국가에 동일한 AI 전략을 적용하는 것은 비현실적이라고 본다. 국가별 출발선에 따라 우선순위는 달라져야 한다.

저역량 국가는 기본 연결성과 필수 공공서비스 접근에 집중해야 하며, 중간 단계 국가는 데이터 품질과 노동 전환 정책을 강화해야 한다. 고역량 국가는 표준 설정, 녹색 AI, 공공 연산 자원 공유 등 국제적 책임을 맡아야 한다. 포용적 AI는 차등 전략 없이는 성립할 수 없다.

성과 측정 방식의 재설계

AI 정책의 성공은 '얼마나 많은 시스템을 도입했는가'로 측정될 수 없다. UNDP는 격차가 실제로 줄어들었는지를 성과 지표로 삼아야 한다고 강조한다.

교육 성취 격차, 보건 접근성, 행정 서비스 이용률, 지역·성별·연령별 결과 차이가 핵심 지표가 된다. 또한 오류율, 이의 제기 건수, 결정 번복 비율과 같은 실패 지표 역시 공개적으로 관리돼야 한다. 측정하지 않는 것은 개선할 수 없다.

포용적 AI로의 경로 설정

UNDP가 제시하는 결론은 낙관도 비관도 아니다. AI는 인류의 다음 도약이 될 수도, 다음 분기가 될 수도 있다. 어느 쪽으로 향할지는 이미 상당 부분 결정되고 있지만, 아직 되돌릴 여지는 남아 있다.

포용적 AI는 선언이 아니라 설계와 집행의 문제다. 접근성, 참여, 책임, 측정이라는 조건이 갖춰질 때 AI는 격차를 줄이는 기술이 될 수 있다. 이 특집이 던진 질문의 답은 결국 정책과 사회의 선택으로 귀결된다.

제 3 장

디지털 포용은 어떻게 설계되어야 하는가?

1 디지털 포용 정책의 필연성

디지털 기술의 급격한 발전은 인간의 삶을 편리하게 만든 동시에 새로운 형태의 불평등을 낳고 있다. 과거의 디지털 격차가 인터넷 접속 여부나 디지털 기기 보유에 초점을 맞추었다면, 오늘날의 격차는 단순한 접근의 문제가 아닌, 그 기술을 '어떻게 활용하느냐'에 따라 발생하는 복합적이고 심화된 문제로 진화하였다. 이는 곧 디지털 리터러시와 활용 역량, 나아가 기술 수용성과 선택의 자유까지 아우르는 문제로 확장된다.

디지털 포용 정책은 이러한 변화된 환경 속에서 반드시 고려되어야 할 공공 정책적 과제로 부상하고 있다. 이는 기술 접근의 평등을 넘어, 기술 활용의 평등과 그 결과에 이르기까지, 모든 시민이 디지털 사회에서 소외되거나 배제되지 않도록 하기 위한 일종의 사회계약적 접근이다. 특히 디지털 기술이 교육, 노동, 복지, 의료, 행정 등 삶의 거의 모든 영역에 깊이 침투한 오늘날, 포용적 디지털 환경을 조성하는 것은 인권과 민주주의, 복지국가의 지속가능성이라는 측면에서도 중대한 과제가 되었다.

디지털 포용은 단지 기술적 혜택의 균등한 분배를 의미하는 데 그치지 않는다. 이는 곧 인간의 존엄과 자기결정권을 지키는 윤리적 기반이다. 디지털 전환이 '디지털 전용(Digital Only)' 혹은 '디지털 우선(Digital First)'이라는 방식으로 구현될 때, 기술에 익숙하지 않거나 기술을 일부러 거부하고 싶은 시민들의 선택권은 종종 침해당한다. 특히 노년층, 장애인, 저소득층 등 디지털 취약계층은 이러한 전환의 가장 큰 피해자가 되기 쉽다. 디지털 사회 속에서 살아가는 것이 곧 생존의 조건이 될 때, 디지털에서 배제된다는 것은 곧 삶에서의 배제를 의미한다.

독일에서 제기된 '디지털 강제(Digital Compulsion)' 비판은 우리에게 시사하는 바가 크다. 이는 단순히 기술 수용성의 문제가 아니라, 인간이 기술을 '선택하지 않을 권리'까지 보장받아야 한다는 점을 강조한다. 디지털 포용은 결국 아날로그적 삶의 권리를 지키는 일이며, 사회적 다양성을 인정하는 민주주의 실천이기도 하다.

산업경제적으로도 디지털 포용은 단순한 복지정책이 아니라 지속가능한 성장의 전제조건이다. 디지털 기술은 고부가가치 산업을 창출하고 생산성과 효율성을 비약적으로 증대시키는 잠재력을 지녔다. 하지만 이러한 성과는 일부 집단에만 집중될 경우, 사회 전반의 불균형과 갈등을 야기할 수 있다. 예를 들어, 인공지능이나 자동화 기술이 확대될수록 숙련도의 차이에 따른 고용 격차와 임금 격차는 더욱 심화될 수 있다.

이러한 상황에서 디지털 포용 정책은 노동시장의 충격을 완화하고, 재교육·전환교육 등을 통해 노동력의 이탈을 방지하며, 포괄적 경제 성장의 토대를 마련하는 수단으로 작동한다. 나아가 중소기업이나 지역 기반 산업, 창업 생태계에서도 디지털 기술을 효과적으로 활용할 수 있도록 지원함으로써, 기술 불균형에 따른 산업 간, 지역 간 격차를 완화하는 역할도 수행하게 된다.

국가 차원에서 디지털 포용은 곧 보편적 복지와 디지털 민주주의의 기초를 마련하는 정책이다. 디지털 시민권(digital citizenship)을 실현하기 위해서는 국민 모두가 공공 디지털 서비스에 접근하고, 이를 통해 권리와 의무를 행사할 수 있어야 한다. 그러나 지금의 디지털 전용 행정 서비스는 일부 계층에게는 아예 국가 시스템에서 배제되는 결과를 초래할 수 있다.

더욱이, 디지털 기술을 통한 행정 효율화는 그 자체로 중요하지만, 사회적 약자에 대한 고려가 결여된다면 이는 오히려 신뢰와 참여를 저해하는 요인이 될 수 있다. 따라서 국가의 디지털 전환은 단순한 기술 혁신이 아니라, 국민 모두를 위한 '디지털 형평성(Digital Equity)'이라는 가치를 기반으로 추진되어야 한다. 이는 국민 개개인의 사회적 기본권을 보장하고, 디지털 시대에 맞는 새로운 복지국가 모델을 설계하는 과정이기도 하다.

디지털 포용 정책은 단순히 소외계층을 위한 보완적 정책이 아니라, 디지털 사회의 지속가능성과 정의로움을 담보하는 핵심 인프라이다. 기술 중심에서 사람 중심으로 전환되는 관점의 변화가 필요한 시점이다. 모든 국민이 기술의 수혜자일 뿐 아니라, 주체로서 디지털 문명에 참여할 수 있는 환경을 구축하는 것. 그것이야말로 진정한 의미에서의 디지털 전환이자, 인권과 평등, 민주주의가 살아있는 디지털 사회의 출발점이다.

2 디지털포용법에 대한 심층 이해

국민 누구나 디지털 기술의 혜택을 차별 없이 누릴 수 있도록 하는 법적 기반이 되는 디지털포용법은 디지털 격차를 해소하고 관련 산업 육성을 통해 국민의 삶의 질을 높이는 것을 목표로 한다.

동 법은 △목적과 정의 △정책 추진체계 △디지털역량의 함양 △지능정보서비스 이용환경 보장 △지능정보기술의 포용적 활용 촉진 등 5가지 주요 항목으로 구성됐다.

디지털포용법의 목적은 디지털포용 증진과 관련 산업 육성을 통해 국민의 삶의 질을 높이고 사회통합에 기여하는 것이다(제1조). '디지털포용'은 모든 국민이 차별이나 배제 없이 지능정보기술의 혜택을 고르게 누릴 수 있도록 경제적·사회적·문화적 환경을 조성하는 것으로 정의된다(제2조). 특히, 디지털역량 함양, 지능정보기술에 대한 대체수단 보장, 그리고 기술 역기능 예방 및 해소를 디지털포용의 범위에 포함하고 있다(제3조~제5조).

디지털포용법 제2장은 디지털포용 정책 추진을 위한 체계적 구조를 상세히 규정하고 있다. 기본계획과 시행계획을 중심으로 민간 전문가와 국민의 의견을 수렴하고, 실태조사와 영향평가를 통해 정책의 실행력과 공정성을 높이는 내용이 담겼다.

디지털포용법은 디지털 기술이 모든 국민에게 차별 없이 제공될 수 있도록 체계적이고 종합적인 정책 추진체계를 정의하고 있다. 디지털 격차를 해소하고 포용적 디지털 사회를 구현하기 위한 정부의 구체적인 노력이 기대된다.

우선 정부는 디지털 포용 정책의 장기적 비전과 방향성을 제시하는 디지털포용 기본계획을 수립해야 한다. 과학기술정보통신부장관은 디지털포용 기본계획을 3년마다 수립해야 하며, 이를 위해 관계 중앙행정기관과 지방자치단체의 의견을 수렴하고, 정보통신전략위원회의 심의를 거쳐 확정한다. 기본계획은 디지털포용 정책의 기본 방향과 중장기 발전방향, 디지털역량 강화, 접근성 보장, 대체수단 제공, 기술 개발과 표준화, 디지털취약계층 지원, 국제협력 및 재원 조달 방안 등을 포함하며, 디지털포용 정책의 종합적인 로드맵 역할을 하게 된다.

민간 전문가와 국민의 참여를 확대하는 방안도 중요하게 다뤄진다. 디지털포용 정책은 공공기관뿐만 아니라 민간 전문가, 관련 단체, 일반 국민의 다양한 의견을 반영할 수 있도록 설계되었다. 이를 통해 정책의 공정성과 투명성을 확보하고, 민간의 자발적 참여를 활성화해 포용적 지능정보사회의 구현을 위한 협력체계를 강화하고자 하는 것이다.

이처럼 디지털포용 정책 추진체계는 기본계획과 시행계획의 수립 및 점검, 민간 참여, 실태조사와 영향평가를 중심으로 디지털 기술의 포용적 활용을 촉진하는 구조를 갖췄다. 포용적 디지털 사회 구현을 위한 종합적인 로드맵이다. 정책 실행 과정에서 다양한 참여 주체의 역할이 중요하다. 이를 토대로 모든 국민이 디지털 혜택을 누릴 수 있는 환경을 조성하고, 국가의 지속 가능하고 공정한 발전을 위한 강력한 초석이 될 것으로 기대된다.

디지털포용법 제3장은 디지털역량의 강화와 정보격차 해소를 위한 구체적 방안을 규정하고 있다. 디지털 교육 프로그램, 지원센터 지정, 종합정보시스템 구축, 그리고 취약계층의 사회 참여 지원을 통해 디지털 포용성을 높이고 사회 구성원 모두가 디지털 기술의 혜택을 누릴 수 있는 환경을 조성하는 것이 핵심이다.

국가와 지방자치단체는 디지털역량 강화를 위해 다양한 활동을 추진할 수 있다. 디지털역량 함양 활동은 교육 시설과 장비 설치, 전문인력 발굴과 지원, 디지털 교육 지표 개발 및 보급, 역기능 문제 해결 지원 사업 등을 포함한다. 특히 이러한 활동을 시행할 때 사회 구성원 간 차별이나 배제가 발생하지 않도록 노력해야 하며, 장애인, 고령자, 농어업인 등 디지털 취약계층에 대해서는 필요한 비용을 부담할 수 있도록 명시했다. 디지털역량 교육의 핵심 요소로는 기술 활용 능력, 타인 존중과 배려, 역기능 보호, 디지털사회 참여 역량 등이 강조된다.

이처럼 디지털포용법 제3장은 디지털역량 강화와 정보격차 해소를 위한 구체적이고 체계적인 방안을 제시하고 있다. 교육과 지원체계의 강화를 통해 모든 국민이 디지털 기술의 혜택을 누릴 수 있도록 하는 법적 기반이 마련되었다. 이러한 정책적 노력이 디지털 취약계층의 사회 참여를 촉진하고, 사회 전반의 디지털 포용성을 강화하는 데 기여할 것으로 기대된다.

디지털포용법 제4장은 지능정보서비스와 제품의 접근성을 보장하고 디지털취약계층의 정보 이용 편의를 증진하기 위한 구체적인 조치를 담고 있다. 이를 통해 사회적 약자도 디지털 환경에서 소외되지 않도록 체계적 지원이 강화될 것으로 기대된다.

지능정보서비스 및 제품의 접근성 보장은 법의 핵심 중 하나다. 국가기관과 지능정보사업자는 웹사이트, 이동통신단말장치의 소프트웨어, 무인정보단말기, 전자출판물 등 다양한 지능정보서비스 및 제품을 디지털취약계층이 어려움 없이 이용할 수 있도록 접근성을 보장해야 한다. 특히, 이러한 제품이 보조기기와 호환될 수 있도록 필요한 시책을 마련하는 한편, 디지털취약계층을 위한 접근성 지침을 고시해 접근성 증진을 위한 표준화를 추진한다.

이처럼 디지털포용법 제4장은 지능정보서비스와 제품의 접근성을 보장하고 디지털취약계층을 지원하기 위한 체계적인 계획과 조치를 명확히 규정했다. 이를 통해 디지털 환경에서의 불평등을 완화하고, 모두가 평등하게 디지털 혜택을 누릴 수 있는 사회를 구현하는 데 중요한 역할을 할 것으로 기대된다.

디지털포용법 제5장은 디지털포용기술 및 서비스의 활용 촉진을 위한 구체적인 정책 방향을 제시한다. 표준화 작업과 연구개발 기반 조성, 유망 기술 지정, 수출지원, 전문인력 양성까지 아우르는 종합적 계획은 디지털 기술의 혁신적 활용과 포용적 확산을 목표로 한다.

디지털포용 기술 및 서비스의 표준화는 동 법의 첫 번째 목표다. 정부는 디지털취약계층의 사용 편의성을 높이기 위해 기술과 서비스의 표준을 제정, 개정, 보급하고 이를 국내외 표준과 연계하는 방안을 추진한다. 이를 통해 다양한 기술과 서비스 간 상호운용성을 확보하고, 디지털 접근성의 통일된 기준을 마련한다. 예를 들어, 고령자나 장애인이 편리하게 사용할 수 있는 스마트폰의 표준 인터페이스를 개발하거나, 무인정보단말기의 접근성 지침을 국제 표준으로 확장하는 사례를 전망할 수 있다.

이처럼 디지털포용법 제5장은 기술 혁신과 포용적 활용을 조화롭게 추진하기 위한 비전을 제시한다. 표준화 작업, 연구개발 지원, 수출 확대, 전문인력 양성 등 다각적 노력을 통해 디지털포용기술은 사회 전반의 포용성을 강화하고, 새로운 경제적 기회를 창출하는 원동력이 될 것으로 기대된다.

3 디지털 접근성과 디지털 포용, 민주주의를 위한 국가 전략

오늘날 우리는 디지털 전환이 사회 전반을 재편하는 거대한 변화 속에 살고 있다. 인공지능과 데이터 기술은 경제뿐 아니라 교육, 행정, 정치 등 거의 모든 분야에 영향을 미치고 있으며, 디지털 기술은 이제 단순한 도구가 아니라 사회구조의 핵심 요소로 작용하고 있다. 그러나 이러한 기술 발전이 모두에게 동등한 기회를 제공하는 것은 아니다. 오히려 일부 계층과 지역은 디지털 환경에서 소외되거나 배제되고 있으며, 이는 정보 접근의 불평등으로 이어지고 있다. 이러한 상황은 민주주의의 근간을 흔들고 있다. 정보 접근이 제한되면 시민의 참여 기회가 박탈되고, 결국 민주주의의 가장 중요한 가치인 참여와 평등이 무너지게 된다.

디지털 접근성은 바로 이러한 구조적 문제를 해결하기 위한 개념이다. 이는 단순히 인터넷에 접속할 수 있는 능력을 의미하는 것이 아니다. 모든 시민이 동등한 조건에서 정보에 접근하고, 이를 통해 사회적 활동에 참여할 수 있는 권리를 보장하는 것을 의미한다. 디지털 접근성은 민주주의의 실질적 참여를 가능하게 하며, 이는 단순한 기술 정책이 아닌 정치적, 사회적 권리의 문제로 다루어져야 한다.

현대의 정보 유통 구조는 소수의 글로벌 플랫폼 기업에 의해 좌우되고 있다. 이들은 방대한 데이터를 독점하고 있으며, 이용자의 행동을 분석하고 예측하는 알고리즘을 통해 정보 제공 방식을 조정하고 있다. 문제는 이러한 알고리즘이 특정한 정보만을 반복적으로 노출시킨다는 점이다. 이용자는 자신이 이미 선호하는 정보만 접하게 되고, 반대되는 시각이나 새로운 정보는 점점 접하기 어려워진다. 이로 인해 형성되는 '에코 챔버'는 시민들을 폐쇄적인 정보 공간에 가두고, 여론의 다양성과 건강한 사회적 토론을 어렵게 만든다.

이러한 정보 왜곡 현상은 정치적 양극화와 사회적 갈등을 더욱 부추긴다. 알고리즘에 의해 가짜 뉴스나 자극적인 콘텐츠가 빠르게 확산되면서, 진실한 정보는 묻히고 여론 형성은 왜곡된다. 사회적 신뢰는 붕괴되며, 이는 결국 민주주의의 위기로 이어진다. 디지털 기술이 본래 약속했던 열린 정보사회는 역설적으로 정보 편향과 차별을 심화시키는 구조로 바뀌고 있다.

이러한 디지털 환경의 불평등과 정보 독점 문제는 민간 시장의 자율적 조정만으로는 해결되기 어렵다. 따라서 국가가 적극적으로 개입하여 디지털 포용 정책을 수립하고 추진해야 할 필요성이 더욱 커지고 있다. 정부는 디지털 접근성을 단순한 인프라 구축이 아닌 국민의 기본권 차원에서 바라보아야 하며, 포용적 디지털 사회로 나아가기 위한 정책적 토대를 마련해야 한다.

우선, 전국 단위에서 디지털 인프라의 균형 있는 구축이 이루어져야 한다. 도시와 농촌, 계층과 세대 간의 접속 환경 격차를 해소하는 것이 첫걸음이다. 고속 인터넷망의 전국 확산, 공공 와이파이 확대, 디지털 기기 접근성 보장 등이 포함될 수 있다. 이어서, 디지털 기술을 운영하는 핵심 메커니즘인 알고리즘의 투명성이 확보되어야 한다. 플랫폼 기업은 자신들의 알고리즘이 어떤 방식으로 작동하고 있는지를 공개하고, 공정성과 편향성에 대한 외부의 점검을 받아야 한다. 이를 통해 시민은 플랫폼의 운영 구조를 이해하고, 비판적 시각을 가질 수 있다.

또한, 디지털 접근에 어려움을 겪는 계층에 대한 지원이 강화되어야 한다. 고령자, 장애인, 저소득층, 이주민 등 사회적 약자들이 디지털 환경에 쉽게 진입할 수 있도록 맞춤형 교육과 보조 기기를 제공하고, 경제적 부담을 완화할 수 있는 데이터 이용권 등의 정책이 필요하다. 더 나아가, 상업적 이해관계에서 벗어난 공공 디지털 플랫폼을 구축하여 시민들이 자유롭고 안전하게 정보를 공유하고 의견을 나눌 수 있는 공론장을 만들어야 한다. 이는 플랫폼 독점의 대안을 제공하며, 공적 가치를 실현하는 장으로 기능할 수 있다.

디지털 포용은 단순히 정보기술의 확산을 의미하지 않는다. 그것은 기술을 매개로 한 새로운 사회계약의 형성이며, 모든 시민에게 동등한 참여 기회를 제공하겠다는 정치적 약속이다. 정부는 디지털 포용을 단순한 복지정책이나 교육사업이 아닌, 국가 발전 전략의 핵심 축으로 인식해야 한다. 정보에 접근할 수 없는 사람은 정치, 경제, 사회 모든 영역에서 소외될 수밖에 없으며, 이는 장기적으로 사회의 지속 가능성을 약화시키는 결과를 초래한다.

디지털 접근성을 보장하는 일은 단지 배려의 차원이 아니라, 사회 전체를 재구성하는 적극적 노력의 결과여야 한다. 기술 중심에서 사람 중심의 디지털 사회로 전환하는 것이야말로 진정한 의미의 디지털 혁신이며, 포용국가로 나아가는 근본적인 전제 조건이다.

앞으로의 민주주의는 점점 더 디지털 공간에서 실현될 것이다. 공론장도, 시민의 참여도, 행정 서비스도 디지털을 매개로 이루어지는 시대에서, 디지털 접근성과 포용은 더 이상 선택이 아닌 필수적인 가치다. 이를 실현하기 위해서는 정부와 플랫폼 기업, 시민사회가 함께 협력해야 하며, 특히 국가는 정책의 중심에서 디지털 접근성을 민주주의의 기본권으로 제도화해야 한다.

이러한 방향으로 정책이 추진된다면, 우리는 기술 발전이 사람을 소외시키는 것이 아니라 모든 시민을 연결하고 참여시키는 방식으로 작동하는 사회를 만들 수 있을 것이다. 공정하고 투명하며, 모두가 참여할 수 있는 디지털 환경은 단지 기술의 결과가 아니라 민주주의의 미래를 위한 국가의 의지와 선택에서 비롯된다.

4 노인의 디지털 포용, 기술을 통한 존엄과 참여의 회복

현대사회는 디지털 기술 없이는 일상이 성립되지 않는 시대가 되었다. 스마트폰 하나로 은행 업무를 보고, 병원 진료를 예약하며, 친구와 대화를 나누고, 공연을 관람하고, 정부의 복지 서비스를 신청할 수 있는 세상 속에서, 디지털 기술은 단지 효율을 위한 도구가 아니라 삶의 기본적인 권리 실현의 수단이 되었다. 그러나 이 기술의 진보가 모두에게 동일한 혜택으로 다가가는 것은 아니다. 특히 노년층은 디지털 사회에서 가장 후방에 위치한 집단이다. 그리고 그 위치는 단순한 기술 미숙의 문제가 아니라, 사회적 단절과 불평등으로 이어지는 구조적 문제이기도 하다.

노인은 다른 연령층보다 디지털 기술에 대한 접근성과 활용 능력이 낮은 경향이 있다. 이는 단지 스마트폰 사용법을 모른다는 의미가 아니다. 노인의 디지털 소외는 복합적 요인으로 구성된 사회적 배제 현상이다. 신체 기능의 저하, 경제적 제약, 사회적 고립은 물론, 기술을 설계하는 단계에서부터 노인의 특성과 요구가 반영되지 않는 점이 큰 문제다. 다시 말해, 디지털 기술의 '기본값'은 젊고 건강하며 경제적으로 여유 있는 사람을 중심으로 구성되어 있으며, 이로 인해 노인들은 기술 환경 속에서 보이지 않게 밀려나고 있다.

그간 노인의 디지털 격차 해소를 위한 정부 정책은 주로 디지털 역량 교육에 집중되어 왔다. 키오스크 사용법을 알려주는 강좌, 스마트폰 활용 교육 등이 그것이다. 이러한 정책은 디지털 환경에 대한 노인의 불안감을 줄이고 기본적인 기기 사용법을 익히는 데 분명 도움이 된다. 하지만 기술의 속도는 빠르고, 노인의 일상은 여전히 복잡하며, 무엇보다 기술은 여전히 노인 중심적이지 않다. 현장의 교육만으로 디지털 형평성을 실질적으로 실현하기는 어렵다.

진정한 디지털 포용은 '노인이 기술에 적응하는 것'이 아니라, 기술이 노인을 포용하는 것이어야 한다. 노인의 사용성을 고려한 기술 설계, 복잡한 절차를 간소화한 인터페이스, 음성 안내나 자막 등 보조 기능의 도입, 손 떨림이나 시력 저하 등을 고려한 입력 시스템 등 노인을 중심에 둔 서비스 설계 철학이 필요하다. 이는 단순한 편의 기능이 아니라, 기술의 민주성에 대한 실질적 고민이기도 하다.

예컨대, 복지서비스 신청 과정이 전자화되면서 많은 노인들이 '신청할 수 없는 권리' 상태에 놓이고 있다. 오프라인 창구가 축소되고 모바일 앱만이 유일한 수단이 되는 경우, 기술은 권리 보장의 통로가 아니라 장벽이 된다. 디지털 포용은 이러한 상황을 방치하지 않고, 기술이 사회 구성원의 다양성과 조건을 고려해 설계되고 운영되도록 요구한다.

또한, 포용적 기술은 개별 노인의 삶의 맥락에 맞는 맞춤형 서비스를 제공해야 한다. 연령, 건강 상태, 주거 환경, 사회적 관계망 등 다양한 요소를 고려한 디지털 접근성과 역량 강화 전략이 마련되어야 한다. 이를 위해 디지털 포용 전략은 다음과 같은 요소를 포함해야 한다.

첫째, 접근성 개선. 기기 보급과 인터넷 인프라 제공뿐만 아니라, 물리적·인지적 제약을 고려한 사용자 인터페이스 개발이 필요하다.

둘째, 역량 강화. 단기 교육을 넘어서 반복적이고 생활 밀착형 디지털 교육이 제공되어야 하며, 가족·지역사회가 함께 참여하는 구조가 바람직하다.

셋째, 기술 설계 참여. 노인 당사자가 기술 개발 및 테스트 단계에 참여할 수 있도록 하는 '참여 설계' 접근이 확대되어야 한다.

넷째, 지속가능한 지원체계. 교육만으로 끝나는 것이 아니라, 노인의 기술 이용을 도와주는 커뮤니티 기반의 디지털 돌봄 체계가 마련되어야 한다.

또한, 노인 대상 디지털 서비스의 실효성을 확보하기 위해서는 디지털 포용 평가 체계가 필요하다. 사용자가 해당 서비스를 실제로 인지하고 접근하며, 사용 후 만족하는지에 대한 질적 경험을 기반으로 한 평가가 이루어져야 한다. 단순한 보급률이나 이용률보다 중요한 것은, 기술이 노인의 삶에 어떤 영향을 주었는가이다.

결국 노인의 디지털 포용은 단지 기술 활용 능력을 높이는 문제가 아니다. 그것은 노인의 삶의 질, 사회적 참여, 정보 접근권, 그리고 존재의 존엄을 보장하는 문제이다. 디지털 포용은 노인의 고립을 줄이고, 사회적 관계를 복원하며, 자율적 삶을 회복할 수 있는 기회가 될 수 있다. 그리고 그것이 가능하기 위해서는 기술이 변해야 한다. 사회가 변해야 한다.

노인이 기술에 적응하는 것이 아니라, 기술이 노인을 기다려야 한다. 이것이 바로 포용의 시작이다.

5 장애인을 위한 인공지능과 디지털 포용의 실현

디지털 사회로의 전환은 삶의 많은 부분을 이전보다 더 편리하고 빠르게 변화시켜왔다. 우리는 스마트폰으로 금융거래를 하고, 인공지능 스피커를 통해 가전제품을 제어하며, 어디서든 인터넷을 통해 교육과 소통을 이어나갈 수 있게 되었다. 그러나 이러한 변화는 모두에게 동일한 혜택을 제공하지 않는다. 디지털 기술은 때로는 누군가에게는 삶을 변화시키는 기회이지만, 또 다른 누군가에게는 새로운 벽과 배제의 구조가 되기도 한다. 그 대표적인 사례가 장애인을 둘러싼 디지털 정보격차이다.

2023년 디지털 정보격차 실태조사에 따르면, 장애인의 디지털 정보화 수준은 82.8%에 이르렀지만 여전히 일반 국민 평균에 비해서는 낮은 수준이다. 특히 문제는 단순한 '접근성'의 문제가 아니라, 디지털 리터러시와 정보 활용 능력의 격차가 구조적으로 존재한다는 점이다. 기기를 갖고 있어도, 이를 제대로 활용하거나 효율적으로 정보를 얻는 데 필요한 능력은 부족한 경우가 많다. 이는 단지 개인의 능력 부족이 아니라, 기술이 배제적인 방식으로 설계되어 왔다는 반증이기도 하다.

이러한 현실 속에서 인공지능 기술(AI)은 장애인을 위한 디지털 포용을 실현할 수 있는 새로운 가능성으로 주목받고 있다. AI는 단순한 자동화 도구를 넘어서, 사용자의 특성과 환경을 파악해 맞춤형 서비스를 제공할 수 있는 기술이다. 즉, '평균 사용자'를 기준으로 설계된 기존 시스템의 한계를 넘어, 다양성과 개별성을 고려한 기술 환경을 구축할 수 있는 잠재력을 지닌다.

실제 활용 사례는 다양하다. 마이크로소프트의 'Seeing AI' 앱은 시각장애인이 스마트폰 카메라로 촬영한 이미지를 인식하고, 사물·사람·텍스트 등의 정보를 음성으로 안내해주는 서비스다. 국내에서도 SK텔레콤, 삼성전자 등이 '설리번플러스'와 같은 시각보조 앱을 탑재해 서비스를 제공하고 있으며, 전 세계 200여 개 국가에서 사용되고 있다. 이는 단지 '접근 가능성'을 넘어서 '이해 가능성'과 '활용 가능성'을 제공하는 도구로서 AI가 작동할 수 있음을 보여준다.

청각장애인을 위한 AI 기술도 빠르게 발전하고 있다. 음성을 문자로 자동 변환하거나, 자막을 자동 생성해주는 시스템, 수어를 자동 인식하여 음성으로 변환하는 기술 등은 기존의 의사소통 장벽을 획기적으로 줄여주고 있다. 이러한 기술은 회의, 수업, 방송, 일상대화 등에서 청각장애인의 참여와 표현의 기회를 실질적으로 보장해 준다.

지체장애인의 경우에도, AI 음성 인식 기술은 물리적 조작 없이 기기를 통제할 수 있도록 하며, 환경 제어권을 획득하게 돕는다. 아마존 알렉사, 애플 시리 같은 기술은 손이나 발을 사용할 수 없는 사람들에게 자율성과 독립성을 제공하는 보조 기기로 활용되고 있다. 또한 AI 기반의 로봇 휠체어는 사용자의 주변을 실시간으로 인식하고 장애물을 회피하는 기술을 탑재함으로써 보다 안전하고 능동적인 이동을 가능하게 한다.

나아가, 발달장애인을 위한 행동 분석 시스템도 실용화되고 있다. AI가 CCTV 영상을 분석하여 행동의 패턴과 변화를 인식하고, 그 결과를 바탕으로 맞춤형 교육이나 훈련 계획을 수립할 수 있는 정보를 제공한다. 이는 단지 감시나 분석을 위한 기술이 아니라, 행동에 대한 이해를 돕고, 학습의 효과를 높이는 디지털 돌봄 시스템으로 자리잡고 있다.

이러한 기술들은 장애인의 삶을 실질적으로 변화시키고 있으며, 디지털 포용이 기술 설계와 정책 설계에서 모두 실현되어야 함을 명확히 보여준다. 국가와 공공기관은 장애인을 위한 AI 기반 기술이 지속적으로 개발될 수 있도록 연구개발 지원과 보급 체계를 강화해야 하며, 상용화된 기술이 특정 계층에게만 국한되지 않고 누구에게나 제공될 수 있도록 공공성에 기반한 정책 마련이 필요하다.

또한, 기술이 제공되었다고 해서 바로 포용이 완성되는 것은 아니다. 디지털 리터러시 향상과 정보 이용 교육이 함께 이루어져야만 장애인이 실제로 기술을 활용할 수 있다. AI 기반 온라인 학습 플랫폼은 사용자의 학습 스타일과 이해 수준에 따라 개인화된 콘텐츠를 제공할 수 있으며, 이는 장애인을 위한 맞춤형 교육에 큰 도움이 된다.

결국, 인공지능 기술은 장애인의 교육, 고용, 이동, 소통, 자립을 가능하게 하는 수단이며, 이는 사회 전체의 포용성 증대와도 직결된다. 기술의 발전은 특정 집단만을 위한 것이 되어서는 안 된다. AI는 장애인과 비장애인이 함께 살아가는 디지털 사회를 만드는 데 기여해야 하며, 이를 위해 개발자, 정책 입안자, 기업, 시민사회 모두가 포용적 관점에서 역할을 재정의할 필요가 있다.

디지털 포용은 '모든 시민이 동등하게 디지털 기술을 누릴 수 있는 사회'를 만드는 일이다. 그리고 AI는 그 목표에 도달하기 위한 가장 유력한 도구 중 하나다. 기술은 반드시 질문해야 한다. '이 기술은 누구를 배려하고 있는가?' '누가 이 기술의 혜택에서 배제되고 있는가?' 이 질문에 진지하게 답할 수 있을 때, 우리는 비로소 진정한 디지털 포용 사회에 가까워질 수 있을 것이다.

6 농촌의 디지털 포용, 기술이 사람을 중심으로 설 때

디지털 전환은 더 이상 도시의 전유물이 아니다. 자율주행차가 도심을 누비고, 인공지능이 도시 행정을 지원하는 시대, 농촌 또한 디지털이라는 파도 앞에 서 있다. 그러나 그 파도는 농촌의 대지 위에서 다르게 부딪히고 있다. 기술은 분명히 존재하지만, 그 기술을 '탈' 수 있는 사람은 많지 않다. 기술 중심의 디지털 전환이 아니라, 사람 중심의 디지털 포용이 절실한 이유다.

한국농촌경제연구원이 발표한 「농업인 디지털정보화 증진 방안 연구」에 따르면, 농업인의 디지털 기기 보유율은 96.9%, 인터넷 연결률은 94.9%에 달했다. 숫자만 보면 '디지털 인프라'는 상당히 갖추어진 것처럼 보인다. 하지만 실상은 다르다. 기기는 있지만, 활용은 어렵다. 농업인의 디지털정보화 종합지수는 평균 65.2점에 불과했고, 약 58.6%의 농업인이 디지털 기술을 실질적으로 사용해 본 경험이 없다.

즉, 농촌 사회는 '알지만 하지 못하는' 현실에 직면해 있다. 디지털은 알고 있다. 하지만 그 기술이 나의 농사에, 나의 삶에, 나의 일상에 어떻게 적용될 수 있는지를 이해하고 활용하는 데는 큰 장벽이 존재한다. 이는 단순한 기술 격차가 아니라 디지털 역량, 심리적 수용성, 제도적 준비 부족이라는 복합적 격차다.

그렇다고 희망이 없는 것은 아니다. 연구진은 디지털정보화 지수와 농축산물 판매액 사이의 유의미한 상관관계를 밝혀냈다. 디지털 기술을 잘 활용한 농가는 실제로 '돈을 버는 농사'를 실현하고 있었다. 디지털은 농업의 생존 전략이자, 경쟁력이 될 수 있는 것이다. 문제는 기술이 아니라, 기술을 누구의 관점에서 설계하고 누구에게 어떻게 전달하느냐이다. 이 지점에서 '디지털 포용'이 다시 중요해진다.

디지털 포용은 단지 장비 보급이나 인터넷 연결을 의미하지 않는다. 그것은 사람이 기술을 이해하고, 수용하고, 자발적으로 활용할 수 있도록 만드는 구조 전체를 의미한다. 특히 농업인처럼 고령층이 많고, 실외 중심의 노동 환경을 가진 집단에게는 단순한 '교육'만으로는 충분치 않다. 심리적 저항을 줄이고, 사용 환경을 단순화하며, 일상과 연결된 실질적 기술로 전환해야 비로소 포용이 이루어진다.

이를 위해 연구에서는 다음과 같은 전략을 제안하고 있다. 첫째, 농업인의 역량 수준에 맞춘 단계별 교육이 필요하다. 기초, 중급, 고급으로 나누어, 단순한 스마트폰 사용법부터 드론 활용, 자동화 농기계 조작 등 실제 영농에 도움이 되는 실습 중심의 커리큘럼이 마련되어야 한다. 둘째, 성공 사례 확산과 동기 부여가 중요하다. 농촌은 공동체적 문화가 강한 만큼, 주변의 '누군가가 잘 하고 있다'는 경험은 강력한 행동 변화를 유도할 수 있다. 디지털 전환을 통해 수익이 증가하거나 작업 시간이 줄어든 사례는 가장 효과적인 교육 자료가 된다.

셋째, 고령 농업인을 위한 직관적 디지털 기기 개발이 필요하다. 손 떨림, 시력 저하, 복잡한 메뉴 구성 등은 기술 활용의 큰 장벽이다. 버튼을 최소화하고, 음성 안내나 이미지 중심의 인터페이스를 제공하는 장비가 적극 보급되어야 한다. 넷째, 디지털 역량 향상을 단기 캠페인으로 끝내지 않고, 지속적인 평가와 제도적 보완이 이루어져야 한다. 연 1회 정기적인 디지털 역량 측정과 그 결과에 따른 맞춤형 지원 체계가 필요하다.

무엇보다 중요한 것은 기술의 중심에 농업인이 서야 한다는 점이다. 지금까지의 디지털 전환은 공급자 중심, 즉 정부와 기업이 제공하는 방식이 대부분이었다. 하지만 진정한 디지털 포용은 농업인이 스스로 디지털 기술을 '내 도구'로 인식하고 활용할 수 있을 때 실현된다. 이를 위해선 기술에 대한 이해와 감정, 실패해도 다시 시도해 볼 수 있는 여유, 그리고 함께 배울 수 있는 공동체 기반의 지원이 동반되어야 한다.

디지털 전환은 단지 도구를 바꾸는 것이 아니라 일하는 방식, 삶의 방식, 관계의 방식을 바꾸는 혁신이다. 농촌의 디지털화는 새로운 장비 몇 개가 들어온다고 완성되지 않는다. 그것은 기술이 사람을 중심으로 재조정되고, 사람이 기술을 통해 다시 일어서고, 함께 나아가는 관계로 연결될 때 비로소 진정한 성공이 될 수 있다.

농촌의 미래는 단지 자동화된 농업이 아니라, 사람이 중심이 되는 디지털 농업이다. 기술은 준비되어 있다. 이제, 사람을 준비시킬 차례다. 그리고 그 시작은, 모든 농업인을 위한 디지털 포용에서부터 출발해야 한다.

7 딥페이크에 대한 이해, 예방·대처 방안

딥페이크(Deepfake)는 딥러닝(deep learning)과 가짜(fake)의 합성어로, 인공지능(AI)을 활용해 사진, 영상, 음성 등을 합성하는 기술이다. 신경망 기술을 활용해 기존 콘텐츠를 변형하거나 새로운 콘텐츠를 생성한다.

영화, 게임, 광고 등 콘텐츠 산업 분야에서 널리 활용되고 있다. 배우의 젊은 시절 모습이나 고인(故人)을 재현하는데 사용되고, 특수 효과를 강화하는데 사용된다. 역사적 인물 복원, 외국어 학습용 콘텐츠 제작 등 교육 영상 제작에도 두루 활용된다. 가상 인플루언서, AI 강사 등 AI 아바타 컨셉은 어느새 익숙한 풍경이 되고 있다.

이처럼 딥페이크 기술은 다양한 가능성을 제공하지만, 악용 사례로 인해 심각한 사회적 문제를 초래하고 있다.

딥페이크 음란물 사건이 대표적이다. 지난해 국내에서 발생한 딥페이크 음란물 사건은 많은 미성년자들이 피해를 입었다는 점에서 큰 충격을 주었다. 텔레그램을 통해 특정 여성들의 사진을 딥페이크 기술로 음란물에 합성하는 사건이 발생했다. 대학생, 고등학생, 심지어 중학생까지 피해 대상이 되었다. 미국의 유명 팝 가수 테일러 스위프트의 얼굴이 음란물에 합성된 영상이 소셜 미디어 플랫폼 'X(구 트위터)'를 통해 확산된 사례도 있었다. 딥페이크는 개인, 유명인을 가리지 않고 피해자를 양산하고 있다.

딥페이크 기술은 사기 및 피싱 범죄에도 사용되고 있다. 딥페이크 기술로 제작된 가짜 화상회의 영상에 속아 재정적 손실을 입은 기업들의 사례, 딥페이크 기술로 자녀의 얼굴을 합성한 영상을 부모에게 보내 금전을 요구하는 사례가 발생하기도 했다.

딥페이크 기술은 선거와 관련된 범죄에도 사용된다. 가짜 영상을 통해 유권자에게 잘못된 정보를 전달하거나 특정 후보에 대한 허위 사실을 유포하는 등의 방식으로 정치적 목적에 악용될 수 있다. 2024년 미국 대선 과정에서 조 바이든 대통령의 가짜 음성이 확산되었다. 유권자들에게 투표를 거부하도록 독려하는 내용으로, 선거 방해 목적으로 제작되었다. 해당 사건으로 관련 정치 컨설턴트가 기소되고 벌금이 부과되었다.

이러한 사례들은 딥페이크 기술의 위험성을 잘 보여준다. 딥페이크로 만들어진 결과물은 육안 식별이 어려울 정도로 높은 완성도를 보이며, 딥페이크 콘텐츠 제작 및 수정이 누구나 쉽게 가능하고 SNS 등을 통해 빠르게 전파될 수 있어 피해복구가 어렵다. 따라서 딥페이크에 대한 정확한 이해와 함께 적절한 대응이 요구된다.

해외 주요국은 딥페이크 범죄가 급증함에 따라 법적 규제 강화, 플랫폼 책임 강화 등에 대한 정책을 추진하고 있으며, 관련 대응 기술을 개발하고 있다. 국내의 경우 텔레그램 딥페이크 음란물 유포 사건 이후 딥페이크 방지 및 처벌 강화, 피해자 보호를 위한 법안이 통과되었고, 민간과 별개로 정부 주도의 딥페이크 탐지 기술개발을 지원하고 있다.

딥페이크 범죄 관련자는 스마트기기에 익숙한 10대 청소년이 대다수이며 그 비중이 매년 증가하고 있다. 디지털 성범죄는 청소년들

사이에 또래 집단에서 인정받기 위한 일종의 놀이로 생각하는 경향이 있다. 처벌이 강화되고 기술이 개발된다 하더라도 청소년들의 인식이 개선되지 않는 한 딥페이크 범죄는 결코 줄어들지 않을 것이다. 사전 예방 차원에서 인식과 문화를 바꾸려는 노력이 필요하다.

디지털 리터러시 교육이 중요하다. 디지털 리터러시는 영상이나 사진을 보는 것에 그치지 않고, 출처를 확인하고, 정보를 교차 검증하며, 신뢰할 수 있는 매체와 전문가의 의견을 참고하는 등 다양한 방법을 통해 사실 여부를 판단할 수 있는 능력을 함양하는 것이다.

디지털 리터러시는 정보를 비판적으로 수용하고, 허위 정보에 현명하게 대처하는 역량이다. 디지털 기술을 활용하는 시민이 기술의 긍정적인 효익을 극대화하고, 부정적인 영향을 최소화할 수 있도록 디지털 리터러시 교육이 시급하다.

또한, 디지털 리터러시 교육 효과를 제고하기 위해 'Security by AI', 'Privacy by design' 등의 관점에서 디바이스나 디지털 서비스를 개발할 때부터 리터러시를 내재화하는 방식을 고려할 필요가 있다. 복잡한 기술 지식 없이도 직관적이고 효과적으로 딥페이크를 탐지, 차단, 삭제할 수 있도록 디바이스나 서비스를 개발하는 것이다.

딥페이크 기술은 앞으로도 계속 진화할 것이며, 이에 대한 대응 방안도 함께 마련되어야 한다. 딥페이크의 긍정적인 활용과 부정적인 영향을 균형 있게 관리하는 것이 필요하다. 이러한 노력이 사회의 신뢰성을 높이고, 안전한 디지털 환경을 조성하는 데 기여할 것이다.

8 '연결되지 않을 권리'에 대한 이해

연결되지 않을 권리(Right to Disconnect)는 디지털 기술의 발전과 원격 근무 환경에서 직원의 워라밸을 보호하기 위해 등장한 개념이다. 직원이 업무 외 시간에 업무와 연결되지 않을 권리를 보장받아야 한다는 원칙을 의미한다. 주로 이메일, 메신저, 전화와 같은 디지털 도구를 통해 발생하는 업무 관련 연락으로부터 자유로워질 수 있도록 법적, 제도적 보호 장치를 마련하자는 취지로 제안되었다.

핵심은 업무 시간 외 연락 제한이다. 고용주는 직원의 근무 시간이 끝난 후 이메일, 메신저, 전화 등을 통해 업무 지시나 요청하는 것을 자제해야 한다. 휴식 시간을 보장해야 한다. 직원이 업무 외 시간에 자신의 사생활과 휴식을 방해받지 않고 재충전할 시간을 가질 수 있도록 하는 것이 목표다. 디지털 시대의 새로운 노동 문화 개념으로, 기술의 발전으로 업무와 개인 생활의 경계가 희미해지는 문제를 해결하고, 정신 건강과 생산성을 유지하는 데 기여할 것으로 기대된다.

기술의 발전으로 인한 초연결 사회는 근로자들이 퇴근이나 주말, 그리고 휴가 때에도 직장과 온라인상으로 상시 연결될 수 있는 가능성을 만들어냈고, 이러한 것들이 온전한 '쉼'을 방해하는 가장 큰 요인으로 지적되고 있다. 특히 스마트 기기 등 SNS에 의한 노동연장은 우리나라의 장시간 근로 관행과 맞물려 심각성을 더하고 있다.

지난해 엠브레인퍼블릭이 직장인 1,000명에게 설문을 실시한 결과, 응답자 60.5%가 '휴일을 포함해 퇴근 이후 직장에서 전화, SNS 등을 통해 업무 연락을 받는다'고 답했다. 특히 퇴근 후에도 업무 연락을 매우 자주 받는다는 응답이 14.5%에 달했다. 가끔 받는 경우는 46%로 나타났고, 업무 시간 외 업무 연락을 거의 받지 않는다는 39.5%에 불과했다. 또 휴일을 포함해 퇴근 이후 집이나 카페 등에서 일을 하는 경우가 있느냐는 질문에는 응답자의 24.1%가 '그렇다'고 답해 직장인 4명 중 1명꼴이 퇴근 없는 삶을 살고 있음을 보여주었다.

플랫폼 종사자의 경우를 보자. 우리가 스마트폰에서 음식을 배달시키거나 대리기사를 호출하면 배달원이나 대리기사들도 공급자용 앱을 이용하여 일거리를 배정받는 것이 플랫폼 노동 구조이다. 플랫폼 종사자들은 원하는 시간에 집중적으로 일하거나 부업을 통해 추가적인 수익을 얻을 수 있고, 가게에서도 주문량에 따라 인력을 탄력적으로 운영할 수 있어 유연한 노동이 가능하다. 하지만, 이들은 불안정한 고용 속에서 잦은 사고에 노출되어 있기도 하다. 안전하고 건강하게 근로할 수 있는 여건이 되지 못하는 것이다.

'연결되지 않을 권리'는 근무 시간 외 직장에서 오는 전자 우편이나 전화, 메시지 등을 받지 않을 수 있는 권리를 의미한다. 모호해지는 일과 생활의 경계를 분명하게 구분하고, 근로자의 사적인 영역을 보호하기 위하여 근무 시간 이외에 보낸 업무 연락에 관하여 응답하지 않더라도 근로자가 불이익을 발생하지 않도록 하는 한편, 보낸 연락에 대한 직간접적 제한을 하는 것이 '연결되지 않을 권리'를 제도적으로 보장하는 방안이다.

최근 노동 선진국들에서는 연결되지 않을 권리를 보장하기 위한 법적 근거를 마련하고 있다. 프랑스는 2016년 연결되지 않을 권리를 최초로 입법적으로 규정했다. 흔히 '엘 꼼리 법(Loi El Khomri)'이라고 하는 이 법은 당시 프랑스 노동부장관인 미리앙 엘 꼼리의 노동개혁법안 중에 포함된 조항이다. 주요 내용은 노사 간의 교섭으로 업무 시간 외 디지털 기기를 통한 업무 지시를 받지 않을 것(연결차단권)을 규정하고 있는데, 노사는 '연결차단권'과 관련해 그 제한 기간, 조건에 대한 연 단위 기준을 수립해야 한다. 구체적으로 50인 이상의 근로자를 고용하는 사업에서는 근로자대표와의 협의를 통하여 '연결차단권'의 상세 조건에 관하여 단체협약을 체결하여야 하며, 만약 단체교섭 과정 중 협약의 내용이 합의에 이르지 못하는 경우, 노사협의회에서 '연결차단권' 또는 '디지털 기기의 합리적인 사용에 관한 지침'을 내부 규정으로 설정해야 한다.

프랑스는 '연결되지 않을 권리' 적용을 위해 '호출 대기' 개념을 도입했다. '호출 대기' 시간은 원칙적으로 휴식 시간이지만, 전화나 메시지 등으로 연락을 받고 업무를 하게 되면 노동시간으로 간주해야 한다는 것이다. 근로자가 특정 장소에 머물러야 하고 실질적으로 사용자의 지휘와 감독 아래 있는 시간이기 때문에 '대기 근로'가 되는 것이다. 다만, 의무를 이행하지 않은 사업장에 대한 벌칙 규정은 없다.

호주의 연결차단권에 관한 입법에서는 법률로 연결차단권을 인정하면서, 이에 관한 분쟁을 행정당국이 개입하는 방식을 취하고 있다. 우선 호주에서는 2024년 8월 26일부터 공정노동법(Fair Work Act 2009) 제6장에 따라 연결차단권에 관한 법 규정이 적용된다. 공정노동법 제6장에서는 근로자의 연결차단권에 관해 세부적으로 규정하고 있는데, '합리적인 연락을 제외하고 근무 시간 외에 사용자로부터 이메일, 전화 또는 기타 모든 종류의 연락을 모니터링, 읽기 또는 응답하는 것을 거부할 수 있는 근로자의 권리'로 규정하면서, 이에 관한 분쟁이 기업 내부적으로 해결되지 않는 경우 공정노동위원회(Fair Work Commission)에서 이를 판단하여 사용자에게 최대 9만 4천 호주달러(한화 약 8,500만 원)를 부과할 수 있도록 하고 있다.

독일, 스페인, 벨기에, 이탈리아, 슬로바키아, 필리핀, 포르투갈, 캐나다 같은 나라에도 유사한 법이 존재하는데, 기업에서 연결되지 않을 권리에 관한 단체협약 내지 기업내부 규율을 두도록 하고, 이를 위반하는 기업에 대한 제재를 그 내용으로 하고 있다.

연결되지 않을 권리는 휴식권의 완전한 보장이라는 점에서, 특히 최근 디지털 기기의 발전과 업무에의 광범위한 활용 및 노동의 시간과 장소에서의 탈경계가 가지는 위험성을 고려하여 정책적인 대안이 제시되어야 한다. 최근에는 이러한 정책적 대안이 입법(법률)의 형태로 나타나는 국가들이 증가하고 있는데, 이 외에도 독일과 같이 산업별 단체협약을 통해 규율하거나 일본과 같이 행정부의 가이드라인을 통해 규율하는 등 다양한 방식으로 근로자의 연결되지 않을 권리를 보장하기 위한 수단을 마련해 가고 있다.

국내에서도 '연결되지 않은 권리'를 법·제도화하려는 움직임은 있어왔으나, 찬반이 엇갈려 번번이 국회 본회의 문턱을 넘지 못해왔다.

우리 정부가 선언한 「디지털 권리장전」 제11조(디지털 근로·휴식의 보장)

에서는 "모든 사람은 디지털 기술의 발전으로 출현하는 다양한 노동환경에서 안전·건강하게 근로하고, 디지털 연결에서 벗어나 휴식을 보장받아야 한다"고 선언하고 있다. 해당 조문은 디지털 기술의 발전으로 변화하는 노동환경에서 다양한 근무 방식을 취하고 있는 종사자들이 안전·건강하게 근로할 수 있어야 함을 규정하고 있다. 또한, 디지털 기기로 인한 끊임없는 연결로부터 휴식을 보장받을 수 있도록 '연결되지 않을 권리'를 명시하고 있다.

본 원칙의 실현을 위해 디지털 기술의 발전으로 변화하는 노동환경에서 다양한 방식으로 일하는 종사자들이 안전하고 건강하게 일하고, 휴식할 수 있는 권리 등을 보장하기 위한 제도적·정책적 수단이 마련되어야 할 것이다.

9 디지털 시민에게 꼭 필요한 '잊힐 권리'

잊힐 권리(Right to be Forgotten)는 개인이 인터넷 상에서 자신의 개인 정보나 부적절한 정보가 더 이상 검색되거나 노출되지 않도록 요청할 수 있는 권리를 의미한다. 디지털 시대에 정보의 영구적인 보존과 확산으로 인해 발생하는 개인의 사생활 침해 문제를 해결하기 위해 등장한 개념이다. 개인의 프라이버시와 데이터 보호를 중요시하는 디지털 지능정보사회에서 점점 더 중요한 이슈가 되고 있다.

잊힐 권리는 개인이 과거의 부정적인 경험이나 정보로 인해 피해를 입지 않도록 보호하고, 온라인상에서의 이미지나 평판을 관리할 수 있는 방법 제공에 목표를 둔다. 개인의 통제권 강화가 핵심이다. 과거에 인터넷에 공개되었던 정보라도 시간이 지나 현재의 자신에게 부적합하거나 불이익을 줄 경우, 삭제를 요청할 수 있게 하는 것이다.

디지털 환경에서는 정보가 빠르게 확대·재생산됨에 따라, 방대한 정보를 개인이 실질적으로 통제·관리하는데 한계가 있어 개인정보의 접근·통제권을 강화해야 한다는 주장이 꾸준히 제기되어왔다. 초상권, 사생활 침해, 범죄 표적 노출 등 다양한 이슈가 여전히 발생하고 있어 정보주체의 권리를 적극적으로 보호할 필요가 발생한다.

이에 EU와 미국의 경우 '잊힐 권리' 제도화에 적극적인데, 특히 아동의 잊힐 권리 보장을 중요하게 고려하고 있다.

유럽연합(EU)의 GDPR(일반 데이터 보호 규정) 제17조에서는 '삭제 요청권'으로 명시되어 있습니다. 특히 아동의 경우, 자신의 행동에 따른 위험을 충분히 인지하지 못할 수 있으므로 특히 잊힐 권리가 중요함을 강조하고 있다.

미국의 경우 표현의 자유를 중시하여 연방법 차원의 통일된 법률은 부재하나, 아동의 디지털 잊힐 권리를 보장하는 연방법(COPPA) 개정을 추진하고 있다. 캘리포니아의 경우, 주법을 통하여 미성년자의 잊힐 권리를 보장하고 있다.

국내에서는 EU 법제와 같이 '잊힐 권리'를 명문화하여 보장하고 있지는 않으나 개별법상 근거 규정은 존재한다. 「개인정보 보호법」 개인정보 처리 정지 요구권 규정, 「언론중재법」 정정보도 청구 규정, 「정보통신망법」 임시조치 및 불법정보 삭제 규정 등이 대표적이다.

특히 정부는 아동·청소년의 디지털 잊힐 권리 행사 지원을 위한 '지우개 서비스'를 2023년 4월부터 시행하고 있다. 시행 첫 해 꾸준한 사회적 관심 속에 총 11,487건이 접수되어 10,813건이 처리되었다. 30세 미만 국민 누구나 신청할 수 있는데, 19세 미만 시기에 본인이 온라인에 게시한 글·사진·영상 등 개인정보를 포함하고 있는 게시물을 대상이다. 구체적으로 과거 부적절한 사진·댓글·게시물, 부정확하거나 불완전한 개인정보, 시간이 지나 더 이상 공익적인 가치가 없는 정보 등의 게시물에 대해 접근배제(삭제, 블라인드 등)를 신청할 수 있다.

디지털 네이티브인 아동·청소년은 개인정보 침해에 대한 인식이 자리 잡기 전부터 수많은 개인정보가 온라인에 누적되어 특별한 법적 보호가 요구된다. 제3자가 올린 본인의 개인정보가 포함된 게시물의 경우 법·가이드라인의 보호 대상이 아니며 '지우개 서비스' 적용에도 한계가 있다. 잊힐 권리는 그 자체로 적용 범위가 확정된 권리는 아니며, 비례원칙에 따라 정보의 사회적 가치와 상충하는 다른 기본권의 가치를 비교 형량한 후 인정 여부 및 적용 범위가 결정된다.

정보의 자유와 접근성을 중시하는 입장과 개인의 프라이버시를 중시하는 입장 사이에서 논쟁이 발생하기도 한다. 개인의 권리와 공익 간 충돌하기도 한다. 공익적인 정보가 삭제될 경우 정보의 자유와 알 권리가 침해될 수 있기 때문이다. 기술적 한계도 있다. 정보가 이미 복제되어 여러 사이트나 서버에 저장된 경우 완전한 삭제가 어려울 수 있다. 실질적 효과 이슈도 있다. 검색엔진 결과에서 삭제되더라도 정보 자체가 인터넷에 남아 있을 수 있다.

잊힐 권리는 인터넷 사용이 일상화됨에 따라 발생하는 심각한 개인의 인격권 침해에 대한 구제 수단으로 고안된 것으로, 보호법익은 인격권이다. 잊힐 권리가 실정법에 명시적 근거가 없어도 인격권에 근거하여 인정된다. 우리나라 대법원도 인격권 침해에 대하여 사전적 예방조치로 침해행위 정지·방지 등의 금지청구권을 인정하고 있다. 따라서 피해자는 더 이상 적법하지 않은 개인에 관한 표현물의 인터넷 방해배제청구권으로서 정보 보유자를 상대로 정보 삭제 청구권을, 검색사업자를 상대로 검색결과 차단청구권을 행사할 수 있다.

인공지능 등으로 디지털 시대가 심화되면서 정보 주체가 예측하지 못한 과도한 피해가 발생할 수 있는 우려가 항상 존재한다. 잊힐 권리를 실질적으로 보장할 수 있는 법·제도적 기반, 기술적 정비를 통해 디지털 공간에서 잊고 싶은 개인의 '과거·기억'을 지울 수 있도록 적극 지원해야 한다. 정보 주체인 개인 역시 그러한 피해를 방지하기 위해 스스로 게시물 및 디지털 흔적을 사전에 관리하는 것이 중요하다.

10 디지털 기술을 '거부할 권리'

디지털 기술이 빠르게 발전하고 우리의 일상과 업무에 깊숙이 스며들면서, 이를 거부하거나 최소한의 기술만을 사용하며 살아갈 권리를 보장해야 한다는 주장이 제기되고 있다. 이른바 '디지털 기술을 거부할 권리'다.

디지털 기술을 거부할 권리는 개인이 디지털 기술의 사용을 선택적으로 거부할 수 있는 권리로, 개인의 프라이버시와 자율성을 보호하는 데 중요한 역할을 한다. '연결되지 않을 권리(Right to be disconnected)', '잊힐 권리(Right to be forgotten)' 등과 함께 논의된다.

모든 사람이 디지털 기술을 편리한 것으로 인식하는 것은 아니다. 게다가 스마트폰, SNS, AI 기술이 보편화되면서 개인정보 보호 문제가 심화되고 있다. 디지털 기술을 이용하지 않음으로써 자신의 데이터를 스스로 보호하고자 하는 사람들도 있다. 어떤 사람들은 기술 발전과 상관없이 아날로그적 삶을 유지하며 인간적인 접촉과 전통적인 방식을 선호한다. 종이책을 읽거나, 현금을 사용하는 것처럼 기술을 최소화하는 방식이다. 디지털 기기의 과도한 사용으로 인한 피로와 정신적 스트레스가 증가하면서, 기술을 멀리하는 것이 정신 건강을 위해 필요하다는 주장도 제기된다.

유럽연합(EU)은 페이스북, 인스타그램, 틱톡 등에서 개인화된 콘텐츠 피드를 거부할 수 있는 권리를 도입했다. 사용자가 원하지 않는 정보에 노출되지 않도록 보호하는 조치이다. EU의 디지털서비스법(DSA)에 따라 사용자들은 AI 알고리즘에 의해 생성된 개인화된 콘텐츠 피드를 거부하고 시간순으로 정렬된 피드를 선택할 수 있다. 개인은 불필요한 개인 데이터 수집과 위치추적, 프로파일링을 거부할 권리를 가진다. DSA는 특정 사용자를 대상으로 하는 타겟팅 광고를 금지하거나 제한하고 있다.

독일에서는 '아날로그 권리'에 대한 논의가 이루어지고 있다. 시민들이 정부 서비스를 받을 때 디지털 방식뿐만 아니라, 오프라인 방식으로도 선택할 수 있어야 한다는 것이 핵심이다.

프랑스는 '연결되지 않을 권리'를 제도화하고 있다. 직장 내에서 업무 외 시간에 이메일이나 메신저를 확인하지 않을 권리를 보장하는 법안이 시행되고 있다. 일종의 디지털 단절권이다.

일부 국가에서는 디지털 결제 수단이 보편화되더라도 현금 결제를 거부할 수 없도록 법적으로 보장하고 있다. 디지털 프리존을 설정하는 경우도 있다. 가정이나 공공장소에서 특정 공간을 디지털 기기 사용이 금지된 구역으로 지정하여 디지털 디톡스를 실천하기도 한다. 이러한 사례들은 디지털 기술의 과도한 사용으로 인한 부작용을 줄이고, 개인의 선택권과 디지털 웰빙을 증진시키고, 과도한 디지털 기술 사용으로 인한 부작용을 방지하는 데 기여한다.

한국의 경우 2026년 시행 예정인 '디지털 포용법'에 관련 내용이 담겨있다. 디지털 포용법은 디지털 기술의 혜택을 모든 사회구성원이 차별 없이 누릴 수 있도록 하는 법으로, 디지털 기술을 이용하지 않고도 각종 서비스와 제품을 활용할 수 있는 대체수단 제공을 제4조에 명시하고 있다. ("국가와 지방자치단체는 사회의 모든 구성원이 지능정보기술을 이용하지 않고도 지능정보서비스 및 지능정보제품을 실질적으로 동등하게 이용할 수 있는 대체수단 등을 제공하기 위해 노력하여야 한다.")

구체적으로 필수적 공공서비스 및 생활 필수 영역에서의 대체 수단을 보장해야 한다. 디지털 방식을 사용하지 않고도 서비스를 이용할 수 있는 대안이 제공될 예정이다. 대면 서비스 옵션 제공을 의무화하는데, 은행, 기차 예매, 병원 예약 등 기존에 대면으로 제공되던 서비스에 대해 디지털 방식 외에도 전화나 대면 서비스 등 아날로그 방식이 보장되는 방식이다.

디지털 역량 함양과 접근성을 강화해도 여러 가지 제약으로 인해 디지털 서비스를 향유할 수 없는 대상은 분명히 존재한다. 그들을 위한 디지털 대체제는 시민의 권리이므로 당연히 제공해야 할 국가 사회적 책무이다. 디지털 기술의 혜택을 누릴 수 있도록 하되, 이를 강요하지 않고 개인이 선택할 수 있도록 하는 정책적 노력이 필요하다.

디지털 기술을 완전히 배제하기 어려운 현대 사회에서, 기술을 거부하는 것이 경제·사회적 활동을 제약하는 요소로 작용할 수 있다. 예를 들어, 온라인으로만 제공되는 공공· 행정서비스가 많아지면 디지털 기술을 거부하는 사람들이 불이익을 받을 수 있다. 따라서 디지털 기술을 거부할 권리를 위한 대안적 접근이 요구된다. 모든 사람이 디지털 기술을 활용할 수 있는 능력과 환경이 다르기 때문에, 선택의 자유를 보장해야 한다. 기술 의존도가 높아질수록 이를 거부할 자유가 더욱 중요해진다.

이에 디지털 서비스와 아날로그 서비스를 병행하여, 모든 시민이 자유의사에 따라 선택할 수 있도록 하는 혼합 서비스 시스템 정책이 필요하다. 디지털 기술 사용에 대한 강요가 아닌 선택의 문제로 접근하여, 사용자가 자율적으로 기술을 활용할 수 있도록 하는 윤리적 사용 환경이 조성되어야 한다. 한편으로, 디지털을 거부하는 사람들도 필요할 때 선택적으로 사용할 수 있도록 기본적인 기술 교육이 제공될 필요가 있다.

디지털 기술을 거부할 권리는 개인의 선택과 자유를 존중하는 중요한 개념이다. 그러나 현대 사회에서 완전히 기술을 배제하는 것은 어렵기 때문에, 적절한 균형점을 찾는 것이 핵심 과제가 된다. 이는 디지털 포용 정책이 궁극적으로 추구해야 할 본질적 과제이다.

11 인공지능이 그리는 세계, 창작 논쟁 이슈

요즘 인터넷을 조금만 들여다보면, 이런 이미지 하나쯤은 금방 마주칠 수 있다. "지브리 스타일로 그린 우리 가족 사진", "디즈니풍으로 재현한 나의 어린 시절", "사이버펑크 배경에서 일하는 내 모습".

모두가 인공지능(AI), 그중에서도 ChatGPT 4o 기반 이미지 생성 기능으로 만들어진 결과물이다. 그리고 지금, 이 '스타일을 빌린 이미지'들이 사람들의 창작 활동을 뒤흔들고 있다. 단지 기술이 뛰어나서 주목받는 건 아니다. 이건 이제 하나의 문화적 현상이고, 동시에 윤리적 고민, 그리고 점점 더 복잡해지는 법적 문제를 수면 위로 끌어올리고 있는 중이다.

무엇보다 눈에 띄는 건 속도다. AI가 만든 지브리풍, 디즈니풍, 유럽 만화풍의 이미지들이 전 세계를 순식간에 점령했다. 하루에 수천 장씩 쏟아지는 이 이미지들 중 다수는 누군가의 취향을 반영한 상상이고, 새로운 형태의 놀이이기도 하다.

특히 '내가 애니메이션 속 주인공이 된다'는 설정은 많은 이들에게 매력적이다. 어릴 적부터 지브리나 픽사 영화를 보며 자란 세대에게, 그 감성을 나만의 모습으로 재현해보는 경험은 말 그대로 꿈 같다. 그렇게 우리는 스스로의 일상을 '하나의 스타일' 안에 담으며, 콘텐츠의 주인공이 되기를 자처한다. AI로 생성된 '지브리풍' 또는 '디즈니풍' 일러스트는 SNS, 유튜브, 블로그를 중심으로 전 세계적으로 유행처럼 번지고 있다. 특히 AI 애니메이션이나 AI 웹툰 제작 콘텐츠는 수백만 조회수를 기록하며 폭발적인 인기를 얻고 있다.

그러나 이에 대한 반응은 엇갈린다. 일본 스튜디오 지브리의 한 작가는 최근 인터뷰에서 "지브리를 흉내 낸 이미지가 아무 감정도 없이 떠도는 것을 보면 대단히 불쾌하다"고 공개적으로 밝힌 바 있다. 그는 "감성과 혼이 빠진 모방은 단지 껍데기에 불과하다"고 강하게 비판했다. 일부 비평가들은 이런 현상에 대해 "자기와 닮지 않은 이미지를 좋아하는 것은 자기부정의 미학이다"라는 혹평을 던진다. 기술이 넘쳐나는 시대, 사람들은 정체성과 개성을 넘어 타인의 스타일, 타인의 감성을 흉내 내는 데 몰두하고 있다는 것이다.

실제로 SNS 상에서는 "지브리 스타일로 내 프로필 만들어줘", "디즈니풍으로 우리 가족 그려줘" 같은 요청이 넘쳐난다. 이 같은 흐름은 창작의 자유로도 해석되지만, 동시에 타인의 문화 자산을 무단 차용하는 '스타일 식민지화'라는 비판도 뒤따른다.

기술은 앞서 달리고, 법은 뒤쫓는다. 지금 AI 이미지 생성 기술은 스타일을 흉내 낼 수 있지만, 스타일 자체에는 법적 보호 장치가 거의 없다. 지브리나 디즈니 같은 회사들은 자신들의 캐릭터나 로고는 보호할 수 있지만, 그들의 '분위기'나 '선의 흐름', 색감의 조화까지는 지켜낼 수 없다. 가장 민감한 문제는 저작권이다. 캐릭터나 로고 등 명백한 저작물과 달리, '스타일(style)'은 현재 국제적으로 명확히 보호받는 영역이 아니다.

일부 국가는 '스타일 보호'를 위한 법적 검토를 진행 중이다. 특히 일본과 프랑스에서는 특정 작가의 고유한 표현 방식(visual language)을 AI가 대량 학습해 상업적 이미지로 재생산하는 행위를 부당한 모방 또는 부정경쟁 행위로 규정하려는 움직임이 있다.

2024년 말, 미국에서는 한 유명 만화 작가가 자신과 유사한 스타일의 AI 이미지가 NFT로 판매된 것에 대해 소송을 제기했고, 현재 그 결과를 지켜보는 전 세계 창작자들의 이목이 집중되고 있다.

이 모든 논쟁의 중심에는 단 하나의 질문이 있다.

"AI는 창조자인가, 도구인가?"

AI가 만든 스타일, AI가 선택한 구도, AI가 '상상한' 장면들은 인간의 손에서 나온 것이 아니다. 하지만 그것을 지시한 건 분명 인간이다. 그렇다면 이 창작의 주체는 누구인가? AI 기술이 진화할수록 이 경계는 더욱 흐려질 것이다. 그리고 그 흐림은 단순히 법과 규범의 문제를 넘어, 예술의 본질, 문화의 정체성, 그리고 창작자의 존엄에 대한 철학적 질문으로 이어진다.

AI는 이제 붓을 들고 캔버스 앞에 앉았다.

AI는 이제 창작의 도구를 넘어, 그 자체로 창작의 일부가 되고 있다. 감정과 스타일을 모방하는 수준을 넘어, 인간의 영역이었던 예술의 경계를 실질적으로 넘나들고 있다.

이 기술이 어디까지 발전하든, 중요한 것은 그 사용을 둘러싼 인간의 태도다. 창작의 본질은 여전히 사람의 의도와 맥락에 있다. AI가 그린 그림이든, 사람이 그린 그림이든, 그 책임과 의미는 결국 인간의 몫이다.

AI 이미지 생성은 더 이상 실험이 아니다. 우리는 지금, 창작과 권리, 책임의 기준을 다시 써 내려가고 있다. 그 기준이 혼란 속에 방치되지 않도록, 사회는 더 분명한 윤리와 질서를 마련해야 할 시점이다.

12 디지털 시대, 데이터의 가치

우리는 매일 디지털 공간에 흔적을 남긴다. 검색 기록, 온라인 구매 이력, 스마트폰 위치 정보, SNS에서의 감정 표현까지. 이 모든 것은 '데이터'라는 이름으로 수집되고 분석된다. 디지털 시대, 데이터는 단순한 기술적 도구가 아니라 인간의 욕망, 선택, 삶의 궤적을 반영하는 새로운 언어이자, 사회를 조직하는 힘이 되고 있다.

데이터는 더 이상 부수적인 것이 아니라 핵심 자산이다. 2006년 영국 이코노미스트(The Economist)는 "Data is the new oil(데이터는 새로운 석유)"라는 표현으로 이 변화를 예고했다. 데이터는 한번 수집되면 다양한 방식으로 가공되어, 신제품 개발, 고객 행동 분석, 맞춤형 마케팅, 정책 수립, 인공지능 학습 등 수많은 분야에 활용될 수 있다.

디지털 기술이 일상화되면서 데이터는 인류 문명의 새로운 자원으로 부상했다. 산업혁명기의 석유가 공장을 돌리고 도시를 밝히는 에너지였듯, 21세기의 데이터는 인공지능, 자동화, 플랫폼 경제를 움직이는 '지능의 연료'가 되었다. 데이터는 단순한 정보의 집합이 아니라, 사회의 구조를 바꾸고, 경제를 움직이며, 미래를 예측하는 힘이다. 디지털 시대, 데이터를 어떻게 수집하고 해석하며 활용하는지에 따라 개인, 기업, 국가의 경쟁력은 극명하게 달라질 것이다.

그러나 단순히 경제적 가치에 국한할 수 없다. 데이터는 인간의 행동, 관계, 취향, 감정을 기록하며, 이로부터 사회적 패턴과 문화적 의미가 추출된다. 즉, 데이터는 인간 존재의 흔적을 디지털로 해석한 집합체다.

데이터는 다양한 층위에서 가치를 갖는다. 우선 경제적 가치를 갖는다. 전 세계 데이터 경제 시장은 2024년 기준 약 300조 원을 넘어섰으며, 매년 두 자릿수 성장을 이어가고 있다. 구글, 아마존, 메타(페이스북) 등 빅테크 기업은 데이터 기반 플랫폼 비즈니스로 막대한 수익을 창출 중이다. 기업은 데이터 기반 고객 분석을 통해 개인화된 서비스를 제공하고, 효율적인 경영 결정을 내린다. 데이터가 곧 매출과 연결되는 구조다. 인공지능(AI) 기술은 정확하고 풍부한 데이터 없이는 학습과 예측이 불가능하다.

문화적 가치도 간과할 수 없다. 사람들이 어떤 콘텐츠를 소비하고, 어떤 키워드를 검색하는지는 사회의 관심사와 시대정신을 보여준다.

사회적 가치는 더욱 중요하다. 공공데이터 개방은 사회 혁신을 위한 기반이 되며, 소셜데이터 분석을 통해 혐오 표현, 고립 계층, 복지 사각지대의 존재를 식별할 수 있다.

데이터는 단순한 '정보'가 아니라, 우리 사회의 욕망과 결핍, 가능성과 위기를 동시에 비추는 거울이다. 디지털 데이터는 인간을 정량화된 존재로 바꾼다. '좋아요' 수, 클릭률, 체류 시간, 신용 점수 등 인간의 삶이 수치화되고, 이는 다시 평가와 결정의 기준이 된다.

이러한 변화는 다음과 같은 인문사회적 질문을 유발한다:

인간은 이제 데이터의 주체인가, 객체인가?

알고리즘이 제공하는 추천이 과연 우리의 선택을 넓히는가, 아니면 선택지를 좁히는가?

데이터 기반 사회는 평등을 증진시키는가, 아니면 격차를 심화시키는가?

데이터는 개인을 더 잘 이해하고 지원할 수 있는 수단이 될 수도 있지만, 반대로 감시와 통제의 도구로도 작동할 수 있다. '데이터 윤리'가 중요한 이유가 여기에 있다.

디지털 사회에서 데이터는 공공성과 사적 권리를 동시에 갖는 특수한 자원이다. 다음과 같은 철학적·사회적 문제들이 제기된다.

누가 데이터를 소유하는가? 개인인가, 플랫폼 기업인가, 국가인가?

어떻게 데이터를 공유할 것인가? 공공을 위한 개방과 개인 권리 보호 사이의 균형은 어떻게 유지할 수 있을까?

데이터는 공정한가? 알고리즘은 데이터를 바탕으로 결정하지만, 데이터 자체에 편향이 있을 경우 결과 역시 왜곡된다.

이러한 질문은 단지 기술 정책이 아니라, 디지털 민주주의의 핵심 이슈다. 데이터 시대의 인권, 정의, 자유를 다시 정의해야 할 필요성이 제기된다.

우리는 이제 '데이터 중심 사회'가 아닌 '데이터 기반 인간 중심 사회'를 지향해야 한다. 데이터는 인간을 대체하는 기술이 아니라, 인간을 더 잘 이해하고 연결하기 위한 수단이어야 한다.

데이터 리터러시는 새로운 시민의 소양이다. 데이터를 해석하고, 비판적으로 수용하며, 나의 데이터를 스스로 관리할 수 있어야 한다.

디지털 포용성은 단지 기술 접근성 문제가 아니라, 데이터 활용의 기회를 사회 전체로 확장하는 문제다. 데이터는 누구나 사용할 수 있어야 하고, 그로부터 누구도 배제되어서는 안 된다.

데이터는 인간 삶을 풍요롭게 할 수도, 조작할 수도 있는 양면적 도구다. 그 어느 때보다 '인간이 중심'이라는 철학적 원칙이 필요한 시대다. 데이터는 기술이 만든 산물이지만, 그 안에는 인간의 삶과 사회의 구조가 담겨 있다. 디지털 시대, 데이터를 수치로만 보지 않고 맥락과 의미를 담은 인간의 흔적으로 해석할 때, 우리는 보다 인간적인 디지털 사회를 설계할 수 있을 것이다. 데이터의 가치는 결국 삶의 질을 얼마나 높일 수 있는가에 달려 있다.

13 인공지능 시대 데이터 주권

데이터는 '디지털 권력'이다.

4차 산업혁명, 그리고 인공지능(AI) 시대에 접어들면서 데이터는 '디지털 원유'로 불릴 만큼 핵심 자산으로 떠올랐다. AI가 발전할수록 더 많은 데이터가 필요해지고, 기업과 국가들은 이를 확보하기 위해 치열한 경쟁을 벌인다. 이 과정에서 '데이터 주권'(Data Sovereignty)에 대한 논의는 더욱 뜨거워지고 있다.

데이터 주권이란 개인, 기업, 또는 국가가 자신과 관련된 데이터를 스스로 통제하고 보호할 수 있는 권리를 의미한다. 이는 단순히 개인정보 보호의 개념을 넘어서, 누가 데이터를 소유하고, 누가 활용할 수 있으며, 어떤 법률 체계가 적용되는지에 대한 통제권을 포함한다.

AI 시대가 심화하면서 데이터는 단순한 정보 자산을 넘어 권력의 핵심 기반으로 떠오르고 있다. 우리는 매일 디지털 공간에서 데이터를 생산하고, AI는 이 데이터를 바탕으로 판단하고 학습하며 행동한다. 하지만 정작 데이터의 주인은 누구이며, 그 권리를 어떻게 행사할 수 있는지에 대한 논의는 여전히 초기 단계에 머물러 있다.

데이터 주권은 인간 존엄의 확장이다. 데이터 주권은 자기 결정권(self-determination), 프라이버시, 디지털 정체성 보호와 맞닿아 있다. 과거의 '사생활'은 은폐될 수 있는 개인적 공간을 의미했다면, 오늘날의 프라이버시는 디지털 상의 흔적까지 포함된다. 온라인 검색기록, 생체정보, 소비기록은 '디지털 나'의 일부다.

사회이론가들은 "데이터가 인간을 객체화한다"며, 감시자본주의(surveillance capitalism)가 인간의 자유와 주체성을 침해한다고 비판한다. 데이터에 접근할 수 있는 사람과 그렇지 못한 사람 간의 정보 격차는 곧 사회적 불평등으로 이어진다. 디지털 소외 계층은 AI 시대의 '무권리자'가 되기 쉽다. "데이터 주권은 개인이 디지털 존재로서의 권리를 지켜내는 윤리적 투쟁이다."

데이터는 21세기의 원유다. 경제적 관점에서 데이터 핵심 산업자원이다. AI, 빅데이터, 사물인터넷(IoT), 스마트시티 등 모든 4차 산업혁명 기술의 연료가 되기 때문이다. 구글, 메타, 아마존 같은 글로벌 빅테크 기업들은 데이터 독점을 통해 경쟁자 진입을 막고, 광고 수익과 맞춤형 서비스를 강화한다. 그런데 '데이터 수집 → 가공 → 분석 → 알고리즘 학습 → 서비스화 → 수익화'로 이어지는 가치 사슬에서, 개인은 수익에서 철저히 배제된다.

한국 내 기업의 90% 이상은 데이터 분석 역량이 부족하다고 한다. 데이터 인프라와 활용 능력이 일부 대기업에 집중되며, 중소기업은 디지털 경제에서 도태될 위기에 있다. "AI 경제의 경쟁력은 데이터 주권의 분산과 공정한 접근에 달려 있다."

주권은 국경 너머에도 유효한가? 국가 차원에서 데이터 주권은 정치적 독립성과 사이버 안보, 디지털 외교의 핵심 이슈로 부상하고 있다.

데이터는 서버 위치에 따라 다른 국가의 법 적용을 받는다. '데이터 로컬라이제이션' 논쟁은 이를 반영한 대표적 사례다. 유럽연합은 글로벌 기업에게도 유럽 시민의 데이터 처리에 대해 법적 책임을 부여함으로써, '디지털 주권'을 법제화한 대표적 사례다. 반면, 중국은 네이터 보안법(2021)에 따라, 모든 데이터는 국가 이익에 종속되며, 국외 반출은 엄격히 제한된다. 국가 중심 통제형 데이터 주권의 전형이다.

우리 한국은 마이데이터 제도 도입, 개인정보 보호법 개정 등을 통해 개인 중심 데이터 통제 체계를 강화하고 있다. '마이데이터(MyData)'는 데이터 주권 실현을 위한 대표적인 시도로, 개인이 본인의 데이터를 통제하고 금융·의료·소비 등의 서비스로 연계하여 활용할 수 있도록 하는 것이다. "데이터 주권은 사이버 공간의 독립선언이며, 21세기 외교와 안보의 지형도를 바꾸고 있다."

AI 기술은 방대한 양의 데이터를 수집하고 분석함으로써 작동한다. 그러나 이 과정에서 개인의 정보는 은밀히 수집되기도 하고, 동의 없이 활용되기도 한다. 대표적인 사례가 생체 데이터나 위치 기반 정보, 소셜미디어 활동 기록 등이다. 이로 인해 개인은 자신의 데이터가 언제, 어디서, 누구에 의해 사용되는지 모른 채 '데이터 공급자'가 되기 쉽다. 이는 "AI 기술 발전을 위한 데이터 활용"과 "개인의 프라이버시 보호" 사이의 긴장을 낳는다.

현 시점에서 데이터 주권 관련, 우리가 중요하게 논의해야 할 질문들은 다음과 같다.

"데이터의 소유자는 누구이며, 사용권은 어떻게 분배되는가?"

"데이터가 거래되는 자산이 될 수 있는가?"

"AI가 어떤 데이터를 학습했는지 알 수 있는가?"

AI 시대의 민주주의는 '데이터 주권'에서 시작된다

데이터는 곧 삶의 기록이자, 권력의 기반이며, 미래의 자산이다.

기술은 중립이 아니다. 누가 데이터를 소유하고, 누가 활용하며, 누가 통제하는가에 따라 사회의 구조는 달라진다. AI 시대의 공정하고 지속가능한 사회는, 데이터 주권을 얼마나 제대로 구현하느냐에 달려 있다. 이는 개인의 문제가 아닌, 사회 전체의 미래를 결정하는 중대한 과제다.

인공지능의 발전은 막을 수 없는 흐름이지만, 그 기반이 되는 데이터는 공정하게 다뤄져야 한다. "누가 데이터를 소유하고, 누가 활용할 수 있는가"는 단순한 기술 문제가 아니라 권리와 주권의 문제다. AI 시대의 진정한 민주주의는 데이터의 주인인 개인과 사회가 주권을 온전히 행사할 때 완성될 수 있다.

14 레질리언스, 디지털 레질리언스, 그리고 포용사회

불안하고 불확실한 시대를 사는 우리에게 필요한 것은 무엇인가? 우리가 직면한 위기 속에서 어떻게 모두가 함께 살아갈 수 있을지를 고민하게 되는 요즘, 레질리언스라는 키워드를 떠올려본다.

레질리언스(Resilience)는 개인이나 공동체가 충격이나 위기 이후에도 회복하고, 더 나은 방향으로 적응해나갈 수 있는 능력을 뜻한다. 이는 단순한 생존을 넘어, 변화 속에서도 의미 있고 지속 가능한 삶을 이어가는 힘이다. 기후 위기, 팬데믹, 사회적 갈등 등 세계 곳곳에서 발생하는 위기는 우리가 예측할 수 없는 속도로 일어나고 있습니다. 그 속에서 살아남기 위해 필요한 것은 단순한 복원이 아닌 '더 나은 회복', 즉 회복탄력성이다.

레질리언스는 단순한 '버팀'이 아닌 '성장하는 회복'이다. 고통을 피하는 것이 아니라, 그것을 의미 있는 삶의 일부로 수용하고, 그 안에서 새로운 질서를 창조하는 힘이다. 이는 철학자 프리드리히 니체가 말한 "나를 죽이지 못한 것은 나를 더 강하게 만든다"는 통찰과도 맞닿아 있다. 인간은 상처받지만, 그 상처를 계기로 더 깊은 성찰과 성장을 경험한다. 현대 사회에서 레질리언스는 '인간 조건(human condition)'을 이해하고, 타인과의 관계 속에서 공동체적 치유를 모색하는 과정이다.

디지털 심화 시대에는 디지털 환경에서의 회복력, 즉 디지털 레질리언스가 요구된다. 기술 기반 사회에서 정보와 시스템에 대한 위협에 대응할 수 있는 능력을 의미한다. 사이버 공격, 가짜 뉴스, 개인 정보 유출 등 디지털 위협에 대처하면서도, 기술을 안전하고 효과적으로 활용할 수 있는 능력이라 할 수 있다. 이러한 능력은 단순히 IT 전문가에게만 필요한 것이 아니라, 일반 시민 누구에게나 필수적이다.

단순한 기술 숙련도가 아니다. 정보를 비판적으로 판단하고, 디지털 위협에 대응하며, 기술을 책임감 있게 사용하는 능력이 바로 디지털 레질리언스이다. 디지털 교육, 정보 접근성, 온라인 안전 교육 등이 디지털 레질리언스를 키우는 주요 수단이다.

디지털 사회에서 우리는 끊임없이 연결되어 있지만, 동시에 자기 자신과 점점 멀어지는 경험을 하기도 한다. 기술은 우리 삶을 편리하게 하지만, 정보의 범람과 감정의 피로, 인간성의 희석이라는 새로운 위기를 만들어낸다.

디지털 레질리언스는 단순히 기술을 '쓸 줄 아는' 것이 아니라, 그 기술이 인간성과 공동체에 어떤 영향을 미치는지를 성찰하는 힘이다. 이는 마르틴 하이데거의 기술철학을 떠올리게 한다. 하이데거는 기술을 인간을 도구화하는 위험한 틀로 보았다. 디지털 레질리언스는 기술의 도구화 속에서 인간 주체성을 회복하는 과정이라 할 수 있다. 또한 이는 정보에 대한 비판적 사고, 디지털 윤리, 타인을 고려하는 공존적 태도로 이어진다. 즉, 디지털 레질리언스는 기술을 통한 자기 성찰의 철학이다.

레질리언스와 디지털 레질리언스는 포용사회를 위한 기반이다. 포용사회는 연령, 성별, 경제적 배경, 장애 유무, 디지털 접근 수준 등에 관계없이 모두가 동등하게 사회에 참여하고 혜택을 누릴 수 있는 사회를 의미한다. 하지만 디지털 격차는 사회적 격차를 심화시킬 수 있다. 디지털 레질리언스를 강화하지 않으면, 소외 계층은 더욱 고립될 수밖에 없다. 고령층, 장애인, 저소득층, 농어촌 주민 등 다양한 계층이 디지털 환경에서 소외되지 않도록 하기 위한 노력이 필수적이다.

포용사회는 단순히 '차별하지 않는 사회'가 아니다. 철학자 자크 데리다는 '환대(hospitality)'란 타인을 있는 그대로 받아들이는 급진적 개방이라고 말했다. 포용사회는 그와 같은 타자에 대한 윤리적 책임을 바탕으로 한다. 즉, 포용사회는 "우리와 같은 사람들만이 아니라, 우리와 다른 사람들까지 끌어안는 사회"이다.

장애인, 노인, 이주민, 저소득층, 디지털 접근이 어려운 사람들, 이들을 위한 사회는 결국 모두를 위한 사회이다. 이러한 포용은 존재론적 평등, 즉 "인간은 태어났기에 존엄하다"는 인문학적 가치에서 출발한다. 기술 중심의 사회로 갈수록, 이 인간 중심의 가치 회복이 더욱 절실해진다.

우리는 기술과 사회가 맞물려 변화하는 시대에 살고 있다. 레질리언스를 갖춘 사회, 디지털 기술에 강한 시민, 그리고 누구 하나 배제되지 않는 포용사회. 이 세 가지는 서로를 지탱하며, 우리가 더 나은 미래로 나아갈 수 있도록 돕는 핵심 축이다.

레질리언스 없는 사회는 위기 앞에 무너지고, 디지털 레질리언스 없는 사회는 기술 앞에 소외되며, 포용 없는 사회는 결국 일부만의 번영에 그치게 된다. 우리는 이제, 회복하고, 연결하며, 함께 성장하는 사회를 지향해야 한다. 그 중심에는 사람 중심의 기술, 모두를 위한 디지털 전환, 그리고 서로를 돌보는 사회적 감수성이 필요하다.

기술은 도구일 뿐이다. 진정한 회복은 사람 사이에서 시작된다. 포용 없는 디지털 전환은 또 다른 배제를 낳는다. 우리는 다시 회복하고, 연결되며, 함께 살아가야 한다.

15 디지털 포용 도시, ① 모두를 위한 디지털 사회의 기반

✔ 기술과 인간, 효율과 공공성, 성장과 형평성 사이의 균형을 모색하는 새로운 도시 모델

우리가 바라는 디지털 도시는 디지털 전환이 가져오는 혜택을 모든 계층과 시민이 평등하게 누릴 수 있도록 하는 도시이다. 우리가 원하는 디지털 도시는 디지털 격차를 해소하고, 고령자, 장애인, 저소득층, 이주민 등 디지털 취약계층이 배제되지 않고 도시 사회에 완전히 참여할 수 있도록 설계된 도시이다. 그런 도시 컨셉이 바로 '디지털 포용도시'다.

'디지털 포용 도시(Digital Inclusive City)'는 단순히 디지털 기술을 활용하는 스마트시티와는 구분되는 개념으로, 디지털 기술을 통해 모든 시민이 차별 없이 도시 자원과 서비스에 접근할 수 있도록 보장하는 도시를 의미한다.

디지털 포용 도시는 단순히 첨단 기술을 도입한 도시가 아니라, 모든 시민이 기술의 혜택을 차별 없이 누릴 수 있도록 설계된 도시이다. 이 개념은 특히 정보 격차로 인해 사회적 배제를 경험하고 있는 고령자, 장애인, 저소득층, 이주민 등 디지털 취약계층을 포함해, 누구도 소외되지 않는 도시를 만들자는 취지에서 등장했다. 디지털 포용 도시는 기술이 소수의 이익을 위해 존재하는 것이 아니라, 시민 전체의 삶의 질을 향상시키는 공공 자산으로 기능해야 한

다는 인식을 기반으로 한다.

사회학적 의미: 디지털 공간과 시민권의 재구성

디지털 포용 도시는 도시 공간과 시민 권리의 개념을 다시 정의하는 데서 출발한다. 도시가 물리적인 공간을 넘어 디지털 공간이 공존하는 하이브리드 환경으로 전환되면서, 디지털 기술에 대한 접근 권리는 더 이상 선택이 아니라 사회적 기본권으로 여겨지게 되었다.

예를 들어 공공 행정, 교통, 교육, 의료, 금융 등 거의 모든 도시 서비스가 디지털화되는 과정에서, 디지털 기기나 인터넷을 제대로 사용하지 못하는 시민은 실질적으로 사회 활동에서 배제될 수밖에 없다. 따라서 디지털 포용 도시는 모든 시민이 동등하게 공공서비스에 접근하고, 도시에 참여할 수 있는 기반을 마련해야 한다.

또한, 디지털 기술이 공동체를 분열시키는 도구가 아니라, 오히려 사회적 연대를 회복하고 공동체성을 강화하는 매개체가 될 수 있도록 설계되어야 한다. 이를 통해 디지털 포용 도시는 시민 간 신뢰, 상호작용, 공감 능력을 회복하는 사회적 환경으로 나아가야 한다.

국가적 의미: 디지털 전환을 통한 포용사회 구현

국가적 차원에서 디지털 포용 도시는 매우 전략적인 의미를 가진다. 이는 단순한 도시 관리 혁신이 아니라, 국가의 디지털 전환 정책이 시민 누구에게나 혜택을 제공하는 구조로 운영되어야 한다는 방향성을 담고 있다.

우선, 지방정부와 중앙정부는 도시 거버넌스에 디지털 도구를 접목하면서도, 시민의 목소리를 반영할 수 있는 참여형 구조를 강화하고 있다. 단순히 기술을 공급하는 것을 넘어, 시민이 직접 디지털 정책 수립 과정에 참여하고, 자신들의 데이터가 어떻게 사용되는지를 이해하고 통제할 수 있어야 한다.

또한 디지털 포용 도시 모델은 수도권 집중 현상을 완화하고, 지방 중소도시의 경쟁력을 높이는 수단으로도 활용될 수 있다. 디지털 인프라 확충과 교육을 통해 지방 도시도 동일한 정보 접근성과 기술 역량을 확보할 수 있으며, 이는 국가 전체의 균형 발전에도 기여한다.

유엔 지속가능발전목표(SDGs) 중 특히 '불평등 해소'(SDG 10)와 '지속가능한 도시 조성'(SDG 11)이라는 목표와도 긴밀히 연결되어 있다. 디지털 포용 도시는 기술을 통해 이러한 글로벌 아젠다를 실현하는 가장 구체적인 실행 모델 중 하나로 평가된다.

● 디지털 포용 도시의 구성 요소

디지털 포용 도시가 기능하기 위해서는 다음과 같은 요소들이 반드시 통합적으로 구축되어야 한다.

▲ 보편적 디지털 인프라

디지털 포용은 모든 시민이 인터넷, 디지털 기기, 공공 플랫폼에 접근할 수 있는 물리적 조건이 마련되어야 가능하다. 공공 와이파이 확대, 디지털 기기 대여 또는 보조 정책, 데이터요금 감면 등이 포함된다.

▲ 디지털 역량 강화 교육

단순히 기기를 제공하는 것만으로는 충분하지 않다. 시민이 기술을 이해하고 활용할 수 있는 역량을 키우는 것이 핵심이다. 특히 고령자, 이주민, 장애인 등 취약계층 맞춤형 교육 프로그램이 중요하며, 생활 밀착형 실습 중심의 교육이 필요하다.

▲ 접근성과 포용성을 고려한 서비스 디자인

공공 웹사이트, 민원 시스템, 공공앱 등은 시각·청각 장애인, 고령자 등을 고려해 직관적이고 접근 가능한 사용자 인터페이스(UI/UX)로 설계되어야 한다. 화면 낭독기 호환성, 큰 글자 모드, 쉬운 언어 설명 등이 포함된다.

▲ 데이터 기반 도시 운영과 공정성

도시 문제 해결에 데이터가 적극 활용되고 있지만, 데이터 수집·분석 과정에서도 취약계층의 생활이 반영될 수 있도록 설계되어야 한다. 예를 들어, 대중교통, 복지 수요 분석에 저소득층·노인·장애인의 이동 데이터를 반영함으로써 보다 공정한 정책 수립이 가능해진다.

▲ 시민참여 기반의 디지털 거버넌스

디지털 포용 도시는 시민이 단순한 소비자가 아닌, 도시 운영의 주체가 되도록 설계되어야 한니다. 시민 제안형 앱, 리빙랩 프로젝트, 온라인 투표·공론장 시스템 등을 통해 도시 문제 해결에 직접 참여할 수 있는 구조를 갖추는 것이 필수이다.

16 디지털 포용 도시, ② 서울시와 헬싱키, 같고도 다른 모범사례

- 사회적 배제 없이 시민의 삶을 향상시킬 수 있는지를 보여주는 대표적인 사례들
- 서울, 디지털 격차를 지역 밀착형 정책으로 해결하고자 하는 실용적 접근
- 헬싱키, 제도적이고 철학적인 정책 구조를 구현

디지털 포용 도시의 개념은 전 세계 주요 도시들에서 다양한 방식으로 실현되고 있으며, 각국의 사회·문화적 맥락에 따라 고유한 전략이 적용되고 있다. 여기서는 대표적인 국내 사례인 서울시와, 북유럽형 포용도시 모델을 구현한 핀란드 헬싱키시의 사례를 비교 분석한다. 이들 도시는 디지털 전환이 단순한 기술 도입을 넘어, 어떻게 사회적 배제 없이 시민의 삶을 향상시킬 수 있는지를 보여주는 대표적인 사례들이다.

서울시, '접근성 해소' 중심의 포용 정책에 머물러

서울시는 빠르게 디지털화되는 도시 환경 속에서 정보 접근에 제약을 받는 시민들, 특히 고령층, 장애인, 저소득층, 이주민 등을 위한 포용 전략을 수립했다. 2022년부터 본격적으로 추진된 '디지털 약자와의 동행' 정책은 서울시가 디지털 포용 도시로 나아가기 위한 핵심 전략으로 자리 잡고 있다.

이 정책의 중심에는 '찾아가는 디지털 교육'이 있다. 서울시는 고령층 인구 비중이 높은 지역을 중심으로 디지털 교육버스를 운행하여, 스마트폰 활용법, 공공앱 이용법, 키오스크 주문 방법 등을 직

접 가르치고 있다. 이 교육은 일방적인 강의가 아니라 1:1 맞춤형 지도 방식을 택해 교육 효과를 높이고, 교육이 끝난 후에도 후속 지원이 가능하도록 '디지털 배움터'를 운영하며 지속적인 학습 기회를 제공한다.

또한, 민간과 협력하여 공공 및 상업시설에 설치된 무인 키오스크의 접근성을 개선하고 있다. 시범사업에서는 화면 글씨 크기를 키우고, 음성 안내 기능을 추가하며, 사용자 인터페이스(UI)를 간소화하여 디지털 기기 이용에 어려움을 겪는 시민들의 접근 장벽을 낮추는 데 주력했다.

그 결과, 서울시는 2024년까지 약 10만 명 이상의 시민에게 디지털 기초 교육을 제공했고, 키오스크 개선 시범지역에서는 사용자 만족도가 30% 이상 상승한 것으로 조사되었다. 그러나 이러한 노력에도 불구하고, 복잡한 공공앱 사용이나 민간 플랫폼 접근성의 문제는 여전히 남아 있다. 특히 키오스크 접근성 개선은 민간 기업의 자율적 참여에 의존하고 있어, 법적 기준 마련과 제도화가 향후 정책의 지속가능성을 담보할 열쇠로 지목된다.

서울의 사례는 지방정부 차원의 디지털 포용 정책이 구체적 실행력을 가질 수 있음을 보여주는 동시에, 국가적 차원의 통합 정책과 제도 정비가 병행되어야 실질적인 포용 효과를 낼 수 있다는 점을 시사한다.

헬싱키, 디지털 포용을 사회 전체의 민주성 회복과 연결하는 정책 펼쳐

핀란드 헬싱키시는 디지털 포용 도시 모델을 매우 체계적으로 추진하고 있는 대표적인 북유럽 도시이다. 핀란드 정부는 정보 접근을 단순한 기술 문제가 아닌 시민의 권리로 정의하고 있으며, 헬싱키는 이러한 철학을 바탕으로 도시 행정을 설계하고 있다.

가장 핵심적인 정책은 'Helsinki Digital Skills Programme'이다. 이 프로그램은 시민이라면 누구나 나이, 국적, 배경에 상관없이 무료로 디지털 교육을 받을 수 있도록 보장한다. 특히 이민자, 난민, 외국인 노동자, 고령자 등을 교육의 주요 대상으로 삼아, 사회적 소수자들이 디지털 사회에 편입될 수 있도록 지원한다. 교육 내용은 단순한 기기 사용법을 넘어, 전자정부 서비스 이용법, 온라인 금융, 개인정보 보호 등 실생활과 연결된 실용 교육이 중심이다.

헬싱키는 또한 시민 누구나 도시 데이터를 활용할 수 있도록 'Open Helsinki' 플랫폼을 통해 공공 데이터를 실시간으로 개방하고 있다. 교통 정보, 보건 자원, 에너지 사용량 등의 데이터를 시각화하여 제공하며, 시민은 이를 바탕으로 앱을 개발하거나, 도시 문제 해결에 직접 참여할 수 있다. 이러한 데이터 개방은 단순한 정보 제공을 넘어, 시민이 도시의 공동 설계자(co-designer)가 될 수 있도록 하는 디지털 거버넌스의 실현 방식이다.

이와 함께, 모든 공공 디지털 서비스는 'Design for All' 철학을 기반으로 설계된다. 시각장애인을 위한 앱, 다국어 행정 포털, 직관적인 내비게이션 시스템 등은 취약계층의 독립적 서비스 이용을 전제로 한 공공설계의 전형이라 할 수 있다.

헬싱키의 이러한 접근은 기술 친화적 도시 모델을 넘어서, 디지털을 통한 민주주의 확장과 공동체 통합이라는 관점에서 매우 선진적인 사례로 평가받고 있다. 특히 '기술은 공공을 위한 수단'이라는 북유럽 특유의 사회적 가치가 정책에 깊이 반영되어 있다는 점에서 주목할 필요가 있다.

디지털 접근 보장, 데이터 민주주의 실현, 디지털 공공성 강화를 위한 제도적 기반이 중요

서울과 헬싱키의 사례는 디지털 포용 도시가 어떤 방향으로 설계되고 운영될 수 있는지를 잘 보여준다. 서울은 빠른 도시 변화 속에서 디지털 격차를 지역 밀착형 정책으로 해결하고자 하는 실용적 접근이 돋보이며, 헬싱키는 시민의 디지털 권리를 헌법적 수준에서 보장하는 제도적이고 철학적인 정책 구조를 구현하고 있다.

두 도시의 차이는 기술 자체의 도입 수준이 아니라, 기술을 바라보는 관점의 차이에 기인한다. 서울은 여전히 '접근성 해소' 중심의 정책에 머물고 있는 반면, 헬싱키는 디지털 포용을 사회 전체의 민주성 회복과 연결 짓고 있다.

한국이 보다 진화된 디지털 포용 도시를 지향하고자 한다면, 헬싱키처럼 시민의 권리로서의 디지털 접근 보장, 데이터 민주주의 실현, 그리고 디지털 공공성 강화를 위한 제도적 기반 마련이 필수적이다. 기술은 효율을 넘어서 사람을 위한 것이며, 디지털 포용 도시는 바로 그 철학을 도시 공간에 실현하는 새로운 모델이 되어야 할 것이다.

17 디지털 포용 도시, ③ 디지털 포용 도시를 위한 조건

'따뜻한 기술', '참여하는 시민',
'배제 없는 공동체'를 품은 도시가 되어야

디지털 포용 도시가 지향하는 미래는 단순히 기술 중심의 도시가 아니라, 인간 중심의 지속가능한 공동체로의 진화를 목표로 한다. 이러한 도시는 다음과 같은 방향으로 나아가야 한다.

모든 시민이 디지털 혜택을 공평하게 누리는 도시

디지털 포용 도시는 고령자, 장애인, 저소득층, 이주민 등 사회적 취약계층이 동등하게 디지털 자원에 접근하고, 이를 실생활에서 효과적으로 활용할 수 있도록 보장한다. 공공정보, 디지털 행정, 교통 서비스, 온라인 교육 등의 영역에서 차별 없는 접근권을 실현함으로써, 시민 누구나 디지털 시대의 혜택을 함께 누릴 수 있는 기반을 마련한다.

사회적 약자도 배제되지 않는 공동체 구현

기술이 모든 사람에게 편리함을 제공해야 한다는 철학을 바탕으로, 디지털 포용 도시는 특히 배제 위험에 놓인 시민이 도시에 온전히 포함될 수 있도록 설계된다. 이를 위해 포용적 UI/UX 설계, 키오스크 보완 정책, 보조기술의 통합 등을 통해 누구나 불편 없이 도시 서비스에 접근할 수 있도록 하는 것이 목표이다.

● 데이터와 기술이 공공의 이익을 위해 활용되는 구조 정착

도시 내에서 수집되는 데이터는 단순한 효율성 추구를 넘어, 사회적 약자를 위한 정책 설계, 지역사회 문제 해결, 공공자원의 공정한 배분 등 공동체 전체의 이익을 위한 도구로 사용되어야 한다. 디지털 포용 도시는 기술의 상업적 활용에 앞서, 공익적 가치 실현을 중심으로 데이터 거버넌스를 설계한다.

● 시민 참여가 일상화된 민주적 도시 운영 실현

디지털 포용 도시는 시민이 단지 정책 수혜자가 아니라 도시 운영의 공동 생산자가 되기를 지향한다. 디지털 플랫폼을 통한 참여 예산제, 온라인 공론장, 리빙랩, 디지털 시민제안 등 다양한 채널을 통해 시민의 의견이 실시간으로 정책에 반영되며, 이러한 참여는 정책의 수용성과 지속 가능성을 높이는 핵심 요인이 된다.

● 연대와 신뢰, 공동체 회복이 중심이 되는 도시

디지털 포용 도시는 기술을 통해 공동체를 회복하고, 고립된 개인을 사회적 네트워크 안으로 다시 끌어들일 수 있는 도시를 지향한다. 이웃과의 연결, 커뮤니티 플랫폼 활성화, 상호 도움 기반 서비스 등을 통해 디지털 환경 속에서도 공동체성과 사회적 연대가 살아 있는 도시를 만들어 가는 것이 궁극적인 목표이다.

● 지속가능성과 형평성을 함께 실현하는 미래지향적 도시

궁극적으로 디지털 포용 도시는 경제적 성장, 환경적 지속 가능성, 사회적 통합이 조화를 이루는 구조를 목표로 한다. 기술은 효율성과 성장만을 추구하는 것이 아니라, 기후 변화 대응, 에너지 절

감, 복지 확장, 교육 평등 실현 등 다양한 공공 문제 해결에 적극적으로 기여해야 한다.

디지털 포용 도시는 기술의 진보만으로 완성되지 않는다. 그것은 정치적 의지, 제도적 설계, 시민 참여, 사회적 감수성, 그리고 공공성을 우선하는 가치 체계가 함께 작동할 때 실현 가능한 미래이다.

이러한 도시를 구현하기 위해서는 다음과 같은 시사점을 고려해야 한다.

△ 디지털 전환 정책은 '기술 도입'에 앞서 '인간 중심 설계'를 우선시해야 한다는 점

△ 도시 행정과 시민 삶의 접점에서 디지털 포용 관점이 기본 조건으로 통합되어야 한다는 점

△ 시민 참여가 단발성 이벤트가 아니라, 일상화된 구조로 내재화되어야 한다는 점

△ 국가와 지방정부가 협력하여 디지털 포용 도시의 법적·재정적 기반을 마련해야 한다는 점

△ 디지털 기술의 윤리적 사용, 프라이버시 보호, 알고리즘 공정성 확보 등 포괄적 디지털 권리 개념을 정책화해야 한다는 점

결국 디지털 포용 도시는 미래도시의 이상형이자, 기술과 인간, 효율과 공공성, 성장과 형평성 사이의 균형을 모색하는 새로운 도시 모델이다. 단순히 '스마트'한 도시가 아닌, '따뜻한 기술', '참여하는 시민', '배제 없는 공동체'를 품은 도시가 되어야 진정한 의미의 디지털 포용 도시라고 할 수 있다.

18 "5조 투입, 3%만 포용에"…AI 강국의 불편한 진실①

기술 폭발 vs 정책 위기, 나이 차이로 극대화된 한국의 디지털 격차

한국이 인공지능(AI) 기술 도입에서 세계 최고 수준의 성장세를 기록하고 있지만, 정작 이 기술을 활용하지 못하는 국민의 규모는 오히려 늘어나는 역설적 상황이 벌어지고 있다.

과학기술정보통신부가 2026년 편성한 23.7조원의 예산 구조는 이런 모순을 극명하게 보여준다. AI 대전환에 5조원을 투입해 전체 예산의 21%를 기술 개발과 인프라 구축에 집중하기로 했지만, 디지털격차 해소 예산은 7000억원으로 전체의 3%에 불과하다. AI 기술 개발에는 71배의 투자가 이뤄지는 동안, 모든 국민이 그 기술을 활용할 수 있도록 하는 포용 정책은 상대적으로 외면받고 있는 셈이다.

한국지능정보사회진흥원은 2026년을 "AI가 실험 단계를 넘어 산업 전반의 핵심 인프라로 자리 잡는 전환점"이 될 것으로 전망했다. 기업 내부에서 AI 에이전트를 활용한 문서 처리, 고객 지원, 운영 자동화가 폭발적으로 증가하고, 생성형 AI 도입이 금융·제조·서비스 등 전 산업으로 확산되면서 투자 규모도 연 50% 이상 성장하고 있다는 분석이다.

문제는 이 성장의 혜택이 기술 역량을 갖춘 기업과 젊은 세대에 집중되고 있다는 점이다. 마이크로소프트의 2025 AI 확산 보고서에 따르면 생성형 AI 채택률은 선진국 24.7%, 개도국 14.1%로 10.6%포인트 차이를 보인다. 한국 내 세대 간 격차는 더욱 심각하다.

ATR 2026 AI 인식 조사 결과, 20대의 생성형 AI 사용률은 83.4%지만 60대는 48.4%로 35%포인트의 격차가 있었다. 연령이 올라갈수록 30대 75.5%, 40대 72.5%, 50대 66.2% 순으로 사용률이 낮아졌다.

흥미로운 점은 60대가 AI를 '친구나 조언자처럼 느낀 적 있다'는 응답이 81%로 전 세대 중 가장 높았다는 것이다. 20대의 60%보다 21%포인트나 높은 수치다. 고령층의 AI에 대한 정서적 호감도가 어느 세대보다 크지만 사용률이 낮다는 것은, 문제가 심리적 거부감이 아니라 정보 접근과 기회 부족에 있음을 의미한다.

2026년 과기정통부 예산을 보면 AI 대전환 5조원 외에 넥스트(NEXT) 전략기술에 5.9조원, R&D 생태계 조성에 4.5조원이 배정됐다. 모두 기술 개발 중심이다. 반면 디지털배움터 사업 확대, AI 접근성 기술 개발, 취약계층 교육 인프라 구축 등 포용 정책 예산은 7000억원으로 전체의 3%에도 못 미친다.

전문가들은 이런 불균형이 장기적으로 디지털 격차를 심화시킬 위험성을 경고한다. 기술이 발전할수록 그 기술을 활용할 수 있는 계층과 그렇지 못한 계층 간의 경제적·사회적 격차는 더욱 벌어지기 때문이다.

한국이 2025년을 기점으로 초고령사회에 진입하는 시점에서 AI 투자와 포용 정책의 불균형은 단순한 예산 배분 문제가 아니다. 향후 10년 한국 사회의 경제적 생산성, 사회적 통합, 세대 간 갈등 수준을 결정하는 구조적 선택이 되고 있다.

“좋은 기술을 만들면 자연스럽게 모든 사람이 혜택을 받을 것”이라는 가정은 AI 시대에 더 이상 통하지 않는다. 기술이 발전할수록 오히려 그 기술을 활용할 수 있는 계층과 그렇지 못한 계층의 격차는 기하급수적으로 확대된다. 한국이 진정한 ‘AI 강국’이 되려면 5조원의 기술 투자만큼 중요한 것이 바로 그 기술을 모든 국민이 공평하게 활용할 수 있는 포용적 인프라 구축이다. 그러나 현재의 예산 비율로는 그것이 불가능해 보인다.

19 "AI가 바꾸는 고령화 시대"의 디지털 접근성 과제 ②

음성 인터페이스, 맞춤형 UI…기술이 격차를 채우다

60대 이상 국민 대다수는 스마트폰을 사용하면서 공통적인 불편함을 겪는다. 글씨가 너무 작고, 메뉴가 복잡하며, 터치 조작이 예민하다. 음성 명령은 자신의 말을 제대로 이해하지 못한다. 이런 작은 불편함들이 쌓여 결국 고령층은 디지털 세상에서 필요한 정보에 접근하기 어려워진다.

역설적이게도 이런 접근성 문제를 해결할 AI 기술은 이미 존재한다. 문제는 그 기술이 실제 서비스에 적용되지 않거나, 적용되더라도 낡은 기술 수준에 머물러 있다는 점이다.

ZDnet의 "고령화 시대의 AI와 접근성 대응 전략" 기획기사는 AI 기반 접근성 개선이 세 가지 차원에서 전략적으로 접근해야 한다고 강조한다. 맞춤형 UX/UI 자동 생성, 음성 인터페이스 확산, 사회비용 절감이다.

첫째, 맞춤형 UX/UI 자동 생성이다. 현재 디지털 서비스는 '평균적인 사용자'를 가정하고 설계됐다. 하지만 AI를 활용하면 개인 사용자의 연령, 시각 능력, 인지 속도, 사용 패턴을 실시간 분석해 각자에게 최적화된 화면을 자동으로 제공할 수 있다. 고령층에게는 글씨를 자동으로 크게, 메뉴를 단순하게, 색상 대비를 강하게 조정하는 방식이다.

예컨대 은행 앱을 실행했을 때 70대 사용자는 자동으로 크고 명확한 글씨와 단 3단계의 간단한 메뉴만 보게 될 수 있다. 현재는 별도 설정을 찾아 일일이 조정해야 하지만, AI가 자동으로 최적화 화면을 제공한다면 상황은 전혀 달라진다.

한국지능정보사회진흥원이 2025년 개발한 '매장 전용 에뮬레이터'는 이런 가능성을 실제로 보여줬다. 마트 무인계산대, 영화관 앱 등 실제 서비스 환경과 동일하게 구현해 교육생들이 실습 중 현실과 똑같이 결제·예매 기능을 익힐 수 있게 했다. 결과는 놀라웠다. 무인계산대 사용 소요시간은 교육 전 대비 57.7% 감소했고, 서비스 이용 의향은 45.7% 증가했다. 단순한 실무 교육만으로도 이 정도 성과가 나왔다면, AI 기반 접근성이 결합되면 효과는 훨씬 클 것이다.

둘째, 음성 인터페이스의 전면 확산이다. 고령층은 터치스크린 조작이나 키보드 입력에 불편함을 느끼지만, 음성 명령은 직관적이고 자연스럽다. 현재 스마트폰에 기본 탑재된 음성 비서들은 기본 명령어는 인식하지만, 방언을 이해하거나 긴 문장의 의도를 파악하기는 여전히 어렵다. 특히 한국 고령층이 사용하는 경상도, 전라도, 제주 방언과 거기에 섞인 경음화·구개음화 같은 음성 특성을 정확히 인식하는 AI 음성 기술은 아직 개발 초기 단계다.

하지만 불가능한 것은 아니다. 자연어처리(NLP) 기반 음성 기술이 발전하면서 사용자의 의도를 파악하고 맥락에 맞는 안내를 제공하는 수준으로 진화하고 있다. 예컨대 병원 예약 앱에서 "다음 주 월요일 오전에 정형외과 예약해 줘"라고 방언으로 말하면, 필요한 검색·선택·입력 과정을 AI가 대신 수행하는 방식이다. 이렇게 되면 고령층의 디지털 접근성은 획기적으로 개선된다.

셋째, 사회 비용 절감 효과다. 이것이 정부가 주목해야 할 가장 중요한 포인트다. 한국이 초고령사회로 진입하면서 의료, 돌봄, 행정 등 사회 전반에서 비용이 폭증하고 있다. 2025년 65세 이상 노인 인구가 1000만 명을 넘어섰고, 2040년에는 1500만 명을 돌파할 것으로 예상된다. 이들을 위한 행정 서비스, 의료 지원, 돌봄 비용은 국가재정을 압박하는 수준을 넘어 국가 경제 전체의 지속가능성을 위협하고 있다.

AI 기반 접근성 기술을 적극 도입하면 일부 서비스는 비대면·자동화로 전환해 인력 부담과 예산을 대폭 줄일 수 있다. 고령층이 자주 찾는 행정 민원 서비스를 챗봇과 음성 안내로 처리하면 현장 방문이나 전화 응대 인력을 상당 부분 줄일 수 있다. 또한 실시간 원격 건강 모니터링과 AI 분석을 통해 조기 진단 및 예방 조치가 가능해져 결국 의료비를 절감할 수 있다.

구체적 예를 들어보자. 현재 대학병원 응급실에서는 접수 직원이 환자와 대면해 증상을 청취하고 기본정보를 입력한다. 하지만 AI 음성 상담 시스템을 도입하면, 고령 환자가 대기실 키오스크에서 "어지럽고 가슴이 아파요"라고 말하면 AI가 증상을 분류하고 우선순위를 판단한다. 응급 상황이라고 판단되면 즉시 의료진을 호출한다. 이렇게 하면 대기 시간도 단축되고 업무 효율성도 높아지며, 접수 직원도 더 고도화된 업무에 집중할 수 있다.

한국 정부도 이런 가능성을 인식하고 있다. 과학기술정보통신부는 2026년 정책 방향에서 "AI 기반 고령자 음성 대화 시스템 도입"

을 구체적으로 명시했다. 특히 청각·언어장애인을 위한 실시간 3자 영상통화 119 시스템 도입을 추진 중이다.

하지만 현실은 정책 발표와 실제 실행 사이의 '그림의 떡' 상황이 반복되고 있다. 기술은 존재해도 사회 전반에 확산되지 않고, 공공기관은 채택하지 않으며, 민간 기업도 성급한 투자를 꺼리고 있다. 2026년은 이런 담장을 넘어야 하는 시점이다.

AI가 고령화 시대의 디지털 접근성을 획기적으로 개선할 수 있다는 것은 이미 증명됐다. 문제는 정부의 의지, 기업의 협력, 그리고 투자의 우선순위다. "도움이 필요하신가요?"라는 친절한 AI의 음성 안내가 모든 공공 서비스에서 일상적으로 들리는 2026년을 만드는 것이 정책 입안자들의 과제다.

20 "교육의 수요는 있는데 지속성이 없다"③

● 일회성 교육 넘어 생애주기 맞춤형 학습 생태계 절실

2025년 서울 디지털배움터 성과보고회장에서 한 가지 통계가 눈에 띈다. 교육 수료자의 66.2%가 60대 이상이라는 수치다. 이는 단순한 숫자 이상의 의미를 담고 있다. 고령층이 디지털 기술을 배우고 싶어 하며, 실제로 교육 기회를 찾고 있다는 것을 증명하는 데이터다. 전북 디지털배움터는 도민 5만여 명을 교육했고, 부산은 7만 646명이 수료해 목표 대비 162%를 달성했다.

● 수치상으로는 성공이지만, 질적으로는 위기다.

디지털배움터 사업이 전국적으로 확산되면서 양적 성장은 놀라울 정도로 이뤄지고 있다. 2020년 처음 시작했을 때와 비교하면 지난 5년간 참여 인원은 기하급수적으로 증가했다. 교육 내용도 진화했다. 초기에는 단순한 스마트폰 사용법이 전부였지만, 이제는 키오스크·모바일 금융·온라인 민원뿐 아니라 생성형 AI 이해, AI 기반 콘텐츠 제작, AR·메타버스, VR 안전체험, 드론 조종까지 신기술 체험 교육으로 확대됐다.

서울사업단이 개발한 '매장 전용 에뮬레이터'는 교육의 질적 개선을 보여주는 좋은 사례다. 마트의 무인계산대, 영화관 앱 등 실제 서비스 환경과 동일하게 구현해 교육생들이 실제처럼 결제하고 예매하는 경험을 할 수 있게 했다. 사용 소요시간이 57.7% 감소하고 이용 의향이 45.7% 증가한 결과가 이를 증명한다.

그런데 이런 양적·질적 성과 뒤에는 심각한 한계가 숨어 있다.

첫째, 일회성 교육의 한계다. 디지털배움터 교육을 받은 60대가 기술을 배우고 난 후 그 다음은 어떻게 될까? 교육을 통해 기초를 다진 후 심화 학습으로 나아갈 수 있는 생태계가 없다. 스마트폰 앱이 매달 업데이트되고 새로운 기능이 추가되며 사용 방식이 변하지만, 고령층을 위한 지속적인 학습 지원 시스템은 극히 제한적이다.

예컨대 한 고령자가 디지털배움터에서 카카오톡 사용법을 배웠다고 하자. 하지만 카카오톡은 계속 업데이트된다. 새로운 스티커 기능이 생기고, 음성 메시지 기능이 추가되고, 결제 기능이 강화된다. 매번 이런 변화가 생길 때마다 고령층은 혼란스러워하며 다시 배움의 기회를 찾아야 한다. 현재의 디지털배움터 사업으로는 이런 지속적 학습 수요를 충족할 수 없다.

둘째, 교육 강사 부족이다. 전국 54만여 명을 교육했다고 해서 충분한가? 2024년 참여자 중 60대 이상이 36만 1266명(66.2%)이라는 것을 고려하면, 이들을 체계적으로 지원할 강사의 수는 턱없이 부족하다.

전북 디지털배움터의 경우 122명의 지역 ICT 인재를 신규 고용했다고 했지만, 이는 5만여 명의 교육생을 지원하기에는 턱없이 모자란다. 서울시나 부산시의 경우도 전담 강사 규모에 대한 공식 발표가 거의 없을 정도다. 교육의 질을 높이려면 강사 인력이 지금의 최소 3배 이상 필요하다는 전문가 의견이 지배적이다.

셋째, 지역 간 격차다. 서울, 부산, 대전, 전북 등 대도시와 거점 지역의 디지털배움터는 상대적으로 잘 운영되고 있다. 그러나 인구 10만 미만의 중소도시나 농어촌 지역은 교육 인프라 자체가 거의 없다. 2026년 과기정통부의 계획에서 디지털배움터를 69곳으로 확대한다고 했지만, 전국 2000개 이상의 지자체 규모를 고려하면 여전히 턱없이 부족하다.

넷째, 교육 이후 실제 활용으로의 연계가 부족하다. 디지털 교육을 받는 것과 실제로 배운 기술을 일상에서 지속적으로 활용하는 것은 완전히 다른 문제다. 교육 후 직업으로 연결되거나 사회적 활동으로 전환되는 사례가 극히 드물다. 특히 고령층의 경우 교육 후 그 기술을 활용할 실질적인 기회나 동기가 부족하다.

예컨대 한 60대 여성이 스마트폰에서 사진을 정리하고 편집하는 방법을 배웠다면, 그 이후 그 기술을 어디에 활용할 것인가? 손자의 생일 앨범을 만들 기회가 주어질까? 아니면 자신의 추억 사진을 정리하는 정도에 그칠까? 배운 기술을 실제로 활용할 기회가 제도적으로 마련돼야 한다.

한국지능정보사회진흥원의 2026년 전망은 이를 뒷받침한다. 올해는 "AI가 실험 단계를 넘어 산업 전반의 핵심 인프라로 자리 잡는 전환점"이 될 것으로 예측된다. 즉, AI의 활용 범위와 복잡도가 급격히 높아진다는 의미다. 이 상황에서 기존의 일회성 디지털 교육만으로는 고령층이 디지털 시대를 따라잡을 수 없다는 것이 자명하다.

● 필요한 것은 패러다임의 전환이다.

첫째, 디지털학습 계좌제의 도입이 시급하다. 모든 국민에게 개인 디지털 학습 계좌를 부여하고, 생애 전반에 걸친 학습 이력을 관리하는 시스템을 만들어야 한다. 연간 일정 금액(예: 30만원)의 디지털 교육 바우처를 지급하고, 취약계층에게는 이를 2배(60만원)로 증액해 기회 균등을 보장한다. 일회성 교육이 아니라 평생에 걸친 학습 지원이 필요하다.

둘째, AI 기반 개인 맞춤형 학습 플랫폼 구축이다. 국가 차원의 'AI 학습 동반자' 플랫폼을 개발해, 개인의 학습 속도, 관심사, 목표에 맞춰 AI가 교육 콘텐츠를 자동으로 큐레이션하고 제공하는 시스템을 만들어야 한다. 24시간 이용 가능한 AI 튜터가 질문에 답하고 실시간 피드백을 제공한다면, 교육 강사 부족 문제도 상당 부분 해결할 수 있다.

셋째, 지역별 AI 혁신센터 구축이다. 서울, 부산, 대전, 광주, 대구 등 주요 도시에만 집중된 교육 인프라를 전국 17개 시도로 확산시켜야 한다. 각 센터는 디지털 교육뿐 아니라 취업 연계, 사회활동 기회 제공, 청년과 고령층의 협력 프로그램 등을 통합 운영한다.

넷째, 교육과 실제 활용의 연계 강화다. 디지털배움터 교육을 받은 고령층이 배운 기술을 활용할 수 있는 실질적인 기회를 제도적으로 마련해야 한다. 예컨대 지역 중소기업과의 협력을 통해 디지털 마케팅, 온라인 판매 지원 업무에 참여할 기회를 제공하거나, 지역 도서관·복지관 등에서 다른 고령층을 대상으로 디지털 멘토 활동을 할 수 있게 하는 방식이다.

2026년 디지털배움터 참여자 대다수가 다시 60대 이상이 될 것은 확실하다. 그들의 학습 욕구는 계속될 것이다. 하지만 현재의 일회성 교육 시스템으로는 그들의 니즈를 충족시킬 수 없다. 양적 성공에 안주할 것인가, 아니면 질적 혁신으로 나아갈 것인가. 이것이 2026년 디지털배움터 정책의 분기점이 될 것이다.

에 필 로 그

기술의 시대, 인간의 존엄은 어떻게 유지되는가?

1 기계가 인간을 닮아가는 시대, 인간다움이란 무엇인가?

서울의 한 병원에서는 인공지능이 환자의 암을 조기에 발견하고, 교실에서는 AI 튜터가 학생의 학습을 보조한다. 기업의 채용과 금융의 투자, 언론의 기사 작성까지, 오늘날 우리 사회의 다양한 영역에서 인공지능이 '인간처럼' 사고하고 판단하며 행동하고 있다. 이제 기술은 단순히 인간을 돕는 도구를 넘어, 인간의 고유한 기능들을 흉내 내는 존재로 진화하고 있다.

하지만 이 놀라운 기술 발전의 이면에는 중대한 질문이 숨어 있다.
기계가 인간을 닮아갈수록, 인간은 무엇으로 남을 수 있을까?
인공지능이 창작하고 판단하며 선택하는 시대에, 인간다움이란 과연 무엇일까?

이 질문은 단지 기술의 진보를 우려하는 목소리가 아니다. 그것은 인간이라는 존재의 본질에 대한 물음이며, 그 존재가 지닌 '고유한 존엄(dignity)'의 의미를 다시 묻는 철학적 성찰이다.

근대 윤리철학의 중심에 있는 칸트는 인간을 "그 자체로 목적이지, 결코 수단이 되어서는 안 되는 존재"라고 규정했다. 이 명제는 단순한 도덕 선언이 아니라, 인권과 민주주의, 사회계약과 법치주의의 기초를 이룬 원칙이다. 그러나 오늘날의 인공지능 기술은 이 전제를 근본부터 흔들고 있다.

AI는 인간의 행동을 예측하고, 선택을 유도하며, 때로는 인간 대신 결정하기도 한다. 이 과정에서 인간은 스스로의 판단과 자유를 잃고, 효율이라는 이름 아래 데이터로 환원된 객체로 취급된다. 기술은 인간을 더 잘 이해하려 하지만, 그 이해는 곧 통제의 근거가 되기도 한다.

우리가 기술에 의해 효율적으로 분류되고 조정될 때, 인간은 더 이상 존엄한 주체가 아니라 시스템을 위한 요소로 변해간다. 이는 인간을 다시 수단으로 전락시키는 새로운 형태의 도구주의이며, 철학적으로도 위험한 전환이다.

사회학자들은 인간이 존엄한 존재로 살아가기 위해 무엇보다 '인정받을 수 있는 사회적 조건'이 필요하다고 말한다. 조지 허버트 미드는 자아의 형성이 타인과의 상호작용을 통해 이루어진다고 했고, 액슬 호네트는 사회적 인정이 곧 존엄의 실현이라고 보았다.

그러나 오늘날의 AI 기반 사회는 인간의 내면성과 맥락, 정체성과 기억을 충분히 반영하지 못한다. 알고리즘은 인간을 특정한 집단에 귀속된 통계적 데이터로 치환하고, 개인을 평균값의 일부로 간주한다. 그 결과, 사람은 고유한 존재가 아니라 유사 유형의 한 사례로 전락한다.

장 폴 사르트르가 말했듯, 인간은 타자의 시선을 통해 존재를 인식한다. 오늘날 그 시선은 '타자'가 아니라 알고리즘의 시선으로 대체되고 있다. 문제는 그 시선이 인간을 진정한 주체로 바라보는 것이 아니라, 예측 가능한 대상으로 해석한다는 데 있다.

인공지능은 우리에게 편리함과 가능성을 제공하지만, 동시에 다음과 같은 방식으로 인간 존엄의 기반을 잠식하고 있다.

첫째, 노동의 자동화는 인간의 자기 효능감과 존재 이유를 위협한다. 단순한 일자리 상실이 아닌, “나는 무엇을 위해 존재하는가?”라는 정체성의 붕괴로 이어질 수 있다.

둘째, 감시 기술은 인간의 자유와 사적 영역을 침범한다. 얼굴인식, 위치 추적, 행동 분석 기술은 우리가 언제 어디서 무엇을 하든 감시받고 있다는 사실을 내면화하게 만든다. 이는 자율적 존재로서의 인간을 위축시키는 결과를 낳는다.

셋째, AI는 사회의 편견과 차별을 재생산할 수 있다. 기계가 학습하는 데이터에 담긴 성별, 인종, 계층에 대한 편견이 알고리즘을 통해 강화되며, 기존의 불평등 구조가 더욱 고착화된다.

우리는 기술과 기계와 달리, 불완전한 존재다. 하지만 바로 그 불완전함이 인간다움의 근거가 되기도 한다. 실수하고, 고통받고, 다시 일어서며, 타인의 아픔에 공감하는 것. 이런 능력은 기계가 모방할 수 없는 인간만의 고유한 특성이다. 철학자 폴 리쾨르는 인간을 해석 가능한 존재, 즉 고정된 정답이 없는 열린 의미의 주체로 보았다. 인간은 끊임없이 질문하고, 의미를 묻고, 자신의 삶을 구성해 나간다. 인공지능은 “어떻게”에 답할 수 있지만, “왜”라는 질문을 스스로 던지지는 않는다. 의미를 생성하고 윤리적 책임을 질 수 있는 능력, 이것이 인간만이 지닌 고유한 존엄이다. 또한 철학자 레비나스는 “윤리란 타자의 얼굴에서 비롯된다”고 말했다. 인간은 타인의 고통을 외면하지 않으며, 응답할 수 있는 존재다. 공감과 책임, 그리고 상호성은 인간 사회의 토대이며, 이는 아무리 정교한 알고리즘이라도 완전히 흉내 낼 수 없는 구조다.

기술이 거스를 수 없는 흐름이라면, 그 기술이 인간을 해치지 않도록 윤리와 철학, 사회적 기준을 새롭게 세워야 한다. 이를 위해 우리는 세 가지 방향에서 변화를 고민해야 한다.

첫째는 기술 설계 단계에서부터 존엄을 고려하는 것이다. 'Dignity by Design', 즉 설계 자체에 인간 중심의 철학을 담아야 한다. 이는 단지 기능의 문제가 아니라, 인간에 대한 태도와 철학의 문제다.

둘째는 디지털 사회에 맞는 새로운 기본권 체계의 수립이다. 알고리즘에 대한 설명을 요구할 권리, 내 정보를 삭제할 권리, 차별 없는 기술 이용권 등은 이제 헌법적 권리로 논의되어야 한다.

셋째는 기술 거버넌스에 시민이 참여하는 구조의 정착이다. 기술은 전문가와 기업의 전유물이 되어서는 안 된다. 철학자, 사회학자, 일반 시민이 함께 논의에 참여함으로써, 인간다운 기술 문명을 설계할 수 있다.

인공지능은 이제 우리 곁에서 삶을 함께 구성하는 실질적 존재가 되었다. 하지만 그 기술이 아무리 정교해지더라도, 인간은 여전히 인간다움을 잃지 않아야 한다. 인간은 기계보다 느리고, 때로는 비합리적이며, 실수를 반복하는 존재지만, 바로 그런 불완전성 속에서 윤리와 책임, 공감과 존엄이 발생한다.

기계가 인간을 닮아갈수록, 우리는 더욱 인간다워져야 한다. 기술은 인간의 삶을 향상시키는 수단이어야 하며, 인간 그 자체가 기술의 목적이 되어야 한다. 인공지능 시대에도 우리가 지켜야 할 가장 중요한 철학은 바로 이것이다.

"인간은 여전히, 그 자체로 목적이어야 한다."

이것이 우리가 기술을 설계하고 사회를 구성해 나가는 데 있어 결코 잊지 말아야 할 존엄의 철학이다.

2 디지털 시민에게 요구되는 디지털 규범

규범은 공동체가 함께 살아가기 위해 공유하는 사회적 기대와 행동의 기준이다. 이는 법률처럼 명문화되지 않아도 사람들의 의식과 행동을 조율하고, 사회적 질서를 형성한다. '줄을 설 때 새치기를 하지 않는다', '타인의 말을 경청한다'와 같은 일상적 행동도 모두 규범의 결과다.

그렇다면 디지털 사회에서도 우리는 규범을 필요로 하는가? 대답은 분명하다. 오늘날 우리는 하루의 대부분을 온라인에서 살아간다. 댓글을 달고, 뉴스를 공유하고, 플랫폼을 통해 서로 연결된다. 이전까지 물리적 공간에서 지켜져 오던 사회적 약속과 질서가, 이제는 디지털 공간으로 이식되어야 할 상황이 된 것이다. 바로 이 지점에서 등장하는 개념이 '디지털 규범(Digital Norms)'이다.

디지털 규범은 인터넷과 디지털 기술 환경에서 타인과 공존하고 소통하기 위한 비형식적이면서도 사회적으로 요구되는 행동의 기준을 말한다. 이는 기술적 기능의 문제가 아니라, 어떻게 살아갈 것인가, 어떤 공동체를 만들 것인가에 대한 윤리적 선택의 문제다.

● 디지털 규범은 어떻게 형성되는가?

디지털 규범은 '설계'라기보다는 '형성'된다. 그것은 일방적으로 주어지는 것이 아니라, 이용자와 플랫폼, 사회적 맥락, 정치적 문화가 끊임없이 상호작용하며 만들어내는 일종의 집합적 합의다.

초기 인터넷 공간에서는 자유와 개방, 창의성이 중심 규범이었다. 누구나 발언할 수 있고, 정보는 자유롭게 공유되며, 익명성은 권력에 대한 비판의 도구가 되었다. 그러나 시간이 흐르며 디지털 공간은 달라졌다. 혐오 표현과 가짜 뉴스, 알고리즘 편향, 사이버 범죄가 확산되면서 우리는 단지 자유가 아닌, 책임 있는 자유, 상호 존중, 공적 의사소통의 질을 새로운 규범으로 요청하게 되었다.

디지털 규범은 국가나 플랫폼이 강제할 수 없는 부분이 크다. 그것은 시민 개개인의 실천과 사회적 감수성, 교육, 미디어, 집단적 행동을 통해 형성되고 유지된다. 다시 말해, 디지털 규범은 함께 만들어가는 윤리적 생태계이며, 기술보다 먼저 성숙해야 할 인간의 태도다.

왜 디지털 규범이 중요한가?

디지털 공간은 물리적 거리와 상관없이 상호작용이 가능한 초공간이다. 이로 인해 표현의 자유는 확대되었지만, 동시에 비인격화된 공격, 빠른 확산, 반사회적 행동의 비가시성이 문제로 떠오르고 있다.

예컨대 SNS 상에서의 욕설, 사생활 침해, 조롱과 같은 표현은 오프라인에서는 쉽게 하지 못할 말이다. 그러나 디지털 공간에서는 비대면성과 즉시성, 익명성이 결합되어, 도덕적 경계가 무너지고, 자정 기능이 작동하지 않는 경우가 많다. 이는 개인의 정신 건강은 물론, 사회 전체의 신뢰와 연대에도 악영향을 미친다.

따라서 디지털 기술이 진화할수록, 기술 자체를 넘어 그 기술이 사용되는 맥락을 규율하는 사회적 규범이 더 중요해진다. 우리는 디지털을 단지 빠르고 효율적인 공간이 아니라, 공존과 존중, 책임이 실현되는 '사회적 공간'으로 전환해야 한다. 이것이 바로 디지털 규범이 요구되는 이유다.

디지털 규범은 법률처럼 강제되지는 않지만, 디지털 공간을 안전하고 건강하게 유지하는 사회적 윤리의 뼈대다. 그것은 우리가 기술을 사용할 때, 타인과 관계 맺을 때, 정보를 공유할 때 어떤 마음가짐과 책임의식을 가져야 하는지를 안내하는 보이지 않는 사회적 나침반이다. 이러한 규범은 다음과 같은 다섯 가지 핵심 원칙을 중심으로 구성될 수 있다.

① 존중(Respect): 연결의 공간에서도 인격은 존중받아야 한다

디지털 공간에서는 얼굴을 마주보지 않고 대화하는 경우가 대부분이다. 글자 몇 줄, 이미지 하나, 댓글 한 줄로 우리는 타인과 소통한다. 이런 비대면 환경은 때때로 상대방의 감정이나 맥락을 잊게 만들고, 그 결과로 무례하거나 공격적인 표현이 난무하기도 한다.

하지만 연결이 물리적으로 멀어졌다고 해서, 상대방의 인격이 사라진 것은 아니다. 온라인에서의 표현 역시 현실의 발언처럼 타인에게 상처를 줄 수 있으며, 공동체의 신뢰를 흔들 수 있다. 그러므로 디지털 규범의 첫 번째 원칙은 언제나 타인을 '존재하는 인격체'로 대하는 태도다. 다름을 조롱하거나 혐오하는 것이 아니라, 차이를 이해하고 공존의 기회를 넓히려는 노력이 디지털 존중의 출발점이다.

② 책임(Responsibility): 클릭에는 무게가 있다

디지털 공간에서는 정보가 순식간에 생성되고, 퍼지고, 재가공된다. 우리는 누구나 콘텐츠를 만들고, 공유하며, 반응할 수 있는 시대에 살고 있다. 그러나 그 편리함만큼 개인의 행동이 미치는 파급

력도 커졌다.

단지 '좋아요'를 누른 행위가 가짜 뉴스의 확산에 기여할 수 있고, '재미 삼아' 올린 게시물이 누군가의 명예를 훼손할 수도 있다. 그렇기에 디지털 시민은 자신이 무엇을 말하고, 어떤 정보를 퍼뜨리며, 어떻게 행동하는지를 늘 자각하고 책임지는 태도를 가져야 한다.

책임은 법적 처벌 이전의 문제다. 그것은 내가 참여하고 있는 사회의 윤리를 존중하는 성숙한 시민 의식에서 비롯된다. '온라인에서의 나' 역시 '현실 속의 나'만큼 무게 있는 존재라는 인식, 그것이 책임의 핵심이다.

③ **공정성**(Fairness): 기술은 차별 없이 모두를 품어야 한다

디지털 기술은 중립적인 도구처럼 보일 수 있다. 하지만 알고리즘은 인간이 설계하며, 데이터는 과거 사회의 편견을 반영한다. 그 결과, AI가 채용 과정에서 특정 성별이나 출신을 불리하게 평가하거나, 자동 필터가 소수자의 언어를 금지어로 간주하는 일이 발생할 수 있다.

디지털 사회에서의 공정성이란, 단지 기회를 동일하게 주는 것에 그치지 않고, 결과의 형평성과 알고리즘 구조까지 감시하고 개선하는 노력을 포함한다. 특히 플랫폼과 기술 설계자, 운영자들은 사용자 전체를 고려한 공정한 설계를 의무로 받아들여야 하며, 이용자 또한 기술이 차별을 강화하지 않도록 비판적으로 감시하는 감수성을 갖추어야 한다.

공정한 디지털 공간은 소수자의 목소리도 지워지지 않고, 누구나 같은 조건에서 자신의 삶을 표현할 수 있는 공간이다. 그것은 기술

의 문제이기 이전에, 사회 정의의 문제다.

④ 투명성(Transparency): 기술 뒤에 숨은 권력을 드러내야 한다

오늘날 우리는 어떤 콘텐츠가 왜 눈앞에 등장했는지를 알지 못한 채 정보를 소비하고 있다. 검색 결과, 추천 동영상, 뉴스 피드 모두가 보이지 않는 알고리즘에 의해 구성된다. 그러나 이러한 시스템은 사용자에게 설계 기준을 설명하지 않고, 기업은 자신들의 알고리즘이 어떤 원리로 작동하는지 외부에 알리지 않는다.

이처럼 불투명한 디지털 환경은 사용자의 자율성을 약화시키고, 민주적 통제력을 위협한다. 그러므로 디지털 규범의 중요한 원칙 중 하나는 바로 '투명성'이다. 사용자는 자신의 데이터가 어떻게 수집되고, 어디에 활용되며, 어떤 기준으로 콘텐츠가 제공되는지를 알 권리가 있다.

또한 기업과 플랫폼은 사용자에게 충분한 설명을 제공해야 하며, 사회는 '기술을 신뢰할 수 있으려면 기술이 설명 가능해야 한다'는 규범적 요구를 더욱 강하게 제기해야 한다. 투명성이란 기술의 내용이 아니라, 기술을 둘러싼 권력의 구조를 드러내는 윤리적 요청이다.

⑤ 참여(Participation): 소비자가 아닌 공동체 구성원으로서의 나

디지털 공간은 이제 단순한 정보 소비의 장이 아니다. 그것은 여론이 형성되고, 사회적 결정이 이루어지며, 공공의 가치가 협의되는 현대 사회의 공적 장이다. 이 공간에서 시민은 단순히 '사용자(user)'가 아니라, '참여자(participant)'로서의 권리와 책임을 함께 지는 존재가 되어야 한다.

참여란 댓글을 다는 것, 게시물을 공유하는 것을 넘어서, 정책 결

정에 목소리를 내고, 플랫폼 운영에 의견을 반영하며, 공공적 사안에 능동적으로 관여하는 시민적 실천을 말한다. 예컨대 온라인 청원, 디지털 공론장 토론, 커뮤니티 기반 프로젝트 참여 등이 그 구체적 사례다.

참여는 민주주의의 본질이며, 디지털 사회에서도 마찬가지다. 기술이 권력을 집중시키고, 이용자를 수동적인 소비자로 전락시키려 할 때, 우리는 다시금 '내가 주체'라는 감각을 회복해야 한다. 그때 비로소 디지털 공간은 진정한 공동체가 된다.

디지털 규범의 다섯 가지 원칙은 단순한 도덕 교과서가 아니다. 그것은 디지털 기술이 우리 사회 속에서 어떻게 작동해야 하는지를 가늠하는 윤리적 기준이자, 민주적 실천의 나침반이다. 인간과 인간이 서로를 이해하고, 기술 속에서도 품격을 지키며 살아가기 위한 이 원칙들은, 디지털 문명을 '인간적인 문명'으로 만들기 위한 가장 기본적인 출발점이다.

디지털 규범이 요구되는 상황은 점점 더 복잡해지고 있다. 생성형 AI의 확산은 콘텐츠 생성의 주체와 진위를 혼란스럽게 만들고 있으며, 메타버스와 같은 가상 공간에서는 성희롱, 폭력, 사기 등 현실에서의 범죄가 재현되거나 더욱 익명화된 방식으로 나타난다.

또한 빅데이터와 알고리즘에 의해 강화되는 플랫폼 권력, 데이터 독점, 감시 자본주의적 기술 환경은 기존의 시민 윤리를 훨씬 더 넓고 깊은 차원으로 확대해 나갈 것을 요구한다. 오늘날 디지털 규범은 단지 사용자의 매너 수준에서 멈춰서는 안 된다. 그것은 기술 구조, 알고리즘 설계, 데이터 윤리, 플랫폼의 사회적 책임까지 포괄하는 '디지털 정의'의 문제이기도 하다.

디지털 사회는 우리가 기술을 어떻게 사용하는가에 따라 더 열린 공간이 될 수도, 더 배제적인 공간이 될 수도 있다. 그 갈림길에서 중요한 것은 결국 사람이 사람을 어떻게 대하는가, 그리고 그 관계를 어떤 공동의 규칙으로 지켜낼 수 있는가이다.

디지털 규범은 인간의 존엄과 공동체의 품격을 지키기 위한 최소한의 장치이자, 기술 시대의 윤리를 제도 너머에서 실천하기 위한 시민적 노력이다. 그것은 명령이 아니라 선택이며, 처벌이 아니라 함께 살아가기 위한 약속이다. 기술은 우리를 연결하지만, 규범은 그 연결을 의미 있게 만든다.

3 성숙한 시민의식, 디지털 시민성

인터넷과 스마트폰이 보편화된 지 이미 수십 년이 흘렀다. 이제 디지털 기술은 단지 정보를 검색하고 메시지를 주고받는 수단이 아니라, 우리 삶의 공간이자 정치·경제·사회 활동의 무대가 되었다. 정부 정책은 디지털 플랫폼에서 공표되며, 여론은 SNS에서 형성된다. 사람들은 온라인 쇼핑으로 생필품을 해결하고, 인공지능과 챗봇을 통해 정보를 얻으며, 메타버스 공간에서 관계를 맺는다.

그러나 기술의 외형적 진보와 달리, 그 안에서 살아가는 시민의 의식은 과연 성숙해졌는가? 디지털 공간에서 우리는 '사용자(user)'로 살아가지만, 동시에 의미 있는 참여자(participant), 권리의 주체(subject), 책임을 지는 시민(citizen)으로 살아가고 있는가?

바로 이 질문에서 '디지털 시민성(Digital Citizenship)'이라는 개념은 출발한다. 디지털 시민성은 기술을 잘 다루는 사람을 넘어서, 기술을 통해 공동체를 성찰하고 책임 있게 행동하는 존재를 뜻한다. 이는 단순한 기술 능력이 아니라, 디지털 공간에서의 권리, 책임, 윤리, 참여를 포괄하는 인격적 자질이자 사회적 태도다.

디지털 시민성은 좁게는 인터넷과 디지털 기술을 비판적·책임감 있게 사용하는 능력, 넓게는 디지털 공간에서 민주적 가치와 공공성을 실천하는 사회적 존재로서의 자격과 태도를 의미한다. 이는 단순히 '인터넷 예절'을 지키는 차원을 넘어선다. 디지털 시민은 온라인 공간에서 타인의 권리를 존중하며, 허위정보를 비판적으로 분석하고, 공동체의 문제에 참여하고 연대하는 능력을 갖춘 존재다. 다시 말해, 디지털 시민성은 기술적 능력(Digital Literacy), 윤리적 태도(Digital Ethics), 참여적 의식(Digital Engagement)이 결합된 복합적 개념이다.

디지털 시민성이 중요한 이유는, 오늘날의 사회가 온라인과 오프라인의 경계를 사실상 지우고 있기 때문이다. 한 개인의 말 한 마디, 클릭 한 번, 공유 한 번이 수많은 사람에게 영향을 미칠 수 있는 시대다. 그만큼 시민으로서의 책임도 함께 커지고 있다.

허위 정보의 확산, 혐오 표현의 일상화, 사이버 괴롭힘, 개인정보 유출, 알고리즘 차별 등은 모두 디지털 공간에서 시민성이 부재할 때 발생하는 사회적 병리 현상이다. 디지털 공간이 공적 공간이 된 지금, 기술의 주체로서 시민이 어떤 태도를 갖는가는 곧 민주주의의 품질과 직결된다.

또한 디지털 플랫폼은 중립적인 공간이 아니다. 플랫폼의 구조, 알고리즘의 작동 방식, 정보의 설계는 특정한 권력과 논리를 반영한다. 이 점에서 디지털 시민은 기술을 '사용'하는 사람을 넘어, 기술을 '해석하고 감시하는 참여자'여야 한다. 따라서 디지털 시민성은 단지 디지털 기기를 능숙하게 다루는 능력에 그치지 않는다. 그것은 기술적 이해력과 윤리적 감수성, 사회적 참여 의지까지를 포괄하는 복합적인 인간 역량이다. 이 시대의 시민은 이제 오프라인에서 투표하고 조세를 납부하는 존재일 뿐만 아니라, 온라인에서 정보를 선택하고 표현하며 영향력을 행사하는 존재이기도 하다. 그렇기에 디지털 시민성이 갖춰야 할 구성 요소는 기술 중심을 넘어서 인간 중심으로 확장되어야 한다.

가장 기본이 되는 요소는 디지털 리터러시(Digital Literacy)이다. 단순히 인터넷을 검색하고 앱을 사용하는 것을 넘어, 디지털 공간에서 유통되는 정보의 출처를 파악하고, 진위 여부를 판별하며, 알고리즘의 작동 논리를 이해하고 분석하는 비판적 사고 능력이 핵심이다. 이는 점점 더 가짜 뉴스, 왜곡된 통계, 인공지능 환각 정보가 난무하는 오늘날의 미디어 환경에서 필수적인 생존 능력에 가깝다.

두 번째는 디지털 윤리(Digital Ethics)이다. 온라인은 익명성과 비대면성을 특징으로 한다. 이로 인해 종종 사람들은 타인의 감정을 무시하고, 혐오 표현이나 조롱, 가십성 콘텐츠를 거리낌 없이 소비하거나 유포한다. 하지만 디지털 공간 또한 누군가의 일상이며, 실존하는 타인의 권리와 존엄이 걸린 공간이다. 따라서 디지털 시민은 타인의 인격을 존중하고, 말과 행동이 미치는 사회적 파급력을 인식하며, 책임 있게 소통할 줄 아는 존재여야 한다.

세 번째는 참여 능력(Digital Participation)이다. 이는 디지털 공간을 단순히 소비의 장소로 보지 않고, 사회적 문제에 대해 의견을 내고 연대하며, 변화를 이끄는 행동의 무대로 인식하는 능력이다. 온라인 청원, 사회운동 참여, 공공 정책에 대한 댓글과 제안, 시민 데이터 프로젝트 등은 오늘날의 시민이 기술을 통해 새로운 방식으로 민주주의에 기여할 수 있는 예시들이다.

네 번째는 프라이버시와 정보보호 의식이다. 디지털 시대에는 자신을 드러내는 것이 곧 정체성을 만드는 방식이 되었지만, 동시에 무분별한 정보 노출은 나 자신을 취약하게 만들 수 있다. 시민은 자신의 정보가 어디에, 어떤 방식으로 쓰이는지를 알아야 하며, 그것을 스스로 통제할 수 있는 역량과 권리를 인식해야 한다.

마지막으로 중요한 것은 플랫폼과 기술 권력에 대한 감시 능력이다. 오늘날 우리는 알고리즘이 설계한 정보의 흐름 속에서 살아간다. 검색 결과, 뉴스 피드, 추천 콘텐츠는 모두 특정한 기준에 따라 배열된 것이며, 그 기준이 언제나 공정하거나 중립적이지 않다. 디지털 시민은 이러한 구조를 '있는 그대로' 받아들이는 것이 아니라, 그 이면에 작동하는 권력과 이익 구조를 읽어내고 비판할 수 있어야 한다.

이 다섯 가지 구성 요소는 기술적 능력, 윤리적 태도, 사회적 감수성, 참여적 의지를 통합한 디지털 시대의 성숙한 시민상을 구성한다. 이는 시대의 요구인 동시에, 민주주의의 생존 조건이기도 하다.

디지털 시민성은 선언만으로 실현되지 않는다. 그것은 구체적인 실천과 제도, 교육, 문화적 전환을 통해 사회 전반에 뿌리내려야 한다. 이를 위해 개인, 교육기관, 플랫폼 기업, 국가가 함께 책임을 나누고 실천할 수 있는 과제를 아래와 같이 정리할 수 있다.

첫째, 교육의 내용과 방식이 바뀌어야 한다. 학교 현장에서 컴퓨터 사용법이나 인터넷 예절 교육은 이미 오랜 역사를 가지고 있다. 그러나 지금 필요한 것은 그것을 넘는 비판적 디지털 리터러시 교육이다. 학생들은 검색 엔진이 정보를 어떻게 배치하는지, SNS에서 나에게만 보이는 콘텐츠는 어떻게 설계되었는지를 이해해야 한다. 단지 정보를 받아들이는 것이 아니라, 정보 환경을 해석하고 그것에 영향을 미칠 수 있는 시민으로 성장할 수 있도록 가르쳐야 한다. 이는 더 이상 정보·기술 교사만의 일이 아니라, 모든 교과와 교육 철학에 걸쳐야 할 과제다.

둘째, 디지털 시민성은 세대와 계층을 초월하는 평생 교육의 주제가 되어야 한다. 노년층이나 사회적 약자는 디지털 환경 자체에 접근하는 데에도 어려움을 겪고 있으며, 이로 인해 공공 서비스, 교육, 금융, 건강관리 등에서 배제되고 있다. 이들을 위한 맞춤형 디지털 역량 프로그램, 실생활 중심의 사용법 교육, 인간 중심의 설계 구조가 병행되어야 한다. 반면, 청소년과 청년층은 기술을 능숙하게 다룰 수 있지만, 정보의 진위나 사회적 책임에 대한 감수성은 부족할 수 있다. 그들에게는 디지털 공간에서의 시민 윤리와 참여 문화에 대한 교육이 필요하다.

셋째, 플랫폼 기업의 사회적 책임이 제도화되어야 한다. 디지털 공간은 사실상 사적 기업에 의해 설계되고 운영되는 '준공공영역'이 되었다. 플랫폼은 단순한 기술 제공자가 아니라, 여론을 형성하고 사회적 관계를 조정하는 권력자가 되었다. 따라서 그 책임 또한 크다. 기업은 사용자 보호, 정보의 공정한 배열, 알고리즘 투명성, 혐오 표현의 신속한 대응 등에 대해 책임 있는 내부 기준과 외부 감시 구조를 마련해야 하며, 시민 사회와의 협력 속에서 공공성과 신뢰성을 강화하는 플랫폼 운영 원칙을 제시해야 한다.

넷째, 국가는 디지털 시민성을 공적 가치로 인정하고, 정책적으로 뒷받침해야 한다. 단기적 디지털 접근성 향상에만 집중하는 것이 아니라, 디지털 권리 보장, 시민 참여형 기술 거버넌스, 디지털 공론장 설계, AI 윤리법제 등 보다 구조적인 수준에서 시민성과 기술이 만날 수 있는 제도적 기반을 구축해야 한다. 특히 공교육 내 디지털 시민성 교육을 강화하고, 지자체 단위의 디지털 시민학교, 주민 참여 플랫폼 등 지역기반 실천 모델을 만들어 가는 것도 중요한 정책 과제다.

디지털 시민성은 단지 기술을 배우는 문제가 아니다. 그것은 기술 속에서 인간의 권리, 책임, 자유, 존엄을 지켜내는 능력이다. 이제 우리는 기술을 '잘 쓰는 사람'에서 한 걸음 더 나아가, 기술을 통해 더 나은 사회를 함께 만드는 사람이 되어야 한다. 디지털 시민성이란, 바로 그 길을 안내하는 현대 시민의 새로운 교양이자, 공존의 윤리다.

디지털 시민성은 기술을 잘 쓰는 능력이 아니라, 기술을 통해 더 나은 사회를 함께 만들어갈 수 있는 힘이다. 그것은 개인의 문제를 넘어서, 공동체의 존속과 민주주의의 심화를 위해 반드시 필요한 사회적 자산이다.

우리는 어느새 기술의 속도에 익숙해졌지만, 그 안에서 우리가 어떤 태도를 가지고 살아가는지는 묻지 않고 있다. 이제는 질문을 바꿔야 할 때다. "우리는 어떤 기술을 만들 것인가"가 아니라 "우리는 어떤 시민이 될 것인가"를 물어야 한다. 기술은 사회를 변화시키지만, 그 변화의 방향을 결정하는 것은 결국 시민의 집단적 성찰과 실천이다.

디지털 시민성은 바로 그 성찰의 이름이며, 기술문명 시대의 인간다움을 지켜내는 윤리의 이름이다.

4 스킬 이코노미 시대와 디지털 포용

: 역량 중심 사회로의 전환과 그 의미

최근 몇 년 사이, 전 세계적으로 '스킬 이코노미(Skill Economy)'라는 개념이 급부상하고 있다. 특히 챗GPT와 같은 생성형 AI의 등장은 단지 새로운 기술의 출현을 넘어, 기존의 교육제도, 노동시장, 기업의 인사관리, 그리고 사회 포용의 구조에 이르기까지 전방위적인 변화의 촉매제로 작용하고 있다. 스킬 이코노미는 학력, 학벌, 자격증이라는 전통적인 평가 기준에서 벗어나, 실질적 문제 해결 능력과 디지털 활용 역량 등 구체적인 '전문능력'을 중심으로 고용과 보상이 이루어지는 새로운 경제 체계를 지칭한다.

이러한 변화는 산업혁명 수준의 전환기를 맞이하고 있는 현시점에서, 디지털 포용이라는 개념과 불가분의 관계를 형성한다. 누구나 변화된 기술 환경에서 살아남기 위해 스킬을 갖춰야 하지만, 실제로는 그렇지 못한 다수의 디지털 소외계층이 존재한다.

스킬 이코노미의 핵심은 '무엇을 배웠는가(교육 배경)'보다 '무엇을 할 수 있는가(실행 능력)'에 있다. 특히 데이터 분석, 코딩, UX/UI 디자인, 프로젝트 매니지먼트, 디지털 커뮤니케이션 등 디지털 기반 역량은 이제 모든 산업에서 기본 요구 조건으로 간주되고 있다. 또한 인공지능과 협업하며 의사결정을 보완하고, 복잡한 문제를 신속하게 해결하는 '증강 지능(Augmented Intelligence)' 또한 필수 역량으로 부각되고 있다.

이러한 흐름은 기업의 인사정책에도 변화를 일으키고 있다.

IBM, 구글, 월마트 등은 일찌감치 학위 요건을 없애고 스킬 기반 채용(Skill-based Hiring)으로 전환했다. 과거에는 대학 이름이나 자격증이 '입사의 열쇠'였다면, 지금은 GitHub 포트폴리오나 프로젝트 결과물, 실제 문제 해결 경험이 '입증된 스킬'로서 훨씬 더 큰 가치를 가진다.

이와 함께 보상 체계 역시 전환되고 있다. 연공서열에 기반한 임금 상승 구조는 점차 무너지고 있으며, 특정 기술의 희소성과 산업 수요에 따라 차등 보상하는 '스킬 기반 보상(Skill-based Pay)' 구조가 확산 중이다. 이는 노동시장에서 새로운 형태의 계층 분화를 낳기도 한다. 스킬을 가진 자와 그렇지 못한 자의 격차는 단순한 소득 차원을 넘어 사회적 기회, 이동성, 안정성의 격차로 이어지기 때문이다.

급속한 기술 변화 속에서 개인이 생존하고 성장하기 위해 필요한 전략은 두 가지로 요약된다. 바로 업스킬링(Up-skilling)과 리스킬링(Re-skilling)이다. 업스킬링은 현재 직무에서 요구되는 전문능력을 더욱 심화하거나 확장하는 것이며, 리스킬링은 아예 다른 산업이나 직무로 전환하기 위한 새로운 스킬을 습득하는 것이다.

예를 들어, 오프라인 판매 직원이 데이터 기반 고객 분석 및 디지털 마케팅 기술을 익혀 온라인 커머스 관리자로 성장하거나, 행정직 공무원이 데이터 리터러시와 시각화 역량을 갖추고 정책 분석가로 변모하는 경우가 대표적인 사례이다. 이러한 전환은 더 이상 선택이 아닌 필수가 되어가고 있으며, 이 과정에서 공공과 민간의 교육 인프라가 결정적 역할을 한다.

문제는 이러한 스킬 이코노미의 도래가 모두에게 동일한 기회로 주어지지는 않는다는 데 있다. 정보 접근성과 디지털 문해력, 시간과 자원의 제약 등으로 인해 일부 계층은 리스킬링/업스킬링을 실현할 수 없으며, 이는 결국 노동시장 내 '새로운 불평등'으로 이어진다. 따라서 이 간극을 메우는 것이야말로 디지털 포용의 본질적인 과제다.

정부와 지자체는 특히 비정규직, 경력단절여성, 저소득 청년, 은퇴 고령자 등 디지털 격차에 노출된 취약계층을 대상으로, 맞춤형 역량 강화 프로그램을 적극 지원해야 한다. 예컨대, 온라인 학습 접근권 확대, 지역 디지털 역량 센터 설립, 실무형 코딩·AI 교육 무료 제공, 자격 연계형 훈련 프로그램 등이 해당한다. 단순한 기술교육이 아닌, 학습자가 자기 삶의 문맥에서 의미를 찾고 사회와 연결될 수 있는 '사회적 연계 교육'이어야 한다.

디지털 포용 관점에서 스킬 기반 경제로의 전환을 효과적으로 뒷받침하기 위해서는 몇 가지 정책적 원칙이 필요하다.

- 보편적 접근성(Universal Access): 교육은 온라인에서 이뤄질 가능성이 크므로, 디지털 디바이스 보급과 인터넷 접근성을 정책적으로 보장해야 한다.
- 맥락 기반 맞춤 교육(Context-based Customization): 학습자의 사회·문화·경제적 배경을 고려해 훈련 내용을 설계해야 한다.
- 지속 가능성(Sustainability): 단기성 프로젝트가 아닌, 생애주기 전반을 고려한 '학습의 구조화'가 필요하다.
- 지역 기반 협력(Local Ecosystem): 지역 대학, 기업, 사회적 기업이 협력하여 맞춤형 역량 개발 거버넌스를 구축해야 한다.

스킬 이코노미는 분명히 기존 제도의 경직성과 한계를 보완할 수 있는 진보적인 가능성을 지닌다. 하지만 이 흐름이 능력주의(Meritocracy)의 새로운 형태로만 작동할 경우, 다시금 특정 집단만이 기회를 선점하는 결과를 초래할 수 있다. 따라서 우리는 기술을 기반으로 한 사회 전환이 '누구에게나 열려 있어야 한다'는 원칙을 견지해야 한다.

궁극적으로 '디지털 포용'은 기술 그 자체보다 더 중요한 사회적 기반이다. 누구나 새로운 스킬을 배우고, 이를 기반으로 노동시장에 참여하며, 사회적 이동성과 존엄을 회복할 수 있는 체계. 이것이야말로 진정한 스킬 이코노미 시대가 지향해야 할 방향이며, 디지털 시대의 새로운 사회계약이라 할 수 있다.

5 인공지능 환각(幻覺)에 미혹(迷惑)되지 않기

인공지능, 특히 대규모 언어모델(LLM: Large Language Model)을 기반으로 한 생성형 AI는 지금 이 순간에도 텍스트, 이미지, 음성 등 수많은 콘텐츠를 자동으로 만들어내고 있다. 그러나 이 창작에는 결정적인 함정이 존재한다. 바로 '환각(Hallucination)'이다.

AI 환각이란 모델이 그럴듯하지만 사실이 아닌 정보, 존재하지 않는 데이터, 허구의 인용과 근거 등을 만들어내는 현상을 말한다. 이는 인공지능이 외부 현실과의 직접적 검증 없이, 내부 통계적 구조에 따라 가장 '말이 되는' 것을 예측하기 때문에 발생한다. 쉽게 말하면, AI는 '사실'을 말하려는 것이 아니라, '그럴듯한 문장'을 만드는 데 최적화된 시스템이다. 그 결과로, 때때로 전혀 존재하지 않는 논문, 가짜 뉴스, 허구의 인물 발언, 거짓 통계 수치 등이 생성된다.

AI 환각은 단순한 오류가 아니라 구조적 속성의 결과다. 특히 언어모델은 사전 훈련(pre-training)을 통해 대규모 말뭉치에서 언어의 패턴을 학습하지만, 이 과정에서 진위 여부를 판단하는 기준은 없다.

AI는 세계를 이해하지 않는다. 대신, 입력된 문장에 따라 가장 확률이 높은 단어를 순차적으로 예측한다. 마치 다음 단어 맞추기 게임을 하듯, AI는 일관되고 자연스러운 문장을 생성하지만, 그 문장이 사실을 반영하는지, 맥락에 부합하는지, 현실에서 존재하는지를 판단하는 능력은 매우 제한적이다. 또한 훈련 데이터의 편향, 최신 정보의 부족, 특정 도메인 지식의 결핍 등도 환각을 야기하는 원인이다. 심지어 사용자가 모호한 질문을 던지거나 문맥이 불분명할 경우, AI는 '빈 공간'을 상상으로 채우려는 경향을 보인다.

AI 환각은 단지 기술적 문제에 머물지 않는다. 정보 신뢰성, 사회적 판단, 윤리적 책임, 법적 분쟁 등 사회 진반에 심대힌 영향을 끼친다.

먼저, 정보 생태계의 교란이 가장 심각하다. AI가 허위 정보를 대량으로 생성하면, 그것이 사실처럼 유통되고, 검색 시스템이나 소셜미디어를 통해 다시 학습 데이터로 되돌아오면서 '환각의 피드백 루프'가 형성된다. 이렇게 되면 정보의 진위 여부를 구분하는 기준 자체가 흐려지며, 사용자와 대중은 점점 진실과 거짓을 구분하기 어렵게 된다.

둘째, 전문성의 붕괴가 우려된다. 의료, 법률, 금융, 과학 등 고도의 정확성이 요구되는 분야에서도 AI가 그럴듯한 조언을 제공하면서, 사용자는 이를 전문가의 판단처럼 오인할 수 있다. 이미 미국에서는 AI가 가짜 판례를 생성해 법정에 제출되는 사례가 있었으며, 의료 챗봇이 비정확한 진단을 제시한 뒤 심각한 피해가 발생한 경우도 보고되었다.

셋째, 사회적 신뢰와 책임의 구조가 흔들린다. 만약 인공지능이 생성한 환각 정보로 인해 피해가 발생했을 경우, 책임은 누구에게 있는가? 개발자인가, 플랫폼 제공자인가, 사용자 자신인가? 이 질문은 기술의 사용을 넘어 윤리와 법률의 경계를 새롭게 설정할 것을 요구한다.

인공지능의 환각 문제는 단순한 기술적 오류 그 이상이다. 그것은 인간 사회의 신뢰 구조를 흔들 수 있는 문제이며, 우리가 '사실'과 '진실'을 어디에서 찾고 어떻게 판단할 것인가에 대한 물음을 동반한다. 그렇기에 대응 역시 단선적이어서는 안 된다. 이 문제는 개인, 기업, 그리고 정부라는 세 축이 함께 책임지고 해결해야 할 사회적 과제이다. 각 주체는 저마다의 자리에서 역할을 분명히 해야 하며, 이를 통해 신뢰 가능한 기술 환경과 비판적 사회를 함께 구축해야 한다.

개인 사용자는 '사용자'가 아니라 '비판적 해석자'가 되어야 한다. 인공지능 환각은 종종 '그럴듯한 오류'를 통해 사용자를 속인다. 말투는 자연스럽고, 논리도 맞아떨어지며, 전문 용어까지 곁들여진 문장이 등장하지만, 그 안에 담긴 정보는 허구일 수 있다. 이럴 때 개인 사용자는 단지 기술의 수용자나 소비자가 되어서는 안 된다. AI가 제공한 정보를 무비판적으로 받아들이는 태도는 결국 진실을 왜곡하고, 스스로를 오도하게 만든다.

따라서 우리는 비판적 해석자로서의 태도를 갖춰야 한다. 이를 위해서는 기본적인 AI 리터러시가 필수적이다. 사용자는 생성형 AI가 어떻게 작동하는지, 왜 가짜 정보를 만들 수 있는지, 어떤 질문이 환각을 유도하는지를 이해하고 있어야 한다. 예를 들어, AI에게 특정 논문을 요약해 달라고 할 때, 존재하지 않는 논문이나 가짜 인용이 포함될 수 있다는 가능성을 인식하고, 반드시 사실 확인(Fact-checking)을 병행해야 한다.

또한 교육 현장, 특히 중·고등학교나 대학에서는 단순한 '생성 AI 사용법' 교육을 넘어서, "AI가 틀릴 수도 있다는 사실을 이해하고 그것을 점검하는 능력"을 길러주는 비판적 사고 중심의 교육이 필요하다. 우리는 AI를 쓰는 시대에 살고 있지만, 동시에 AI의 한계를 읽을 수 있는 시민이 되는 시대에 살고 있기도 하다.

기업과 개발자는 기술의 신뢰를 설계하는 책임자가 되어야 한다. AI 환각 문제는 기술을 설계하고 제공하는 기업과 개발자의 윤리적 책임을 강하게 요구한다. AI가 생성한 정보로 인해 사회적 피해가 발생했을 때, 그것을 단순한 '사용자의 오해'로 돌릴 수는 없다. 기술이 복잡해질수록, 그것을 만든 이들의 책임 또한 더 분명하고 무거워져야 한다.

무엇보다 기업은 자사 AI 시스템이 환각을 생성할 수 있다는 사실을 사용자에게 명확히 고지해야 한다. 지금까지 많은 기업들이 생성형 AI를 '모든 걸 아는 똑똑한 비서'처럼 홍보해왔다면, 이제는 그것이 얼마나 '그럴듯한 거짓말'을 할 수 있는지도 함께 알려야 한다. 기술에 대한 과장된 기대는 곧 신뢰 붕괴로 이어질 수 있다.

또한 기술 설계 단계에서부터 환각을 줄이는 알고리즘적 장치를 적극 도입해야 한다. 예를 들어, 출처 기반 생성(answer attribution), 실시간 사실 검증 모듈(fact-check plugin), 근거 요약 첨부 등의 기능이 대표적이다. 사용자가 AI의 답변을 의심하고, 검증하고, 교차 확인할 수 있는 구조를 마련해 주는 것이야말로 책임 있는 AI 설계의 핵심이다. 기업은 또한 내부적으로 환각 가능성이 높은 주제(법률, 의료, 금융 등)를 식별하고, 이에 대해 사용 제한 또는 전문가 감수 시스템을 병행하는 절차를 마련해야 한다. 기술의 전면적 확장보다 중요한 것은, 그 기술이 사회와 신뢰를 맺는 방식이다.

정부와 국가는 신뢰와 안전을 위한 공공 규범 설계자가 되어야 한다. 정부의 역할은 단순한 규제자가 아니라, 사회 전체의 신뢰를 조율하고 공적 기준을 설계하는 주체이다. 기술이 빠르게 발전할수록, 공공 영역은 그 기술이 인간과 사회에 어떤 영향을 끼치는지를 사전에 탐지하고, 최소한의 안전망을 마련할 의무가 있다.

무엇보다 중요한 것은 고위험 영역에서의 AI 사용에 대한 명확한 기준 설정이다. 의료 진단, 법률 자문, 금융 투자와 같은 분야에서는 AI가 생성한 정보가 인간의 최종 판단을 대체해서는 안 된다. 이러한 분야에서는 전문가의 검토가 반드시 병행되어야 하며, 정부는 이를 법제화하거나 가이드라인으로 제시해야 한다.

또한 환각 생성물에 대한 명시적 표기 의무도 필요하다. 뉴스처럼 보이지만 AI가 만든 기사, 존재하지 않는 인물의 인터뷰처럼 구성된 콘텐츠는 반드시 AI 생성물임을 시각적으로 인지할 수 있도록 표시해야 한다. 더 나아가, 공적 신뢰를 확보하기 위한 'AI 인증제'나 '투명성 등급제' 도입을 통해, 기술의 신뢰도를 객관적으로 평가하고 사용자에게 정보를 제공하는 방안도 고려할 수 있다.

교육 제도 측면에서는 초·중등 교육과정 안에 'AI 이해와 비판적 사고' 과목을 도입하여, 디지털 시민 역량을 국가 차원에서 체계적으로 강화해야 한다. 또한 성인 대상의 평생교육 시스템에서도 AI 리터러시를 핵심 콘텐츠로 다뤄야 한다. 시민이 AI를 신뢰할 수 있으려면, AI가 무엇을 할 수 있고 무엇을 할 수 없는지를 이해하는 것이 전제되어야 한다.

AI 환각은 단지 기술의 실패를 뜻하지 않는다. 오히려 그것은 우리가 기술에 무엇을 기대하고 있었는지, 우리가 얼마나 쉽게 '그럴듯함'을 진실로 받아들이는지, 진실을 판단할 책임이 어디에 있는지를 묻는 사회적 거울이다.

우리는 AI에게 인간처럼 사고하길 바라면서도, 그로 인해 발생하는 오류는 인간이 감당하지 않으려 한다. 기술에 대한 과잉 신뢰와 맹신은 결국 인간이 진실을 검증하고 책임지는 힘을 약화시킨다.

AI 환각 문제는 그 자체보다, 우리가 얼마나 기술에 '사실의 권위'를 위임하고 있는가, 그리고 그로 인해 사회의 판단력과 공공성은 얼마나 취약해지고 있는가를 되묻는 계기다. 이 질문은 단지 개발자와 사용자만의 것이 아니다. 민주주의, 저널리즘, 교육, 철학 등 모든 공공 지식의 영역이 함께 고민해야 할 문제다.

우리는 이제 '똑똑한 AI'를 만들고 있는 것이 아니라, 거짓과 진실을 구분할 수 없는 세계 속에서 살아갈 준비를 하고 있는 것인지도 모른다. 그렇다면 기술에 더 많은 기능을 덧붙이는 일만큼, 우리 스스로 더 깨어 있는 시민이 되는 일이 중요하다. AI 환각은 기술의 오류이자, 인간 인식의 경계이기도 하다.

그 경계에서 우리는 진실이란 무엇인가, 믿음이란 어떻게 형성되는가, 책임은 누구의 것인가를 다시 묻고, 다시 배워야 한다. 결국 AI의 환각은 인간 사회의 윤리와 민주주의, 신뢰의 조건을 다시 세우는 문명적 과제로 우리 앞에 놓여 있다.

6 디지털 심화 시대, 포용 인간으로 살아가기

인간은 늘 도구를 통해 자신을 확장해 왔다. 돌도끼로 생존을 넘고, 문자로 기억을 넘었으며, 증기기관과 전기, 그리고 디지털을 통해 시간과 공간의 경계를 허물었다. 기술은 늘 인간 바깥의 세계를 인간 안으로 들여왔고, 인간의 한계를 도전의 대상으로 만들어 왔다. 그러나 디지털 기술이 삶의 가장 사소한 일상에서부터 공동체 전체의 질서에 이르기까지 전방위적으로 스며든 지금, 우리는 되묻지 않을 수 없다. "우리는 과연 무엇을 향해 확장되고 있는가?"

디지털은 단지 문명의 진보를 의미하지 않는다. 그것은 인간의 감각을 바꾸고, 인간의 관계 방식을 새롭게 구성하며, 궁극적으로 인간의 존재방식 자체를 재편하는 근본적 문명 변화이다. 검색 없이 사고하지 않고, 플랫폼 없이는 관계하지 않으며, 알고리즘 없이는 결정하지 않는 세계 속에서 우리는 기술을 사용하는 주체가 아니라, 기술 안에서 사는 존재로 변모하고 있다.

이탈리아의 비평가 움베르토 에코는 디지털 사회를 살아가는 인간을 세 계층으로 구분한 바 있다. 콘텐츠를 수동적으로 소비하는 '프로렉스', 간단한 조작은 할 수 있지만 시스템의 구조를 이해하지 못하는 '쁘띠 부르주아지', 그리고 디지털 구조를 설계하고 통제하는 '노멘클라투라'—곧 '디제라티'라 불리는 신귀족이다. 이 구분은 단지 기술 능력의 차이가 아니라, 사회적 지위와 권력의 차이로 작동한다.

정보를 다루는 능력은 곧 생존 능력이며, 소통, 취업, 복지, 참여, 그리고 정체성의 문제로 이어진다. 디지털 기술이 일상의 필수 조건이 된 지금, 그것에 익숙하지 못한 사람은 단지 '불편한 사람'이 아니라 사회적 권리에서 밀려나는 사람이 된다. 기술은 계층을 만들고, 배제를 구조화하며, 존재를 규정하는 힘이 되었다. 우리는 이제 '디지털 계급사회'의 문턱에 서 있다.

디지털 포용은 이러한 현실에 대한 철학적 응답이다. 그것은 단지 기술을 보급하는 정책이 아니라, 기술 안에서의 인간 존엄을 어떻게 유지할 것인가에 대한 윤리적 성찰이다. 기술이 모든 것을 효율화하고, 표준화하고, 자동화할수록 인간의 감정, 오류, 다양성, 실수 가능성 같은 '비표준적인 것들'은 점점 설 자리를 잃는다. 그렇기에 디지털 포용은 비표준의 인간, 즉 장애인, 노인, 농민, 저소득층, 이주민, 디지털 비숙련자 등 사회적 취약 존재들을 중심에 두고 기술을 다시 설계하자는 철학적 전환을 요구한다.

디지털 포용은 '기술을 사용하게 만드는 것'이 아니라, 기술 속에서 인간이 자기답게 살아갈 수 있도록 하는 환경과 조건을 마련하는 것이다. 그것은 권리의 문제이자, 감정의 문제이며, 존재의 문제다. 포용은 기술의 대상이 아니라, 기술의 설계 철학이 되어야 한다.

이를 위해 다음과 같은 철학적 전제가 필요하다.

존재의 다원성 인정

디지털 포용은 '모두에게 동일한 것'을 제공하는 것이 아니라, '각자의 방식으로 접근하고 표현할 수 있도록 돕는 것'이다. 인간은 기계처럼 균질한 존재가 아니다. 따라서 기술은 동일함이 아니라 차이를 수용하는 구조로 설계되어야 한다.

- 관계의 윤리 회복

기술은 인간을 서로 단절시키는 대신, 더 깊이 연결시키는 방식으로 작동해야 한다. 관계의 속도를 빠르게 하는 것이 아니라, 그 관계의 질과 공감을 높이는 방식으로 디지털이 작동할 수 있어야 한다.

- 인간 중심 설계

디지털 포용은 기술이 사람에 맞춰지는 구조를 지향한다. 사용하기 어려운 것이 아니라, 이해할 수 있고, 접근 가능하며, 실패해도 괜찮은 기술이 되어야 한다. 이것은 기술의 겸손함에 대한 요청이기도 하다.

- 참여의 민주화

기술 개발과 정책 설계에 사회적 약자와 비전문가가 참여할 수 있어야 한다. 이는 기술이 특정 집단의 전유물이 되지 않도록 하는 최소한의 민주주의적 조건이다.

기술이 인간의 전 영역을 덮고 있는 이 시대에, 우리는 어떤 인간이 되어야 하는가. 그것은 단지 기술을 잘 다루는 유능한 인간이 아니라, 기술을 다루되 휘둘리지 않고, 기술을 의심하되 배제하지 않으며, 기술 안에서도 인간성을 잃지 않는 '포용 인간'이어야 한다. 포용 인간은 약자를 품을 줄 아는 존재, 비표준을 따뜻하게 받아들일 줄 아는 존재, 속도가 아니라 맥락과 의미를 중심으로 사고하는 존재이다.

기술은 결코 중립적이지 않다. 기술은 설계된 방향으로 인간을 끌고 가며, 선택하지 않은 자를 배제한다. 그렇기에 기술의 윤리는, 그것이 얼마나 고도화되었는가보다 그 기술이 누구를 위하고 누구를 배제하고 있는가를 묻는 데서 출발해야 한다. 디지털 포용은 이 질문에 대한 윤리적 응답이며, 인간적 저항이다.

디지털 시대의 진짜 진보는 가장 느린 존재가 따라올 수 있을 때, 가장 작은 목소리가 들릴 수 있을 때, 가장 약한 손이 기술을 사용할 수 있을 때 비로소 완성된다.

7 AI는 복지가 될 수 있을까

- '기술 강국'의 다음 질문은 '포용 사회'
- 보편적 접근·안전·책임이 만나야 AI 기본사회가 완성된다
- 인공지능은 이제 사회계약의 문제다

AI는 더 이상 특정 산업의 경쟁력이 아니라, 사회 전체의 삶의 조건이 되고 있다.

행정 민원에서 의료 진단, 금융 신용평가, 교육 추천 시스템에 이르기까지 인공지능은 이미 국민의 선택과 기회를 매개하는 보이지 않는 인프라로 작동한다. 정보통신정책연구원(KISDI)의 보고서는 이러한 변화를 'AI 기본사회'라는 개념으로 정식화하며, 기술 선도 담론을 넘어 포용의 설계라는 질문을 정책 전면에 올려놓는다.

'잘 쓰는 나라'와 '함께 쓰는 사회'의 간극

정부는 그동안 "세계에서 AI를 가장 잘 쓰는 나라"를 목표로 삼아왔다. 그러나 보고서는 이 표현이 은근히 전제하는 위험을 지적한다. '잘 쓰는' 주체가 특정 기업이나 계층으로 한정될 경우, AI는 효율을 높이는 동시에 새로운 불평등을 구조화할 수 있기 때문이다.

AI 기본사회란 단순히 기술이 널리 보급된 사회가 아니라, 누구나 접근 가능하고, 안전하며, 책임 있게 활용되는 상태를 의미한다. 이는 성장 정책이 아니라 사회정책의 언어로 AI를 다시 번역하는 작업에 가깝다.

보편적 접근: 인프라는 중립적이지 않다

보고서가 가장 먼저 다루는 축은 '보편적 AI 접근'이다. AI 접근성은 단순히 앱을 쓸 수 있느냐의 문제가 아니라, 컴퓨팅 자원·데이터·교육·비용 구조 전반과 맞물린다.

미국과 프랑스, 캐나다 등 주요국은 공공 슈퍼컴퓨팅과 국가 주도의 데이터 인프라에 대규모 투자를 단행하고 있다. 이는 민간 혁신을 억누르기 위한 개입이 아니라, 중소기업·공공부문·연구자까지 포함하는 접근의 평준화 전략이다. 특히 캐나다의 'AI Compute Access Fund'처럼, AI 이용 비용 자체를 공공이 보조하는 정책은 AI를 전기요금이나 통신요금처럼 다루기 시작했음을 보여준다.

보고서는 한국 역시 초고속 통신망과 제조 역량이라는 강점을 바탕으로, 공공 컴퓨팅 인프라와 개방형 LLM을 결합한 국가 차원의 접근 플랫폼을 고민해야 한다고 제안한다. AI 접근성은 시장에 맡길수록 공정해질 것이라는 가정이 더 이상 유효하지 않기 때문이다.

안전한 서비스: 윤리는 선언이 아니라 구조다

두 번째 축인 '안전한 AI 서비스'는 기술 윤리의 문제를 한 단계 더 구체화한다. 보고서는 글로벌·국내 14개 기업의 AI 윤리 거버넌스를 분석해, 이를 네 가지 유형으로 구분한다.

이 가운데 실제로 작동하는 구조는 최고경영진과 이사회가 직접 관여하는 '전략적 집행형'이었다. 반면 윤리 원칙은 있으나 실행 조직이 없는 '선언적 원칙형'은 시간이 지날수록 유명무실해졌다.

이 분석은 중요한 메시지를 던진다. AI 안전은 규범의 문제가 아니라 권한과 책임의 배치 문제라는 점이다. 누가 위험을 평가하고, 누가 서비스를 중단할 수 있으며, 그 결정이 경영 전략과 어떻게 연결되는지가 제도화되지 않으면 윤리는 구호에 그친다.

보고서는 국가 차원에서도 AI 안전성 평가·인증 체계를 마련해, 기업의 자율 거버넌스와 공공 규칙이 상호 보완적으로 작동해야 한다고 강조한다.

책임 있는 활용: 시민은 '사용자'가 아니라 '주체'다

보고서의 가장 두드러진 특징은 AI 정책의 무게중심을 '이용 단계'로 이동시킨다는 점이다. 지금까지 AI 정책은 개발자와 기업 중심으로 설계돼 왔지만, 실제 사회적 갈등은 이용 과정에서 발생하고 있다.

자동화된 의사결정으로 설명을 듣지 못한 채 불이익을 받거나, 알고리즘 추천에 의해 정보 환경이 왜곡되고, 생성형 AI 오남용으로 범죄와 차별이 발생하는 문제는 모두 시민의 권리와 직결된다.

이에 대해 문정옥(2025)의 "포용적 AI 기본사회 구현을 위한 정책 방향" 보고서에서는 전 생애주기 AI 리터러시 교육, 설명요구권과 이의제기 절차, 피해 구제 시스템, 미성년자 보호와 과몰입 방지 설계를 핵심 정책으로 제시한다. 이는 시민을 단순한 보호 대상이 아니라, AI 시대의 디지털 시민으로 재정의하는 접근이다.

포용은 이상이고, 비용은 현실

'포용적 AI 기본사회'는 듣기에는 매력적이지만, 정책으로 옮기는 순간부터 거친 질문에 직면한다. 누가 비용을 부담할 것인가, 어디까지 규제할 것인가, 시장의 역동성은 훼손되지 않는가라는 문제다. 보고서 역시 이 개념이 합의가 아닌 정치적 선택임을 전제한다.

가장 먼저 제기되는 비판은 비용이다. 공공 컴퓨팅 인프라, 개방형 LLM, AI 교육과 접근성 지원은 모두 상시적 재정 투입을 요구한다. 두 번째 쟁점은 규제다. 안전성 평가, 영향평가, 설명요구권 강화는 기업 입장에서는 개발 속도를 늦추는 비용으로 인식된다. 세 번째는 시장의 반발이다. 포용 정책은 종종 효율보다 형평을 우선한다는 인식을 낳는다.

이 세 가지 비판은 공통적으로 하나의 질문으로 수렴한다. AI를 시장 논리에 맡길 것인가, 공공 인프라로 재정의할 것인가. '포용적 AI 기본사회'는 기술의 필연적 진화가 아니라, 비용·규제·경쟁력 사이에서 사회가 감수할 선택의 결과다. 합의가 어렵다는 사실 자체가, 이 문제가 더 이상 기술 전문가만의 논의가 아님을 보여준다.

AI 기본사회는 기술 정책이 아니라 정치의 영역

전문가 설문조사 결과, 인력 양성과 글로벌 인재 유치, 국가 주도 개방형 LLM, 안전성 평가 체계, 맞춤형 교육, 개인정보 삭제권 보장이 우선 과제로 도출됐다. 이 과제들은 공통적으로 하나의 사실을 가리킨다. AI 기본사회는 시장 경쟁만으로는 완성될 수 없으며, 공공의 선택과 합의가 필요한 정치적 프로젝트라는 점이다.

AI가 효율을 높이는 기술로만 남을지, 아니면 불평등을 완화하는 사회 인프라가 될지는 아직 결정되지 않았다. 다만 분명한 것은, 그 결과가 기술의 속도가 아니라 정책의 방향과 사회의 상상력에 달려 있다는 사실이다.

* 참고 : 문정욱 등(2025). 포용적 AI 기본사회 구현을 위한 정책 방향: 보편적 접근, 안전한 서비스, 책임 있는 활용. KISDI Premium Report 25-08.

8 2026년 디지털포용, 선언을 넘어 실행으로

- 접속률 중심 디지털 정책의 종말
- 공공을 넘어 민간으로 확장되는 포용 책임
- 2026년, 선언과 실행을 가르는 분기점

2026년 1월 시행을 앞둔 디지털포용법은 그동안 성과로 포장돼 온 디지털 정책의 전제를 뒤흔든다. 인터넷 보급률, 스마트폰 보유율 같은 수치로 포용을 말하던 시대가 끝났음을 공식 선언하는 법이기 때문이다. 디지털포용법이 겨냥하는 것은 접속의 문제가 아니라, 이해와 활용, 그리고 통제의 문제다.

접속률 중심 정책, 왜 한계에 부딪혔나

한국 사회는 오랫동안 '세계 최고 수준의 접속 환경'을 자부해 왔다. 그러나 법은 이 자부심이 더 이상 안전망이 되지 못한다고 판단한다. 공공서비스와 민간 플랫폼은 이용자가 내용을 충분히 이해하지 못한 상태에서도 빠르게 클릭하고 동의하도록 설계돼 왔다. 약관은 길고 설정은 복잡하며, 다른 선택지는 눈에 띄지 않는다. 디지털포용법은 이런 구조를 개인의 역량 부족이 아니라, 시스템이 만든 배제로 규정한다. 접속은 시작일 뿐이며, 활용하지 못한다면 이미 배제라는 인식이 법에 담겼다.

이해하지 못한 사용, 새로운 형태의 차별

법이 강조하는 '활용권'은 단순한 교육 확대를 의미하지 않는다.

이용자가 서비스를 이해하고, 선택하고, 필요하다면 거부할 수 있는 권리까지 포함한다. 이는 "쓸 수 있게 해줬으니 책임은 끝났다"는 논리를 더 이상 용인하지 않겠다는 선언이다. 특히 AI와 데이터 기반 서비스가 일상화된 상황에서, 이해하지 못한 채 사용을 강요받는 것은 새로운 형태의 차별이 된다. 디지털포용법은 이 지점을 처음으로 법의 언어로 명확히 규정했다.

알고리즘은 중립적인가, 설명 책임의 등장

신용평가, 채용, 복지 선별, 교육 추천에 이르기까지 알고리즘은 이미 사회적 판단의 핵심에 들어와 있다. 그동안 기술은 '객관적'이고 '효율적'이라는 이유로 의심의 대상에서 벗어나 있었다. 그러나 데이터 편향과 자동화된 차별 사례가 누적되면서, 이 신화는 설득력을 잃었다. 디지털포용법은 자동화된 판단에 대해 설명 가능성과 이의제기 절차를 요구한다. 이는 기술을 억제하기 위한 규제가 아니라, 통제 없는 기술이 사회적 신뢰를 상실하는 것을 막기 위한 최소한의 안전장치다. 포용은 이제 선의의 문제가 아니라 감사와 점검의 영역이 된다.

취약계층 정책을 넘어, 보편적 시민권으로

법은 고령자, 장애인, 저소득층, 이주민을 우선 보호 대상으로 삼지만, 동시에 더 불편한 전제를 깔고 있다. 기술 변화가 빠른 사회에서 디지털 취약성은 고정된 신분이 아니라 누구에게나 찾아올 수 있는 상태라는 점이다. 오늘의 숙련 노동자도 내일의 자동화 탈락자가 될 수 있다. 그래서 디지털포용법은 교육과 재교육, 전환 노동을 복지의 하위 항목이 아니라 국가 경쟁력의 핵심으로 끌어올린다. 이는

'돕는 정책'이 아니라, 뒤처지지 않을 권리를 보장하라는 요구다.

공공을 넘어 민간으로, 책임의 경계가 바뀐다

디지털포용법이 가장 불편하게 만드는 지점은 책임의 확장이다. 포용은 더 이상 공공서비스의 윤리 과제가 아니다. 일정 규모 이상의 민간 디지털 서비스에도 접근성 기준과 이용자 보호 장치가 적용된다. 플랫폼 기업은 편리함과 성장만을 앞세운 설계에서 벗어나야 한다. UI 설계, 데이터 활용, AI 모델 개발 과정 전반에서 공정성과 설명 책임을 증명해야 한다. 동시에 중소기업과 스타트업이 이 기준을 감당할 수 있도록 한 정부의 지원이 병행되지 않는다면, 포용은 또 다른 장벽이 될 수 있다는 과제도 남는다.

2026년은 선언이 아니라 시험대다

법이 반복해서 던지는 메시지는 분명하다. 2026년은 유예 기간이 아니라 분기점이다. 지금 실행하지 않으면, 효율과 편리함 뒤에 차별과 소외가 구조화될 가능성이 크다. 반대로 지금부터 포용을 실행한다면, 기술은 소수의 특권이 아니라 다수의 삶의 질을 높이는 기반이 될 수 있다. 디지털포용법은 "인터넷을 모두에게"라는 구호를 넘어, 디지털 문명에서 누가 이해하고 통제할 권리를 갖는지를 묻는다. 선언은 이미 충분했다. 이제 남은 것은 실행이다.

참고문헌

김원제(2026.01.14.). 격차를 줄이는 AI는 가능한가

디지털포용뉴스(https://www.dginclusion.com, 이하 동일).

김원제(2026.01.13.). AI는 누구에게 기회가 되고, 누구를 배제하는가

김원제(2026.01.12.). AI는 인류를 연결할 것인가, 다시 갈라놓을 것인가

김원제(2026.01.01.). 2026년 디지털포용, 선언을 넘어 실행으로

김원제(2025.12.20.). AI는 복지가 될 수 있을까

김원제(2025.12.16.). 21세기 기술은 왜 불평등을 더 키우는가

김원제(2025.10.24.). 디지털 포용의 마지막 장벽

김원제(2025.10.23.). 사람들은 점점 덜 만나고 더 외로워지고 있다

김원제(2025.10.08.). AI 슬롭...의미 없는 알고리즘의 시대

김원제(2025.09.29.). 대한민국, '해킹 포비아'의 덫에 걸리다

김원제(2025.05.07.). 디지털 포용 도시, ③ 디지털 포용 도시를 위한 조건

김원제(2025.05.06.). 디지털 포용 도시, ② 서울시와 헬싱키, 같고도 다른 모범사례

김원제(2025.05.05.). 디지털 포용 도시, ① 모두를 위한 디지털 사회의 기반

김원제(2025.05.05.). [데스크 시론] 포용적 성장, 배제 없는 번영을 위한 시대의 요청.

김원제(2025.05.01.). 금융의 녹색 진화, 그린핀테크가 온다.

김원제(2025.04.30.). 농촌의 디지털화, 성공의 조건을 찾아서...

김원제(2025.04.28.). 인공지능이 교실을 바꾸고 있다.

김원제(2025.04.25.). [데스크 시론] 디지털 소통의 역설, 연결될수록 고독해지는 사람들.

김원제(2025.04.24.). 인공지능 시대, 데이터 주권을 다시 묻다.

김원제(2025.04.23.). '데이터가 곧 자산이다' ... 디지털 시대, 데이터의 가치와 전략.

김원제(2025.04.21.). 인공지능으로 인한 빠른 변화, '액체 사회'로의 전환(?).

김원제(2025.04.19.). 알고리즘의 리듬 속에서 인간은 무엇을 듣는가.

김원제(2025.04.18.). 디지털 인공지능 시대, 노동은 여전히 존엄한가.

김원제(2025.04.16.). 디지털 세대 갈등, 해결의 열쇠도 디지털에 있다.

김원제(2025.04.15.). 온라인 거래, 누구를 배제하는가.

김원제(2025.04.12.). 디지털 너머의 세계로 떠나는 법, 온라인 여행.

김원제(2025.04.07.). [데스크 시론] 레질리언스, 디지털 레질리언스, 그리고 포용사회.

김원제(2025.04.05.). 테크놀로지와 이동 편의성 혁신, 그리고 포용 사회.

김원제(2025.04.03.). [데스크 시론] 디지털 시대의 중심은 '인간'... 디지털 휴머니즘에 대한 이해.

김원제(2025.04.02.). '그린 인공지능' 개념과 디지털 포용 사회.

김원제(2025.03.26.). [데스크 시론] 디지털 기술의 '선한 영향력'과 포용 사회.

김원제(2025.03.24.). 테크놀로지와 젠더, 기회와 도전.

김원제(2025.03.17.). [데스크 시론] 디지털 시민에게 요구되는 디지털 규범.

김원제(2025.03.11.). [데스크 시론] 디지털미디어 시대의 역설, 기능적 문맹 현상.

김원제(2025.03.06.). [데스크 시론] 디지털 시대를 사는 우리, 포용 인간으로 살아가기.

김원제(2025.03.04.). 포용 기술의 가치 보여주는 웨어러블 로봇.

김원제(2025.02.20.). 디지털 문명의 역습, '디지털 감시'에 대한 성찰.

김원제(2025.02.17.). 노인의 디지털 격차를 해소하고 디지털 형평성을 구현하는 방법에 대해.

김원제(2025.02.12.). 꿀잠 자게 해주는 슬립테크, 인공지능 기술로 도약 중.

김원제(2025.02.11.). 장애인을 위한 디지털 포용 사회, 인공지능 기술로 구현.

김원제(2025.02.10.). [데스크 시론] 디지털 기술을 거부할 권리도 존중되어야 한다.

김원제(2025.02.07.). 테크놀로지 문명의 부작용, 테크노스트레스 증후군.

김원제(2025.02.06.). 딥페이크 기술로 인한 사회문제 심각, 제대로 이해하고 예방·대처해야.

김원제(2025.02.03.). [데스크 시론] 포용·포용성 개념에 대한 이해가 중요하다.

김원제(2025.02.02.). 디지털 포용사회를 위한 실천, 디지털 배리어 프리.

김원제(2025.01.31.). 디지털 시대의 그림자, '디지털 그림자 노동'.

김원제(2025.01.30.). [데스크 시론] 인공지능 환각(幻覺)에 미혹(迷惑)되지 않는 디지털 시민이 되자.

김원제(2025.01.28.). [데스크 시론] 디지털 포용 정책이 필요한 배경 및 당위성에 관하여.

김원제(2025.01.23.). 인공지능은 정말 우리의 일자리를 위협하는가?.

김원제(2025.01.20.). 인간을 닮은 휴머노이드 로봇, 상용화 국면 진입.

김원제(2025.01.14.). [데스크 시론] 전문능력(skill)이 중요한 시대, 지속적인 학습으로 수행능력을 배양해야.

김원제(2024.12.31.). [데스크 시론] 디지털 시민성을 함양하자.

김원제(2024.12.24.). [데스크 시론] 우리는 '연결되지 않을 권리'를 요구한다.

김원제(2024.12.25.). 디지털 시민에게 꼭 필요한 '잊힐 권리'.

김원제(2024.11.20.). 갈수록 심해지는 디지털 피싱.

김원제(2024.11.19.). '디지털 권리' 개념에 대한 이해.

서정호(2025.4). 그린핀테크(Green FinTech) 국내외 사례와 정책적 시사점. 한국금융연구원.

송민호(2025.04.09.). [발행인 칼럼] 초격차 AI 시대, 누구를 위한 기술 진보인가. 디지털포용뉴스(https://www.dginclusion.com, 이하 동일).

송민호(2025.04.07.). 기술 격차의 시대... 우리는 발전하고 있는가 아니면 소외되고 있는가.

송민호(2025.04.05.). [발행인 칼럼] 인공지능이 그리는 세계, 우리는 어디쯤 와 있는가.

송민호(2025.02.25.). 기술로 포용의 문을 열다, 에이블 테크의 현재와 미래.

송민호(2025.02.13.). 노인들의 디지털 소외, 포용적 접근이 중요하다.

송민호(2025.01.30.). 디지털 접근성 보장, 디지털 기업에 주어진 새로운 과제.

송민호(2025.01.27.). [발행인 칼럼] 디지털 포용정책, 정부가 주도한다는 환상에서 벗어나야.

송민호(2025.01.24.). 비영리단체의 지속 가능한 운영 전략 (미국디지털포용연합 사례 해부 ④).

송민호(2025.01.23.). 디지털 전문가들과 함께 포용 프로그램을 실행하는 방법 (미국디지털포용연합 사례 해부 ③).

송민호(2025.01.23.). 디지털 포용 프로그램은 어떻게 실천해야 하는가 (미국디지털포용연합 사례 해부 ②).

송민호(2025.01.22.). 디지털 포용 실천을 위한 방법은? (미국디지털포용연합 사례 해부 ①).

송민호(2025.01.22.). 디지털 형평성을 향한 여정, 미국 디지털포용연합(NDIA).

송민호(2025.01.14.). 디지털 포용은 '인간의 연결'에 의해 추진된다.

송민호(2025.01.05.). 디지털포용법 해부 ④ 디지털포용기술 활용 촉진… 혁신·포용의 디지털 사회로 한 걸음 더.

송민호(2025.01.04.). 디지털포용법 해부 ③ 지능정보서비스 접근성 보장… 모두를 위한 디지털 환경 구축.

송민호(2025.01.03.). 디지털포용법 해부 ② 디지털역량 강화, 포용적 디지털 사회 위한 기반 마련.

송민호(2025.01.03.). 디지털포용법 해부 ① 디지털포용 정책 추진체계.

송민호(2025.01.02.). 디지털포용법 국회 통과… 모두가 지능정보기술 혜택 누리는 사회로 나아가자!.

송민호(2024.12.18.). [발행인 칼럼] 디지털 혜택 향유는 디지털 시민의 권리.

송민호(2024.12.01.). [발행인 칼럼] 디지털 접근성 강화, 민주주의의 핵심으로 떠오르다.

송민호(2024.11.16.). [발행인 칼럼] 디지털포용뉴스 창간에 부쳐.

송민호(2024.11.11.). [디지털포용 세상 톺아보기] 22대 국회에서 발의된 디지털포용법안에 대한 심층분석 (1), (2).

송민호·김원제(2024). 디지털 포용: '디지털 격차 2.0' 예방 및 해소를 위한 혁신전략. 한국학술정보.

장안식·박철현·송효종(2023). 디지털 시민성 효과성 연구 및 인덱스 개발 연구. 푸른나무재단.

정보통신기획평가원(2025). 2025 휴머노이드 로봇, AI가 앞당긴 상용화 원년. ICT Brief 2025-02호.

중소벤처기업부(2024). 2025~2027 기술 로드맵 : 웨어러블 로봇.

KB경영연구소(2024.11). 〈마음까지 치유하는 디지털 기술 – '엠씨스퀘어'에서 '디지털 치료제'까지〉 보고서.

최원기·노명순·조민식(2022). 2022 디지털 시민성 함양을 위한 시대적 함의 연구 : 사이 좋은 디지털 세상 프로그램을 중심으로. 푸른나무재단.

하나금융연구소(2025). 당신도 곧 아이언맨! 웨어러블 로봇이 온다. 하나Knowledge+.

한국인터넷진흥원(2024. 10). 국내·외 피싱(Phishing) 대응 현황 및 시사점. [KISA Insight] Vol.07.

한국지능정보사회진흥원(2024). AI 일상화 시대의 위협, 딥페이크 대응 방안. THE AI REPORT 2024-13.

한국지능정보사회진흥원(2024). 인간 중심 로봇의 현황 및 사회적 수용도 제고 방안. GDX 보고서 2024-11.

Age UK (March 2024). Offline and Overlooked: Digital exclusion and its impact on older people.

American Society on Aging(n.d.). ASA's Policy Priorities – Accelerating Digital Inclusion. https://www.asaging.org/digitalinclusion.

Bawden, D. (2001). Information and digital literacies; A review of concepts. Journal of Documentation, 57(2), 218-249.

Carmi, E. & Yates, S. J. (2020). "What do digital inclusion and data literacy mean today?." Internet Policy Review, 9(2). https://doi.org/10.14763/2020.2.1474

Cerutti, E. et al. (2025). The Global Impact of AI: Mind the Gap, IMF Working Paper WP/25/76. https://www.imf.org/en/Publications/WP

Chakravorti, B. (2021). How to Close the Digital Divide in the U.S.. Harvard Business Review. https://hbr.org/2021/07/how-to-close-the-digital-divide-in- the -u-s?ab= hero-main-text.

Correa, T. (2010). The Participation Divide among "Online Experts": Experience, Skills and Psychological Factors as Predictors of College Students' Web Content Creation. *Journal of Computer-Mediated Communication, Vol.* 16, 71-92.

David Nemer, From Digital Divide to Digital Inclusion and Beyond, January 2015. https://www.researchgate.net/publication/291335826.

Deloitte (2023). From code to cure, how Generative AI can reshape the health frontier: Unlocking new levels of efficiency, effectiveness, and innovation.

European Commission (2016.02) What is the Digital Economy and Society Index? https://ec.europa.eu/commission/presscorner/detail/en/MEMO_16_385

Gilster, P. (1997). Digital Literacy. New York Wiley.

Helsper, E. J. (2012). A corresponding fields model for the links between social and digital exclusion. Communication theory, 22(4), 403–426. https://doi.org/10.1111/j.1468-2885.2012.01416.x

IMF (2025). AI Adoption and Inequality.

ITU (2019). ITU-D Digital Inclusion. https://www.itu.int/en/ITU-D/DigitalInclusion/Pages/about.aspx.

Madi, L. & Radebner, T. (2021). Technology transfer for social benefit: Ten principles to guide the process. Cogent Social Sciences, 7(1). https://doi.org/10.1080/23311886.2021.1947560

National Digital Inclusion Alliance.(n.d.). The Words Behind Our Work: The Source for Definitions of Digital Inclusion Terms. https://www.digitalinclusion.org/definitions/

OECD (2025). Agile Mechanisms for Responsible Technology Development.

OECD (2001). UNDERSTANDING THE DIGITAL DIVIDE, OECD Publications, Paris. https://www.oecd.org/sti/1888451.pdf

OECD (2019). How's Life in the Digital Age? Opportunities and Risks of the Digital Transformation for People's Well-being.

PwC(2025). PwC's 2024 AI Jobs Barometer : How will AI affect jobs, skills, wages, and productivity?.

Tunguz, B. (2025). Transforming education and training in the age of advanced AI reasoning tools. American Enterprise Institute. 요약 번역 (접근 경로: https://www.aei.org/research-products/report/transforming-education-and-training-in-the-age-of-advanced-ai-reasoning-tools/)

World Economic Forum (2025). The Future of Jobs Report 2025.

저자 소개

송 민 호

- 현) 경기대학교 교양학부 교수
- 현) 한국디지털포용협회 회장
- 현) 디지털포용뉴스 발행인
- 현) OBS시청자위원회 위원장

- 전) 경기도청 전략기획팀장/ 홍보기획팀장
- 전) 기상청 홍보기획팀장
- 전) (주)컴스마일 대표이사

- 중앙대학교 대학원 미디어커뮤니케이션학과 박사
- 중앙대학교 대학원 신문방송학과 석사

[저서]

- 청년, SNS를 말하다, 아이웰출판사, 2015
- 디지털포용, 한국학술정보, 2024.
- 대학생창업전략, 교우사, 2025.

김원제

현재 (주)유플러스연구소 연구소장(대표이사)으로 재직 중이며, 한국매거진미디어융합학회 부회장, 한국디지털포용협회 부회장, 디지털포용뉴스 편집인을 맡고 있다.

저서로

- 《디지털 포용》 (2024, 공저)
- 《굿 콘텐츠》 (2023, 공저)
- 《힐링문화 비즈니스》 (2022, 한국출판학회 올해의 책 선정)
- 《넥스트노멀》 (2020, 공저)
- 《미디어콘텐츠 4.0》 (2019, 공저)
- 《시니어 비즈니스 블루오션》 (2018, 공저)
- 《위험사회를 넘어 안심사회의 조건》 (2017)
- 《미디어스포츠 사회학》 (2016 개정판)
- 《미디어콘텐츠, 창조기획과 스마트 비즈니스》 (2015, 공저)
- 《위험커뮤니케이션의 이론과 실제》 (2013, 공저, 문화체육관광부 우수학술도서)
- 《구텐베르크의 귀환》 (2012, 공저, 문화체육관광부 우수학술도서)
- 《콘텐츠 실크로드 미디어 오디세이》 (2009, 문화부 우수교양도서)
- 《퓨전테크 그리고 퓨전비즈》 (2007, 문화부 우수교양도서)

등이 있다.

디지털 포용 사회론

초판발행 2026년 2월 10일

지은이 송민호 · 김원제
펴낸이 오판근
펴낸곳 (주)교우
주 소 서울시 동대문구 약령시로 8 교우빌딩 2층 (주)교우
전 화 02-925-2861/ **팩 스** 02-925-2860. **편집부** 02-925-2825

홈페이지&북스토어 www.kyowoo.co.kr / **이메일** kyowoo@kyowoo.co.kr
등 록 1994년 3월 24일 제1994-000013호
ISBN 979-11-251-0481-0 (03410)

(주)교우는 보다 혁신적이고 참신한 도서를 다양하게 기획하고 있습니다.
책으로 펴내고자 하는 아이디어나 원고는 메일로 보내주세요.
(주)교우는 전과정을 책임지고 최선을 다하겠습니다.

값 22,000원

교우미디어는 (주)교우의 Imprint사입니다.
수학정원 · 과학정원은 (주)교우의 새로운 브랜드명입니다.

잘못된 책은 구입하신 서점에서 교환해 드립니다.